v. Richthofen/Vitzthum | Praxisbuch Resilienz und Balance

*Für Florentine, Leonie und Luise –
unsere drei starken Mädchen*

Carolin v. Richthofen | Nathalie Vitzthum

Praxisbuch Resilienz und Balance

Coaching-Kompetenz: Methoden und Tools

Mit Online-Materialien

BELTZ

Haftungsausschluss: Alle vorgestellten Konzepte sind Anregungen, die nur von Fachpersonen nach eigenem Ermessen im Rahmen gesetzlicher Vorschriften genutzt und/oder variiert werden sollten. Autorinnen und Verlag übernehmen keinerlei Haftung.

MIX
Papier aus verantwortungsvollen Quellen
FSC® C089473

Dieses Buch ist auch erhältlich als:
ISBN 978-3-407-36739-6 Print
ISBN 978-3-407-36750-1 E-Book PDF

1. Auflage 2023

Lektorat: Ingeborg Sachsenmeier
Umschlaggestaltung: Michael Matl
Umschlagillustration: © getty images, Sasha Tyan
Herstellung und Satz: Jenny Pötzsch
Druck und Bindung: Beltz Grafische Betriebe, Bad Langensalza
Printed in Germany

Weitere Informationen zu unseren Autor:innen und Titeln finden Sie unter: www.beltz.de

Inhaltsverzeichnis

Danksagung

Von Herzen danken wir unseren Interviewpartner:innen Nikola Gazzo, Christa Spannbauer, Pfarrer Justus Münster, Dr. Ursula Wagner, Dr. Andrea Gartenbach, Annika Köppern, Ulrike Breitbach, Felicitas Ritter und Daniela Wiesler für die Einblicke, die sie uns in ihre Arbeit, in ihre wichtigsten Erkenntnisse und in ihre tiefsten Gedanken gegeben haben. Die Interviews haben uns tief berührt und sie alle führen uns vor Augen, wie bewegend die Auseinandersetzung mit dem Thema Resilienz ist.

Carolin und Nathalie

Vorwort

Das Leben hat das Potenzial, uns aus der Bahn zu werfen. Schicksalsschläge, Grenzüberschreitungen, Misserfolge und Alltagskränkungen können uns in die Knie zwingen. Menschen unterscheiden sich darin, wie sie auf Krisen reagieren, und darin, wie sie sich aus einer krisenhaften Situation wieder in eine kraftvolle Position bringen können, inwieweit sie resilient auf erlebte Rückschläge, Belastungen und Krisen reagieren, sich also (schnell) stabilisieren und ohne (zu große) seelische Verletzungen wieder Kraft, Handlungsfähigkeit und Perspektive finden.

Dieses Buch ist entstanden in einer Zeit der manifesten Krisen und Ausnahmezustände. Als die Welt von der Coronapandemie ergriffen wurde und Deutschland in den Lockdown ging, hat sich unser Blick auf das Thema Resilienz intensiviert. Aber nicht nur die Pandemie, sondern auch die schon lange andauernde Sorge um das Klima und dann der unvorstellbare Krieg in Europa – all das wirkt wie ein Brennglas. Wir haben innegehalten und überlegt, welche Tonalität unser Buch über Resilienz jetzt benötigt – und was für ein Buch wir zu diesem Thema selbst gern lesen würden.

Gerade extrem herausfordernde Situationen können uns dazu bringen, uns neuen Möglichkeiten zu öffnen. Sie bringen uns dazu, uns auf das zu konzentrieren, was *jetzt* am wichtigsten ist. Und manchmal geben sie uns – endlich – die Erlaubnis, Dinge aufzugeben, die für uns an Bedeutung verloren haben. Wenn unser Spielraum eingeschränkt wird, rückt das, was für uns wesentlich ist, plötzlich in den Fokus: Sicherheit, unsere Liebsten, Gesundheit, eine sinnstiftende Perspektive. Krisen verschieben unsere Aufmerksamkeit. Und wir können uns die Erlaubnis geben, das wirklich *Wichtige* anzugehen, anstatt uns lediglich um das *Drängende* zu kümmern. Dabei sind es häufig die keineswegs perfekten Lösungen, die uns über die ersten, noch knirschenden Runden bringen. Es ist paradox: Genau in diesen Ausnahmezuständen, in denen das Leben nicht mehr wie gewohnt funktioniert, werden wir kreativ, lassen das Bisherige los und beginnen, vieles zu überdenken, neu zu denken.

Schon früher waren wir von dem aus Japan stammenden ästhetischen Konzept Wabi-Sabi fasziniert. Das ist die Kunst, die Schönheit in der Unvollkommenheit und den Tiefgang in der Natur zu finden. Resilienz-Coaching ist für uns genau das: mit Zuwendung und Bedacht auf unsere wunderschöne Unperfektheit zu schauen und dieses Kunstwerk, das wir sind, in seinen besten Zustand zu bringen.

Nicht umsonst wird die dem Konzept Wabi-Sabi verwandte Kunst des Kintsugi, also des Flickens zerbrochener Keramik mit Gold, häufig als Metapher für Resilienz benutzt. Brüche werden hier nicht versteckt, sie werden vielmehr betont und durch das Gold sozusagen zelebriert. Auf diese Weise kann unglaublich Schönes aus Scherben entstehen, an das vorher noch keiner dachte. Aber natürlich ist hier nicht nur das schöne Ergebnis wichtig, es ist gleichzeitig der Prozess: die Aufmerksamkeit, die Ruhe und Zeit, die benötigt wird, das Wesentliche zu erkennen und (wieder)herzustellen, der zugewandte und behutsame Aufbau.

Tipp

Tipp: Wenn Sie mehr über Wabi-Sabi erfahren möchten, dann empfehlen wir: https://nobleharbor.com/tea/chado/WhatIsWabi-Sabi.htm

So haben wir ein Buch geschrieben, das uns alle dabei begleiten soll, mit Zuwendung, mit Behutsamkeit und Freude – und einer kleinen Prise Selbstironie – den Weg der Vertiefung unserer Beziehungen zu gehen, zu uns selbst und zu anderen. So kann die Zuversicht, an Krisen zu wachsen, in uns Kraft bekommen. Wir haben für uns alle geschrieben, also für Berater:innen und Coaches, genauso wie für uns als Mütter und Väter, Söhne und Töchter, für unsere Klient:innen sowie für unsere Kinder. Denn in jeder unserer Rollen können wir von der Vielfalt dessen profitieren, was Menschen stärken und wachsen lassen kann. Wir verwenden hier daher eine andere Sprache, als wir sie üblicherweise benutzen, wenn wir über Coaching und Methoden sprechen. Und wir bieten in diesem Buch keine reine Toolbox mit Arbeitstechniken.

Wichtig

Wenn Sie mögen, kann dieses Buch viel mehr sein: eine Anreicherung der eigenen Coachingpraxis und zugleich eine Reise durch einen Prozess der Selbsterkundung und der Auseinandersetzung mit Ideen, Lösungsansätzen und Gedankenexperimenten, die aufrichten und stärken.

Wir möchten Sie einladen, alles, was Sie hier finden, für sich selbst und ebenso für die Menschen, mit denen Sie arbeiten, zu nutzen – auf genau die Weise, die zu Ihnen, Ihrer Art der Arbeit und zu Ihren Klient:innen passt.

Wir haben bei unserer Zusammenstellung nicht nur auf unsere eigenen Erfahrungen vertraut, sondern auch Expertinnen und Menschen unserer Profession befragt, die wir über alles schätzen. In diesem Buch kommen Profis zu Wort, die ihre ganz eigenen Zugänge zu den Welten von Menschen pflegen. Sie berichten von ihren Erfahrungen und zeigen, was sie in Zeiten von Krisen als besonders wirksam erleben. Manchmal geht es in den Interviews um inspirierende Arbeitsweisen, darum, Menschen im Umgang mit Erfahrungen des Scheiterns zu stärken, manchmal aber auch um die Auseinandersetzung mit extremen Erschütterungen. Diese Interviews haben uns zutiefst bewegt. Auch sie zeigen uns: Die Lebenserfahrungen, die Resilienz von Menschen verlangen, sind häufig erschütternd. Sie berühren unser Verständnis von uns selbst, aber auch unsere Vorstellung davon, wie die Welt ist. Mit diesen Interviews wollen wir im Blick behalten, was der größere Zusammenhang ist: Dass es nicht nur um Stressabbau, Balance, Kompetenzerleben und das Erwecken ungeahnter Glücksgefühle geht, sondern auch darum, die Türen zu finden zu Überlebensstrategien, Durchhaltevermögen, Mut und einfach nur zum nächsten kleinen Schritt.

Unsere Zusammenstellung ist ein Fundus, der erst durch die Arbeit einfühlsamer, beherzter und achtsamer Coaches, die dem Wohlergehen und Wachstum ihrer Klient:innen dienen wollen, zum Leben erwacht. Unser Buch soll stark machen, Freude bereiten, Wahlmöglichkeiten eröffnen und Lust machen, einmal etwas anderes auszuprobieren. Das gilt für uns Coaches und gleichermaßen für die Menschen, mit denen wir die Ehre haben, arbeiten zu dürfen.

Carolin v. Richthofen und Nathalie Vitzthum

01 Von Ausnahmezuständen und Möglichkeiten

Resilienz – ein lebenslanges Lernen

Sich resilient zu verhalten heißt nicht, unberührt zu bleiben, Leidvolles nicht an sich heranzulassen. Es bedeutet vielmehr, die Täler des Lebens so zu durchwandern, dass man gestärkt aus ihnen hervorkommt. Dazu gehört meistens das Erleben einer belastenden Situation, möglicherweise sogar einer Krise, einer Erfahrung, die das Potenzial hat, uns umzuhauen. Die US-amerikanische Psychologin Emmy Werner, die in jedem Buch über Resilienz einen Ehrenplatz bekommt, weil sie die Ursprünge der Forschung auf diesem Gebiet geprägt hat wie keine andere, nennt resiliente Menschen »vulnerable but invincible« (Werner 1996, S. 47–51), ganz nach dem Motto: »Ja, ich bin verletzlich – und nein, ich lass mich davon im Kern nicht unterkriegen!« Der Buchtitel des Zen-Meisters Thich Nhat Hanh »Ohne Schlamm kein Lotos: Die Kunst, Leid zu verwandeln« (2015) bringt es auf den Punkt: Um Resilienzfähigkeit zu entwickeln, benötigen wir den Parcours des Lebens, die Zumutungen, Krisen und Überforderungen.

Aber nicht nur tiefgreifende Krisen fordern uns zu resilientem Verhalten. Auch die Herausforderungen des Alltags gilt es zu meistern. Wir müssen Veränderungen verarbeiten, den Wegfall, die Verschiebung von Selbstverständlichkeiten. Das verlangt von uns immer wieder Anpassungsprozesse, die wir besser oder schlechter, schneller oder langsamer meistern können. Das Aufrechterhalten der psychischen Gesundheit ist daher ein lebenslanger Lernprozess, in dem der Mensch sich selbst immer wieder nachjustieren muss, während sich sein Leben sowohl im normalen Lauf der Zeit, aber auch durch Rückschläge und Krisen immer wieder verändert. Gerade diese Veränderungsfähigkeit macht widerstandsfähig. Das bedeutet: Resilienz umfasst gleichermaßen Stärke *und* Flexibilität.

Einer der führenden Forscher auf dem Gebiet, Raffael Kalisch, ist Professor für Bildgebung des menschlichen Gehirns. Er definiert den Begriff wie folgt: »Resilienz ist die Aufrechterhaltung beziehungsweise schnelle Wiederherstellung psychischer Gesundheit während oder nach Widrigkeiten« (Kalisch 2017, S. 28).

Wichtig

Resilienz ist also die Praxis der persönlichen Bewältigung von Krisen. Resilienz ist keine Eigenschaft, sondern das Ergebnis eines Verhaltens, das wir als Anpassungsleistung nach einer mehr oder weniger großen Herausforderung zeigen.

Resilienz kann also durch den Einsatz sämtlicher Möglichkeiten eines Menschen, für seine psychische Gesundheit vor, während und nach Krisen zu sorgen, gelingen. Hierzu gehören sowohl persönliche Faktoren, wie etwa kognitive und emotionale Fähigkeiten des Selbstmanagements, eine hohe Selbstwirksamkeitserwartung, aber auch Umweltfaktoren wie stärkende Beziehungen. Wir wollen hier nicht in einzelnen Modelle eintauchen, zentral ist aber immer wieder, dass es sich bei Resilienz um ein *dynamisches* und nicht um ein starres Konzept handelt, das ein aktives Gestalten auf der Basis von persönlichen Fähigkeiten, hilfreichen Denkmustern und wohltuenden Umweltfaktoren verlangt. Der Begriff ist ebenso flexibel wie Menschen es sein müssen, wenn sie sich den Herausforderungen des Lebens stellen.

Literatur

Wenn Sie die einzelnen Modelle zum Thema Resilienz näher kennenlernen möchten, dann empfehlen wir das Buch »Resilienz« von Klaus Fröhlich-Gildhoff, K. und Maike Rönnau-Böse (2022).

Der Psychologieprofessor George Bonanno, Columbia University, weist darauf hin, wie wichtig es ist, sich ein Repertoire an Verhaltensweisen aufzubauen, mit denen wir uns in schwierigen Situationen selbst stabilisieren können. Das bedeutet: In den Situationen, in denen wir akut etwas benötigen, das uns stabilisiert, sollten wir eine Auswahl an Möglichkeiten bereits parat haben, auf die wir dann zurückgreifen können. Denn nicht alles, was uns einfällt, um uns etwas Gutes zu tun, wird passen. Und der Ernstfall ist in der Regel nicht der Moment, um Neues auszuprobieren. Wichtig sind dann eine hohe Flexibilität und ein wacher Spürsinn für das, was uns stärkt. Wenn wir dann die Erfahrung machen können, dass wir uns in einer Krise ein wenig selbst helfen können, dann wird das unser Vertrauen darauf stärken, dass wir in Zukunft Herausforderungen ebenfalls gut überstehen werden (Bonnano 2004, S. 20–28). Resilienzfähigkeit ist somit die heilende Kehrseite zu den Widrigkeiten, zu Stress, Krisen und Traumata. Der Fokus liegt in diesem Buch darauf, wie wir uns so gut wie möglich rüsten können, um mit den Herausforderungen des Lebens umzugehen.

Eine Abgrenzung ist uns an dieser Stelle wichtig: Resilienz heißt nicht, darin besser zu werden, das Übel, den Druck, die Abwertungen und Missachtungen von zentralen Bedürfnissen immer besser auszuhalten. Es darf nicht darum gehen, einen Beitrag zu noch mehr Ausbeutung, Grenzüberschreitung und Überstunden zu leisten. Resilienz ist kein anderes Wort für Masochismus. Vielmehr muss es darum gehen, das Bewusstsein für Belastungsgrenzen zu schaffen, Triggerpunkte zu entschärfen, Nein-Sagen zu üben – also vielmehr die Fähigkeit zu erarbeiten, das eigene Wohlergehen auf vielfache Weise zu fördern und die persönlichen Prioritäten im Blick zu behalten und ernst zu nehmen.

Jeder Mensch ist grundsätzlich fähig zur Resilienz. Das bedeutet, wir alle haben schon heute bestimmte Einstellungen, Verhaltensweisen und Strukturen, die uns zur Resilienz fähig machen, und wir können diese auch noch weiter kultivieren, um mit den Schwierigkeiten von morgen besser umgehen zu können. Auch wenn wir noch nicht ganz genau wissen, was uns eines Tages in Zeiten der Not guttun wird, so können wir doch immerhin sagen: Je mehr wir auf unserer Seite haben, desto besser sind wir gewappnet für alles, was kommen mag. Man könnte auch andersherum formulieren: Wer jetzt schon daran arbeitet, Sinn, Freude und glückliche Beziehungen zu haben, der hat über diese wundervolle Lebenssituation hinaus auch noch den Vorteil, für Krisen besser gerüstet zu sein.

Wie Sie dieses Buch für sich nutzen können

Viele Coaches lieben die intensiven Begegnungen mit Ihren Klient:innen. Die Beziehungen, die wir mit den Ratsuchenden eingehen, haben aber auch Folgen für uns selbst. Sie sind zwar längst nicht so umfangreich erforscht wie in den Nachbardisziplinen Psychotherapie und Psychiatrie. Es gibt aber erste Anzeichen, dass in der Welt des Coachings ebenfalls Selbstfürsorge der Unterstützenden ein wichtiges Gebot sein sollte. In der Literatur werden mindestens 30 negative Effekte beschrieben, die das Coaching auf den Coach haben kann (Schermuly 2014, S, 167–182). Darin steckt ein Appell: So sehr wir im Dienste anderer dazu beitragen, dass Menschen ihre Ressourcen erkennen, Neues erlernen, Ungeliebtes verabschieden und Veränderungen aktiv vorantreiben, so sehr sollten wir auch uns selbst in den Fokus nehmen, unsere eigenen Kraftquellen im Auge behalten und unsere Resilienzfähigkeit stärken.

Gerade dann, wenn wir mit Coachees arbeiten, die besonders schwierige Lebenslagen und Krisen thematisieren, ist es daher wichtig, die eigenen Energien und Kraftquellen in den Blick zu nehmen, sie zu pflegen und zu stärken.

Schöpfen Sie also für sich selbst und für Ihre Klient:innen aus unserem Fundus, probieren Sie aus, was am besten hilft und sortieren Sie aus, was im Moment (noch) nicht an der Reihe ist. Sie können an dieser Stelle selbst erfahren: Je genauer Sie sich selbst in Ihren Bedürfnissen, Fähigkeiten und Herausforderungen sehen, desto besser können Sie sich vorbereiten und Erfahrungen sammeln, wie Sie mit den Widrigkeiten Ihres Lebens umgehen, sie bewältigen und sie vielleicht sogar als einen inspirierenden Teil Ihres Lebens als Coach erkennen können.

So ist es zum Beispiel unabdingbar, sich immer wieder mit den eigenen Grenzen auseinanderzusetzen. Der Wirtschaftspsychologe Carsten Schermuly weist in seinen Studien über die (negativen) Auswirkungen von Coaching darauf hin, wie wichtig es für Coaches ist, sich der Themen bewusst zu werden, die ihnen persönlich nahe oder gar *zu* nahe gehen. Die befragten Coaches gaben an, in mehr als 40 Prozent der letzten Coachings von einem Problem, das zur Sprache kam, selbst betroffen gewesen zu sein. Das kann dem Einfühlungsvermögen in der Beratungssituation natürlich guttun – aber auch zum Problem werden: Was, wenn die Themen unserer Klient:innen eigene schmerzhafte Knöpfe drücken und Prozesse auslösen, die wir plötzlich nicht mehr steuern können?

Ein wichtiger Teil unserer Aufgabe ist es, immer wieder genau hinzuschauen: Wo liegen die eigenen sensiblen Themen? An welchen Stellen sollte ich gut oder noch besser für mich sorgen? Dazu gehört auch, selbst Therapie, Coaching oder

Supervision in Anspruch zu nehmen, um Ängste, Unsicherheiten und Frustrationen zu verarbeiten oder gar nicht erst entstehen zu lassen. Zu wissen, für welche Aufträge wir genau die Richtigen sind und welche Aufträge unsere Grenzen überschreiten würden, das ist professionell. Durch Selbstreflexion und innere Arbeit können wir dann diese Grenzen möglicherweise sogar verschieben, sodass wir für immer mehr Menschen hilfreich sein können.

Und noch weitere Faktoren tragen zum Stresserleben von Coaches bei: In der Studie von Carsten Schermuly klagten die befragten Coaches vor allem darüber, nicht zu wissen, wie es ihren Coachees nach der Beratung ergangen ist und ob sie ihnen wirklich helfen konnten. Ein geringes Selbstwirksamkeitserleben kann entmutigen, erschöpfen und stressen. Überhaupt kann die Arbeit an belastenden Themen auch für die Helfenden zur Belastung werden. Mitzufühlen, aber nicht mitzuleiden, ist hier gefragt. Diese Balance ist bisweilen ziemlich schwierig. Der Druck, erfolgreich zu sein, schwingt immer mit. In etlichen Fällen begleiten wir Menschen durch Problemlagen, die für sie groß und gewichtig, aber für sie selbst unlösbar sind. Die Gefahr, durch ein Coaching einer Lösung nicht näher zu kommen, können dann auch die Berater:innen zu spüren bekommen. Nicht zuletzt ist der Druck der Branche enorm – wenngleich der Bedarf steigt und das Angebot riesig ist. Die Folge ist, dass vom Beruf des Coachs derzeit nur die Wenigsten leben können. In der vierten Marburger Coaching-Studie »Coaching-Marktanalyse 2016/2017« stellten Michael Stephan und Christian Rötz fest, dass nur acht Prozent der Befragten vom Coaching allein leben konnten. Daran hat sich nur wenig geändert.

Dies sind nur ein paar Beispiele für Faktoren, die unser Wohlbefinden und unsere Arbeit beeinträchtigen können. Fühlen Sie sich gern schon gleich beim Lesen inspiriert, einige der hier angebotenen Techniken einmal an sich selbst auszuprobieren! Das ist sicherlich nicht nur aufschlussreich, um diese mit Ihren Klient:innen hilfreich anwenden zu können. Wir finden: Selbstfürsorge und Stärkung von Wohlbefinden ist ein Merkmal von Professionalität.

Wie Sie dieses Buch im Coaching nutzen können

Gerade dann, wenn es um Resilienz geht, werden im Coaching Themen eine Rolle spielen, die für unsere Coachees persönlich bedeutsam, tiefgehend und schwer sind. Nicht nur Wissen um und Demut vor der großen Verantwortung, die wir haben, zeichnet die Arbeit als Coach aus. Achtsamkeit in der Sprache und im Handeln, ein zutiefst respektvoller Umgang mit der Vergangenheit, den Konzepten und Gedanken unserer Gegenüber, die Fähigkeit zum Perspektivwechsel und eine Haltung geprägt von Verantwortung für unsere eigenen Gefühle und Gedanken, das alles setzen wir an dieser Stelle voraus.

Wollen wir die Fähigkeit zur Resilienz stärken, dann sollten wir dies präventiv machen, damit wir auf eine Fülle von Möglichkeiten und Kraftquellen zugreifen können, wenn wir diese akut brauchen – denn inmitten einer Krise ist es nicht der beste Moment, sich erstmalig diesem wichtigen Thema zuzuwenden. Zu erkennen, was guttut und stärkt, was das Energielevel und Wohlbefinden hebt und den Stress verringert, zu verstehen, aus was für einem »Material« unsere seelischen Schutzschilder gemacht sind, ist Gold wert.

Resilienztraining lediglich als Prävention zu sehen, ist aber insofern zu freudlos, da wir mit diesem auch unsere Zufriedenheit im Alltag boostern können. Denn es geht hier darum, uns stärker mit dem Guten in unserem Leben zu verbinden, mit unserem Sinnempfinden, unseren eigenen Kräften, unseren Zielen, mit dem, was uns Zuversicht gibt, mit unserem liebevollen Umgang mit uns selbst und anderen sowie dem, woraus wir unser Glück schöpfen.

Mit diesem Buch öffnen wir Ihnen die Tür in die Welt all dessen, was die Resilienzfähigkeit ausmacht und stärkt. Sie können erkunden, was Sie aus dieser Vielfalt ausprobieren möchten, was Ihnen und Ihrer Arbeit mit Menschen dient, welche Best Practices und Erkenntnisse der Wissenschaft Sie auch in Ihr Leben lassen wollen. Sie können prüfen, welche Ideen und Anregungen, welche Rituale und Weisheiten anderer für Sie funktionieren. Immer wieder zu testen, was aus der Fülle der guten Dinge, die andere stärken, Sie in Ihrem Leben haben und kultivieren wollen, das ergibt das stärkende Repertoire, das Ihren Alltag verschönert und in Zeiten der Not rettet. Dabei entziehen sich zumindest in gewissen Teilen die hier angesprochenen Anregungen dem ergebnisoffenen Zugang, den wir im Coaching anstreben. Wir möchten Sie einladen, für Ihre Klient:innen aus den angebotenen Methoden (und Ihren eigenen weiteren Ansätzen) individuell zugeschnittene Prozesse zu gestalten.

Bevor wir uns dem widmen, was wir tun können, um resilienter durch das Leben zu gehen, beginnen wir mit der schmerzlichen Seite der Resilienz: dem Leid. Ohne Krisen und Prüfungen, ohne tiefen Schmerz und echte Not, die alle Teil unserer menschlichen Erfahrung sind, bräuchten wir die Frage nach dem, was uns hindurch trägt, nicht. Also beginnen wir mit dem Schwersten.

Daran anschließend haben wir alles, was für die die Entwicklung der Resilienzfähigkeit hilfreich ist, in vier Arbeitsbereiche gegliedert:

- Wir blicken auf die Kraftquellen,
- stärken das Wirksamkeitserleben,
- übernehmen Verantwortung für die Gestaltung unserer Welt und
- fördern das, was unser Leben reich und beglückend macht.

In diese Struktur haben wir die Erkenntnisse, Konzepte, wirksamen Impulse und Tools geordnet und mit Hashtags versehen. Entstanden ist ein Fundus aus Übungen und Fragen, aus denen Sie einen Prozess für Ihre Klient:innen gestalten können.

Durch den Sturm gehen

02

Seelische Abwehrkräfte stärken

Wie unser Immunsystem erst durch den Kontakt zu Viren und Bakterien den Umgang mit ihnen erlernt und dadurch überhaupt stark und wehrhaft wird, so wissen wir auch über unsere seelischen Abwehrkräfte, dass sie Widrigkeiten brauchen, um sich zu stärken. Erst durch das eigenständige Lösen von Problemen wächst die Zuversicht in die eigenen Kompetenzen. Mit jeder Klippe, die wir erklimmen, steigt die Wahrscheinlichkeit, dass wir uns die nächste zutrauen.

Wichtig

Aber nicht alles, was schwer ist, hat gleichzeitig die Kraft, uns zu stärken. Nicht jede Krise ist gleichzeitig auch eine Chance. Manches ist so unerträglich, dass es erst einmal nur darum geht, nicht daran zu zerbrechen.

Die Begleitung von Menschen durch tiefe, existenzielle Krisen ist ein eigenes Feld. Wir können alle nachvollziehen, dass die Zeit, in der Menschen gerade Schlimmstes erleben, nicht dazu angetan ist, Coaching anzubieten. Es ist für Helfer:innen, die Menschen in diesen Phasen unterstützen, eine notwendige Aufgabe, immer wieder die eigenen Grenzen sorgfältig zu ergründen, um zu wissen, an welchen Stellen sie abgeben müssen an Unterstützende, die dieser Aufgabe gewachsen sind. Existenzielles Leid benötigt erfahrene Helfer:innen, die Nähe und Unterstützung anbieten können.

Drei Menschen lassen wir hier zu Wort kommen, die sich bereit gemacht haben, für andere da zu sein, die an Krisen zu zerbrechen drohen:

- Nikola Gazzo als Trauerbegleiterin für Menschen, die existenziellen Verlust erleiden müssen
- Christa Spannbauer als Filmemacherin, die Holocaustüberlebenden Stimme und Sichtbarkeit gibt
- Pfarrer Justus Münster, der als Notfallseelsorger Menschen in größter Not zur Seite steht

Ihre Stimmen sollen dem Raum geben, was menschliche Resilienz sichtbar machen kann: Durchleben größter Not und tiefsten Leids. Von ihnen können wir lernen, was es heißt, da zu sein, auszuhalten und eine Hand zu reichen.

Voller Demut überlassen wir ihnen das Wort.

Interview mit Nikola Gazzo: Trost in tiefer Trauer

Nikola Gazzo hat Politik- und Kulturwissenschaften in Paris studiert. Viele Jahre war sie für verschiedene internationale Organisationen tätig, als Personal- und Businesscoach hat sie Selbstständige in der Kreativwirtschaft bei der Businessentwicklung beraten. Bis zum tragischen Unfalltod ihres 21-jährigen Sohnes. Nach diesem furchtbaren Ereignis machte sie sich auf die Suche nach Trost und Hilfe, wurde Mitglied in verschiedenen Trauergruppen. Sie begann zunehmend, sich um die Sichtbarkeit dieser wichtigen Strukturen zu kümmern. Eine Weiterbildung in Trauerbegleitung veranlasste sie, sich in ihrer Arbeit auf »Resilienz-Coaching« zu fokussieren. Seit Mitte 2021 ist Nikola selbstständig tätig als Resilienz-Coach und Beraterin für Unternehmen und Institutionen mit dem Schwerpunkt »Trauer am Arbeitsplatz«. Aktuell setzt sie sich dafür ein, in die Fortbildung »Betriebliches Gesundheitsmanagement« (unter anderem IHK-Zertifikat) ein Modul »Trauer und Traumata am Arbeitsplatz« einzuführen.

»In deiner Arbeit begleitest du Menschen durch tiefe Trauer. Wie beschreibst du das, was du tust?«

»Ich beschreibe das, was ich tue, als eine ›Einstiegsbegleitung‹, den Einstieg in ein durch einen krassen Verlust oder Trauma verändertes Leben, mit dem Ziel, in ein gutes, lebenswertes Leben zurückzufinden. Zu meiner Arbeit gehört zunächst einmal eine Riesenportion Offenheit, großes gegenseitiges Vertrauen – das aufgebaut werden muss – und eine sehr empathische Haltung.

Ich habe eine systemische Coachingausbildung und arbeite daher immer holistisch, also den ganzen Menschen und sein ›eigens geschaffenes System‹ einbeziehend. Ich rege meine Coachees an, die komplexen emotionalen und auch materiellen Konsequenzen des Verlusts verstehen zu lernen, die sich in Trauer äußern. Meine Coachees ermitteln proaktiv Möglichkeiten, wie sie neue Beziehungen – auch mit den Verstorbenen – schaffen können, wie sie den Verlust und die Trauer in das ›neue Leben‹ oder ›das Leben danach‹ integrieren können, sodass – nach völlig unterschiedlicher Zeitdauer der Trauer – wieder gesunde und freudvolle, aber auch sinnvolle Lebensmomente und -situationen entstehen.«

»Durch den Tod deines Sohnes hast du selbst schwerstes Leid durchleben müssen. Was hast du durch deine Erfahrung und deine Arbeit über Resilienz gelernt?«

»Die ursprüngliche Bedeutung von Resilienz aus der Chemie, nach der ein verändertes Element wieder in den Urzustand zurückspringt, finde ich nicht immer hundertprozentig stimmig. Denn gerade beim Verlust eines nahestehenden Menschen gibt es immer ein ›Vorher‹ und ein ›Nachher‹, ein Zurück zum Urzustand ist niemals möglich. Der Mensch ist gestorben und wird nie wieder in seiner alten Form zurückkehren. Trotzdem kann ich dafür sorgen, dass es eine neue, andere Beziehung zur verstorbe-

nen Person gibt. Ich kann zwar nicht mehr mit ihr sprechen oder sie bekochen und verwöhnen, aber ich kann ihr Grab pflegen, Rituale abhalten, innere Dialoge mit ihr führen, ihr Briefe schreiben. So kann nach langer Zeit die Leerstelle mit tröstlichen Ersatzhandlungen zwar nicht gefüllt, aber doch etwas kompensiert werden. Hier wird dann gern von den Trauernarben gesprochen, ein gutes Bild wie ich finde: Der akute Schmerz einer frischen Wunde wird nach langer, langer Zeit zu einer Narbe, ist also immer noch sichtbar und präsent, bis zu unserem eigenen Tod. Das ist eine Narbe, die auch manchmal zwickt und zwackt oder wetterfühlig ist, aber uns nicht mehr mit dieser Wucht des frischen und akuten Schmerzes umhaut.
Sehr richtig aber finde ich in Bezug auf Trauercoaching an dem Begriff ›Resilienz‹, dass die Wirkung von ›innen heraus‹, aus den eigenen Ressourcen kommt. Ich schöpfe aus meinem ureigenen System meine mir hilfreichen Instrumente, um dank ihnen in meinem neuen (zunächst verändertem und ungewünschten) Leben nach dem Verlust zurechtzukommen. Und das bedeutet auch, die Trauer in das Leben zu integrieren. Es gibt das Bild des ›sich dem Schmerz stellen‹ oder ›durch den Schmerz gehen‹ – also immer mit einer Haltung des nicht Verdrängens oder Ausweichens.«

»Man sagt, die Trauer sei so individuell wie der Mensch selbst, jeder und jede muss den eigenen Weg finden ... Aber wie finden wir heraus, was uns trägt?«
»Ja, das ist die ganz große Frage! Um herauszufinden, was tröstet, was den Schmerz lindert, wie man die Trauer in das Weiterleben integrieren kann, dafür ist der Schlüssel achtsame Kommunikation, behutsames Fragenstellen und das (Re)Aktivieren individueller Ressourcen.
Ein sehr wichtiger ›Ansatz‹ in meinen Resilienz-Coachings in Bezug auf Trauer ist die absolut notwendige Offenheit für jedmögliche Art von Individualität im Schmerz und in der Trauer. Und die erfahre ich, wenn ich so essenzielle Fragen stelle wie: Was genau gibt es auszuhalten? Um wen trauerst du? Was ist passiert? Wie ist es passiert? Warum trauerst du? Wie lange trauerst du schon? Wie trauerst du genau? Wo trauerst du? Wie findest du Trost? Was kann aus dem alten Leben als Rettungsanker dienen? Und wie kann man erste Schritte zur Linderung des Schmerzes gehen? Neben Offenheit, Empathie und offene Fragen zu stellen ist mein Haupthandwerkzeug das aktive Zuhören. Die Trauerforschung hat viele Theorien zu Trauerphasen – beispielsweise die Arbeiten der Sterbeforscherin Elisabeth Kübler-Ross – hervorgebracht. Aber ich halte es lieber mit der Resilienzforschung, wo es weniger feste Schemata gibt. Natürlich gibt es während der Trauer Reaktionen wie Schock, Verleugnung, Wut, Depression und Akzeptanz – aber es gibt viele sehr individuelle Zwischentöne und Zwischenetappen und ein schwer definierbares Gefühlswirrwarr, ein ›Pendeln‹ zwischen Gefühlsextremen, also zum Beispiel zwischen dem Zustand der tiefsten Verzweiflung und der

dankbaren Erinnerung, mit eventuell aufkommender Hoffnung und Zuversicht und dann wieder der Rückkehr in den Schmerz und in die Einsamkeit.

Vielleicht ist das Wichtigste an meinem ›Ansatz‹ und meinem Methodenmix: gegenüber diesem Gefühlswirrwarr eine unbedingt empathische Haltung einnehmen und für alle Lösungen der so individuell Trauernden offen zu sein. Ein wichtiger Punkt ist natürlich, dass ich das alles (leider) am eigenen Leib erfahren habe.

Ein wichtiger Mechanismus der Resilienz ist, dass das, was mich früher schon gestärkt hat, mir auch jetzt als Ressource dienen kann. Vor meinem schweren Verlust waren Struktur und Organisation eine wichtige Ressource. Sie haben mich auch nach dem Schock getragen. Ich war jahrelang Familienchefin von vier Kindern und einer Hündin, berufstätig und organisatorisch weitgehend alleinerziehend. Das benötigt Struktur und Organisation. So habe ich mich dann zunächst auf unsere Basisbedürfnisse konzentriert. – Ich hatte auch gar keine andere Wahl. – Ich bin nach der Beerdigung sofort wieder ins Büro zurückgekehrt, das war im Nachhinein gesehen ein Segen, da auch das Struktur gab.

Ich habe vor dem Verlust sehr gern gearbeitet und auch danach war mir meine Arbeit eine wichtige Kraftquelle. Dasselbe gilt für meine Leidenschaft zu lesen und zu schreiben. Ich bin ein paar Tage nach der Beerdigung meines Sohnes in die ›Trauerbuchhandlung‹ in Berlin-Wilmersdorf marschiert und habe mich dort mit Trauerlektüre eingedeckt. Meine ›Ressource‹ wurde so zu einem der Strohhalm im reißenden Strom der Verzweiflung und des Schmerzes. In der Literatur entdeckte ich, dass es so viele Menschen gibt, die Kinder verloren und darüber Bücher veröffentlicht haben. Das hat mir vor allem eines gezeigt: Ich bin nicht allein. – Und das war schon mal der erste Trost.

Lesen und die Beschäftigung mit Trauerliteratur haben mir geholfen, weil mir Lesen schon immer gutgetan hat. Viele haben aber in der akuten Trauer enorme Konzentrationsschwierigkeiten und können nicht lesen. Sie finden dann vielleicht eher Trost in der Musik, erleben hier die Verbindung zu dem Verstorbenen. Ich war lange Zeit unfähig, Musik zu hören – und schon gar nicht Musik von der Playlist meines Sohnes. Der Trauerschmerz beim Hören seiner Musik war für mich unerträglich. Seine Freunde und Freundinnen hingegen fanden in seiner Musik Trost, sie waren durch sie mit ihm verbunden. So unterschiedlich reagieren Hinterbliebene. Viele finden Trost in Kreativität, machen Fotomontagen, gestalten sehr individuelle Grabstellen oder nähen Patchworkdecken aus Pullis und T-Shirts der Verstorbenen. Für manche wiederum ist die Organspende ihrer geliebten Verstorbenen ein Trost, für andere ist die Organspende dagegen eine Horrorvorstellung. Sehr unterschiedlich wird auch die Hilfe durch den Glauben erlebt. Manche finden Trost in ihm, andere haben eine fürchterliche Wut auf Gott. Das also ist die große Aufgabe: den eigenen Weg zu finden.«

»Wenn wir Menschen in größter Not beistehen wollen, sind wir oft verunsichert: Was kann Trost spenden? Wie können wir da sein für jemanden, der so unvorstellbar leidet?«

»Also zunächst zitiere ich dazu meinen Lieblings-(Trauer)Poeten Rainer Maria Rilke, der in einem Brief 1923 an Gräfin Sizzo schrieb ›aller Trost ist trübe‹ (Rilke 1985, Brief vom 6. Januar 1923). Dazu schreibt später der Philosoph Wilhelm Schmidt in der Zeitschrift Psychologie Heute Compact ›Trauer und Verlust‹ in seinem Artikel ›Heilung finden‹: ›Vielleicht nicht wirklich aller Trost, aber derjenige, der auf Ablenkung und Zerstreuung setzt und damit das klare Wasser des Leids trübt, das den Blick in die Tiefe erlaubt. Trost ist trübe, wenn er die Trauer unterdrückt oder übertölpelt‹ (2021, S. 70). Für mich war in Momenten größter Schmerzen der ›richtige‹ Trost all das, was sich stimmig anfühlte. Keine Schönfärberei. Keine besänftigenden Worte. Ich wollte, dass das, was ich fühlte, benannt wird. So wie zum Beispiel im Gedicht von Wyston Hugh Auden ›Anhalten alle Uhren‹ (1994), das im Film ›Vier Hochzeiten und ein Todesfall‹ zitiert wurde. Denn genau so fühlte ich mich im Moment der größten Not, des Schocks nach der Todesnachricht: Das Gedicht beginnt mit ›Haltet alle Uhren an, lasst das Telefon abstellen, hindert den Hund am bellen‹ und endet mit den Strophen: ›Die Sterne sind jetzt unerwünscht, löscht jeden aus davon, Verhüllt den Mond und nieder reißt die Sonn', Fegt die Wälder zusammen und gießt aus den Ozean, Weil nun nichts mehr je wieder gut werden kann.‹

›Weil nun nichts mehr je wieder gut werden kann‹: was für ein Satz! Fast ein Todesurteil – aber genau so habe ich mich gefühlt. Vor diesem Abgrund kam mir mein Glaube zu Hilfe, auch eine Ressource aus meinem Leben ›davor‹. Als mein Sohn starb, ging ich noch am selben Abend in den Gottesdienst meiner Gemeinde. Allein. Ich suchte Trost im Gebet. Die Kirche war der Ort, wo ich meiner Trauer freien Lauf lassen konnte, weil ich wusste, dass sie dort sein darf, sie dort ihren Platz hat. Und ich habe meine Tränen fließen lassen. Eine junge Frau, die mich sah, hat das einzig Richtige gemacht: Sie hat mich an dem Abend in der Kirche einfach fest in den Arm genommen. Die französische Journalistin, Schriftstellerin und Filmemacherin Anne-Dauphine Julliand, die vor Kurzem ihr drittes (!) Kind verloren hat, schreibt in ihrem Buch ›Consolation‹, also ›Trost‹, das sie nach dem Tod ihrer zweiten Tochter verfasste: ›Es gibt keinen Trost ohne Leid. Und es sollte niemals Leid ohne Trost geben. Trost ist eine Liebesgeschichte, die mit der Tinte der Tränen geschrieben wurde. Es ist die Begegnung zweier Herzen: ein Herz, das leidet, und ein Herz, das sich öffnet. Die Begegnung zweier Seelen: eine erschütterte Seele und eine Seele, die sich aufrütteln lässt‹ (2020, S. 11–12, Übersetzung Gazzo). Ich möchte hier erwähnen, dass ich trauernde Eltern, die sich von Gott abwenden, sehr gut verstehe. Clive Staples Lewis schreibt dazu in seinem Buch ›Über die Trauer‹: ›Aber kommt mir nicht mit den Tröstungen der Religion, oder aber ich schöpfe Euch den Verdacht, dass ihr nichts versteht!‹ (1999, S. 44).

Ich habe die verschiedensten Varianten von Trost erlebt, bei mir selbst und bei den Menschen, die ich begleite – was mir geholfen hat, mag für sonst niemanden in einer solchen Situation hilfreich sein.«

»Du hattest über die Jahre viele Begleiter:innen, die für dich da waren und sind. Welche Haltung hilft in der Not besonders? Welche Gesten und Taten stützen?«

»Da waren natürlich meine drei anderen Söhne, die mich sozusagen am Leben erhalten haben, für die ich einerseits eine Stütze sein wollte und sein will und die mich andererseits in der größten Not einfach durch ihre bloße Existenz gestützt haben, aber nicht nur dadurch.

Eine unendlich wichtige Stütze war und sind die Trauergruppen, die ich in meiner Verzweiflung aufsuchte. Wie durch einen Nebel sah ich während meiner ersten Teilnahme in der ›offenen Trauergruppe verwaister Eltern‹ die anderen Trauernden. – Ich sah, dass sie lebten und sogar auch ab und zu lachten, also dass sie den Tod ihrer Kinder irgendwie ›überlebt‹ hatten und das war zunächst das Wesentliche für mich. Und das Reden darüber. Dass Reden hilft, habe ich aber erst mit der Zeit gelernt. – Das sich wiederholende Narrativ über das Drama ist so, wie wenn man eine Zwiebel schält: Schicht um Schicht wird es leichter.

Auch sieben Jahre später gehe ich noch in die Trauergruppe, einerseits um zu reden und das Leben meines Sohnes zu erzählen, andererseits um über meine Trauererfahrungen zu berichten. Ich will den ›frisch‹ und akut Trauernden eines der Gegenüber sein, die ich damals, wenn auch durch einen Nebel, wahrgenommen hatte: Wir überleben den Tod unseres Kindes. – Wir leben und wir bemühen uns fast heroisch um ein gutes Leben ›danach‹. – Genau das ist mir so wichtig, dass die akut Trauernden das sehen und spüren.

Ich habe vor einiger Zeit das Buch ›Leben mit den Toten‹ (im Original ›Vivre avec nos morts‹] von Delphine Horvilleur gelesen, in dem sie so wunderbar beschreibt, was es ausmacht, Mit-Trauernden zu begegnen. Ich habe diesen Text für meine Freundinnen aus der Trauergruppe übersetzt:

›Die Eltern, die diese Tragödie (den Verlust eines Kindes) erlebt haben, erzählen uns alle, dass sie in dem Moment, in dem die Nachricht eintrifft, das Gefühl haben, dass ihnen nicht nur die Erde entgleitet, sondern dass das Erdbeben sie für immer aus einem Land vertrieben hat, das sie beschützt hat und in dem sie nie wieder einen Platz haben werden. Sie sind auf einer Insel gefangen, für immer abgeschnitten vom Land derer, die von der Tragödie verschont geblieben sind. Dieser Kummer sagt ihnen, dass sie jetzt außerhalb der Welt, außerhalb der Zeit leben, an einem Ort, von dem es keine Rückkehr gibt. Der Tod eines Kindes verdammt dich zur Verbannung in ein Land, das niemand besuchen kann, außer denen, denen das Gleiche widerfahren ist. Und wie

jeder Einwanderer muss man eine neue Sprache entdecken, in der man radebrecht. Keines der Worte, die sie kannten, kann auch nur annähernd beschreiben, was sie erleben müssen‹ (2021, S. 111, Übersetzung Nikola Gazzo).
Ich schrieb damals meinen Trauergruppen-Freundinnen, wie glücklich ich bin, dass es sie gibt und dass wir da zusammen sind, auf dieser Insel, in diesem unbekannten Land und uns da gefunden haben – obwohl das keine von uns wollte, natürlich. In englischen Trauergruppen sagen sie in ihrem typischen britischen Galgenhumor: ›Welcome to the club no one wants to join.‹
Aber auch Nichtbetroffene können trösten. Das Herz, die Seele öffnen gegenüber den Leidenden, das bedeutet manchmal einfach nur Dasein, eine stumme Umarmung, wie ich sie am ersten Abend in der Kirche erfahre habe. Sich Zeit nehmen für einen Menschen in Not, einfach nur bei ihm sein und bleiben. In den Momenten purer Verzweiflung sind das die wesentlichen Gesten, das ist Trost, das ist Menschlichkeit.«

»Es waren aber nicht nur andere Menschen, die dir gut getan haben. Was sonst hat dich gestärkt?«
»Gestärkt haben mich die regelmäßige Gänge auf den Friedhof mit unserer Hündin. Dort war ich meinem Sohn nahe. Ein Friedhof spiegelt den inneren Zustand von Trauernden wider: da ist Andacht, Erinnerung, Traurigkeit, Schmerz, Ruhe, Licht durch Kerzen und die Natur.
Ich habe auch die Wichtigkeit von Ritualen begriffen: sich wiederholende, fast automatisierte Gesten sind im akuten Trauerzustand machbar und beruhigen. Drei Monate nach dem Tod meines Sohnes begann ich, an jedem ersten Tag des Monats (da er am 1. Dezember verstorben war) an meine in der ganzen Welt verstreuten Freundinnen, Freunde und Familie Mails zu schreiben, die eine Erinnerung, ein Zitat oder Auszüge aus meinen (Trauer)Büchern enthielten. Ich mache das immer noch. Jeden Monat nehme ich mir ein paar Stunden Zeit, um zu reflektieren und darüber zu schreiben, wie es mir seit dem letzten Monatsersten erging, was ich gelernt habe oder was mich gequält hat in Bezug auf die Trauer um meinen Sohn. Bei eben diesem Schreiben bin ich ihm nah, und bringe ihn seinem Freundeskreis und der Familie so auch wieder nah oder wecke Erinnerungen. Ich erwarte keine Reaktionen, aber ich freue mich doch immer sehr, wenn es welche gibt. Und zwischen all den Ritualen widme ich mich dem (ganz normalen) Leben: meinem Leben und meiner Sinnsuche, dem Leben meiner lebenden Söhne, dem Alltag, dem ganz normalen Weiterleben, in der Gewissheit, dass mich das nächste Ritual – der sonntägliche Kirchgang, das nächsten Treffen mit der Trauergruppe, die monatliche Mail – meinem verstorbenen Sohn wieder nahebringt.«

»Welche neuen Perspektiven sind für dich aus deiner Erfahrung entstanden? Was hast du durch deine Erfahrung gelernt, was das Überleben traumatischer Erlebnisse betrifft?«

»Das Bewusstsein, dass ich selbst Ressourcen habe und hatte, wirkte wie ein Schlüssel für mein Weiterleben als verwaiste Mutter. Es half mir dabei, das alte und das neue Leben wieder miteinander zu verbinden. In meinem Kapitel für das Buch ›Über(s) Leben nach dem Tod eines Kindes‹ (Soul 2020, S. 91–101) zitiere ich die verwaiste Mutter Kirsten Wood mit den Worten: ›I always said that the one thing I could not survive was the loss of a child. I was right. The person I was is gone. I took her place‹ (Wood 2017, https://stillstandingmag.com/2017/07/20/life-after-death/). Das sehe ich – etwas mehr als sieben Jahre nach dem Tod meines Sohnes – schon wieder anders: Natürlich bin ich nicht mehr die Alte, die ich vor seinem Tod war. Aber wie oben beschrieben, habe ich eine neue Beziehung und Verbindung zu ihm aufnehmen können und wir begegnen uns täglich – aber eben nicht mehr physisch wie früher. Und dass die ›Bombe‹, die einschlug, die das Loch und später die Narbe in meinem Herzen formte, mich verändert hat, ist auch klar. Aber meine ursprünglichen Ressourcen habe ich behalten beziehungsweise wiedergefunden und reaktiviert und sogar erweitert. Und das ist, glaube ich, eben genau das, was Resilienz ausmacht. ›Resilienz ist die Verwandte der Weisheit‹ habe ich neulich gelesen. Es kann sein, dass da etwas dran ist.«

»Was ist dir noch wichtig, wenn du mit Menschen durch ihre Trauer gehst?«

»Sehr wichtig ist mir, dass ich in zwei unterschiedliche Richtungen blicke: Einerseits mache ich diese bereits erwähnte sehr achtsame und einfühlsame ›Einstiegsbegleitung‹ in das neue Leben, andererseits bin ich ständig im Selbstversuch beziehungsweise in der Selbstbeobachtung, was mir hilft, geholfen hat, helfen wird. Ich mache einmal ein Beispiel: Ich begleite aktuell eine Witwe, die ihren Mann an Covid-19 verloren hat. Sie beschrieb mir neulich, wie schlimm es für sie sei, wenn die Sonne scheint. Sie erträgt dieses ungetrübte Wetter nicht. Das ist ein Symbol dafür, dass sich die Erde weiterdreht und einfach so die Sonne scheint, ohne Rücksicht auf ihren Kummer. Und wie habe ich sie verstanden! Mein Sohn starb am 1. Dezember, also in dieser schrecklich dunklen Jahreszeit. Aber diese Dunkelheit hat mich damals tröstlich ›ummantelt‹, mich beschützt und geborgen. Der innerliche Abgrund in mir wurde nach außen ›passend‹ gespiegelt, dank dieser Dunkelheit. Als es dann Frühling wurde und die Natur so unverschämt satt wieder aufkeimte, da schrie mein Herz ›Verrat!‹. Wie kann das alles einfach so wiederauferstehen – so dreist, so unverblümt – und mein Sohn bleibt tot. Und ebenso geht es jetzt der Witwe in ihrer akuten Trauer und dem schönen, aber für sie unpassenden Wetter. So wie in dem bereits genannten Gedicht

von Auden drückt sich ihre Verzweiflung aus: ›Nieder reißt die Sonn.‹ Einerseits verstehe ich genau ihre Gefühle und andererseits kann ich sie aushalten und auch erspüren, wenn der Moment gekommen ist, einfach nur da zu sein. Ich habe drei Jahre gebraucht, bis ich den Frühling wieder ein wenig genießen konnte. Diese Erfahrung drückt sich natürlich in meiner solidarischen, mitfühlenden empathischen Haltung der Witwe gegenüber aus.
Es ist wahrscheinlich kein Zufall, dass zum Beispiel die Autoren und Therapeuten Roland Kachler und Jens-Uwe Martens mit ihren Büchern zu meinen Lieblingsautoren geworden sind: Auch sie sprechen und schreiben aus eigener tiefster Erfahrung. Und diese Erfahrung drückt sich in ihrer ›Haltung‹ aus. Sie haben am eigenen Leib den Schmerz erfahren und am eigenen Leib die Wohltat erlebt, als der Einsatz ihrer Ressourcen funktioniert hat und zu ihrer Resilienz wurde. Ich bin auch der Meinung, dass Menschen, die bereits bewusst durch schlimme Krisen gegangen sind, den Folgekrisen besser begegnen können und schneller Strategien aus ihnen heraus finden.«

Literatur

Eine Auswahl der von Nicola Gazzo empfohlenen Texten:

Theorie von Elisabeth Kübler-Ross zu den *Phasen des Sterbens*: »Interviews mit Sterbenden«, Herder 2018. Das Original »On Death and Dying« erschien 1969 bei Scribner.

Theorie zum zitierten *»Pendeln«* und dem *»Gefühlswirrwarr«* von Margret Stroebe und Hunk Schut können Sie nachlesen in der Zeitschrift »Death Studies«: »The dual process model of coping with bereavement: rationale and description«, volume 23, 11.11.2010, S. 197–224.

Anne-Dauphine Julliand: *Consolation*. Editions les Arènes 2020.

Clives Staples Lewis: *Über die Trauer – Begleiter für schweren Stunden*. Benziger 1998.

Delphine Horvilleur: *Vivre avec nos morts*. Editions Feryane 2021.

Whisper von Soul: Über(s)leben nach dem Tod eines Kindes. BoD 2020. Kapitel »Frédéric« von Nikola Gazzo, S. 91–101.

Roland Kachler: *Meine Trauer wird Dich finden - ein neuer Ansatz in der Trauerarbeit*. Herder 2017.

Jens-Uwe Martens und Birgit M. Begus: *Das Geheimnis seelischer Kraft. Wie Sie durch Resilienz Schicksalsschläge und Krisen überwinden*. Kohlhammer 2018.

Jens-Uwe Martens: *Einstellungen erkennen, beeinflussen und nachhaltig verändern. Von der Kunst, das Leben aktiv zu gestalten*. Kohlhammer 2018.

Interview mit Christa Spannbauer: Mut zum Leben

Die Berliner Filmemacherin und Autorin Christa Spannbauer drehte gemeinsam mit ihrem Kollegen Thomas Gonschior den Film »Mut zum Leben. Die Botschaft der Überlebenden von Auschwitz«. Im Film und dem gleichnamigen Buch porträtierten sie vier Zeitzeugen und deren Bewältigungsstrategien von schwerstem Leid. In Filmgesprächen und Vorträgen gibt Christa seitdem die Botschaft der Überlebenden von Mut und Mitmenschlichkeit an die nächsten Generationen weiter.

»Durch deine Arbeit bist du Menschen begegnet, die schwerstes Leid erlebt und dennoch nie aufgegeben haben. Was hast du durch deine Begegnungen mit Schoah-Überlebenden über Resilienz gelernt?«

»Ich bin sehr dankbar, dass ich Esther Bejarano, Éva Fahidi, Jehuda Bacon und Greta Klingsberg begleiten durfte. Sie wurden zu meinen großen Lehrmeistern der Menschlichkeit. Durch sie habe ich erkannt, dass es einen Kern im Menschen gibt, der unzerstörbar ist, und dass es möglich ist, die Würde des Menschseins auch unter unmenschlichsten Bedingungen zu verteidigen und zu bewahren. Inmitten des Grauens und der Brutalität der Todeslager sind die Gesten des Widerstehens, des Helfens und Teilens, von denen die Überlebenden berichten, wie Leuchtfeuer einer unverwüstlichen Menschlichkeit. ›Du kannst mich umbringen, aber ich bin immer noch ein Mensch‹, mit diesen Worten brachte Greta Klingsberg diesen resilienten Kern des Menschseins auf den Punkt.«

»Wie ist es überhaupt möglich, traumatische Lebenserfahrungen nicht nur zu meistern, sondern gegen alle Wahrscheinlichkeit auch noch menschlich daran zu wachsen?«

»›Die Fähigkeit, Lebenskrisen zu meistern, hängt für mich ganz entscheidend davon ab, wie man als Kind von seiner Familie erzogen wurde‹, antwortete Éva Fahidi damals auf unsere Frage. Sie berichtete davon, wie wichtig es im Lager war, glückliche Erinnerungen zu bewahren, sie mit anderen zu teilen und dadurch die Hoffnung auf eine glückliche Zukunft und das Wiedersehen mit geliebten Menschen zu nähren. ›Um einen solchen Lebenswillen zu bewahren, braucht man Menschen, die einem wichtig sind. Sie waren der Grund, warum wir nur ans Leben gedacht haben und nicht ans Sterben‹, reflektierte sie in unserem Gespräch.

Auch Jehuda Bacon wuchs in einem liebevollen Elternhaus auf. Seine Kindheit war vom chassidischen Glauben geprägt. Die Überzeugung, dass Gott die gesamte Schöpfung durchdringt und dass jeder Mensch einen göttlichen und daher unzerstörbaren Funken in sich trägt, gab dem 15-Jährigen in Auschwitz Halt und Hoffnung. Nach seiner Auswanderung nach Israel wählte er die Malerei als Möglichkeit der Bewältigung und Transformation des erfahrenen Leids: ›Die Erfahrungen in den Konzentrationslagern sind Teil meines Lebens und mein Ziel war es, auch diese Erfahrungen in etwas

Positives umzuwandeln. Ich versuchte, menschlich daran zu reifen, auch in meinem künstlerischen Schaffen.‹ Er entschied sich für Versöhnung und stellte sich bereits frühzeitig als Zeitzeuge für junge Menschen aus Deutschland zur Verfügung.
Früher oder später entschieden sich alle vier Porträtierten dazu, ihre Erfahrungen öffentlich zu machen und sie mit anderen Menschen zu teilen. Das Erzählen half bei der Bewältigung des Schreckens, mit dem sie leben mussten. Und es wurde zu ihrem wichtigsten Anliegen, durch ihr Engagement andere Menschen vor einem ähnlichen Schicksal zu bewahren. So stand Esther Bejarano bis zu ihrem Tod mit 96 Jahren auf der Bühne und sang mit ihren Liedern gegen Faschismus und Fremdenfeindlichkeit an. Ihr Lied ›Wir leben trotzdem!‹ wurde zu ihrer Überlebenshymne, die sie am Ende jedes Konzertes sang. Die Musik war ihr Lebenselixier und zugleich Medium ihres Widerstands.«

»Es scheint etwas zu geben, das Menschen selbst durch die Hölle trägt. Etwas, das möglicherweise auch uns durch schwere Zeiten bringen kann. Was ist das aus deiner Sicht? Worauf ist es wichtig, den Fokus zu legen, wenn wir uns stärken wollen?«
»Was sich als roter Faden durch die Erinnerungen zieht, ist die Fähigkeit, selbst noch in ausweglosen Situationen einen Handlungsspielraum zu erblicken, Risiken einzugehen und jede Überlebenschance blitzschnell und mutig zu ergreifen. In allen fand ich die Fähigkeit zur Eigenmotivation, die hoffnungsvoll auf die Zukunft ausgerichtet war. Und ein starker Lebenswille, gepaart mit einem nahezu unzerstörbaren Vertrauen in das Leben. ›Nein, an Aufgeben habe ich nie gedacht‹, erzählte Esther Bejarano. ›Weder in Auschwitz, noch in Ravensbrück, noch auf dem Todesmarsch. Ich habe immer fest daran geglaubt, dass ich wieder frei sein werde.‹
Als überlebenswichtig zeigte sich auch der menschliche Zusammenhalt, die Verbundenheit untereinander, die Bereitschaft, selbst in lebensbedrohlichen Situationen Empathie und Kooperationsbereitschaft mit anderen Menschen zu zeigen. ›Wir haben einander geholfen‹, erzählte Esther Bejarano. ›Die Solidarität hat eine sehr große Rolle gespielt, in allen Lagern. Der Halt, den wir einander gaben, hat uns zum Weiterleben gebracht.‹ Alle hatten Vorbilder in ihrem Leben, die sie motivierten und deren Verhalten ihnen wie Signalfeuer den Weg durch die Dunkelheit wies. Für Greta Klingsberg waren es die jungen Betreuer:innen in Theresienstadt und deren aufopfernde Liebe für die ihnen anvertrauten Kinder. Diesen jungen Menschen setzte sie in ihren Erinnerungen ein liebevolles Denkmal.«

»Ein Aspekt, den du in deiner Arbeit ergründest, ist diese unzerstörbare Zuversicht von einigen Menschen und deren Wille, das eigene Schicksal zu gestalten. Was hilft einem Menschen, sich als Gestalter beziehungsweise Gestalterin des eigenen Lebens zu sehen?«
»Schreiben, Singen, Malen, Tanzen, Erzählen – alle vier Überlebenden wählten kreative und künstlerische Ausdrucksformen, die ihnen bei der Verarbeitung des Erlebten

halfen und zugleich eine sinnvolle Lebensgestaltung ermöglichten. Sie gründeten Familien, um das Weiterleben, das einst so bedroht war, zu gewährleisten und der Liebe und Lebensfreude mit anderen Menschen Raum zu geben.
›Was ich aus dieser Zeit gelernt habe, ist, die kleinen und einfachen Dinge des Lebens zu schätzen‹, sagte Greta in ihrem Garten in Jerusalem, in dem sie jedes Pflänzchen liebevoll mit kostbarem Wasser versorgte. Das Leben, das vom Tod so massiv bedroht war, wird im Nachklang intensiver erfahren und mit großer Dankbarkeit gelebt. Oft denke ich an die Worte von Éva Fahidi, mit denen unser Film endet: ›Wenn man alles und alle verloren hat, bleibt einem nur eines: das Leben. Und wenn man schon ein Leben hat, dann soll man es auch leben!‹«

Interview mit Pfarrer Justus Münster: Halt finden

Pfarrer Justus Münster ist seit 2005 Leiter der Notfallseelsorge Berlin. Seit 2008 kümmerte er sich darüber hinaus über ein Jahrzehnt lang um den Aufbau der Flughafenseelsorge in Berlin. Justus Münster weiß, wie es ist, Menschen in Extremsituationen beizustehen.

»Deine Seelsorger:innen sind täglich im Einsatz, um Menschen in den größten Krisen ihres Lebens beiseite zustehen.«
»Ja, wir kümmern uns um Menschen, denen der Boden unter den Füßen weggerissen wurde. Wir haben es mit echten Wendepunkten zu tun – nach diesem Erlebnis wird nichts mehr so sein wie vorher, mehr Sinnkrise geht nicht. Die Helfer:innen bringen in diese oft unvorstellbaren Situationen Haltepunkte und Perspektiven in Form von kleinen Schritten innerhalb der nächsten Stunden. In Momenten größter Ohnmacht bringen sie ein paar Stützen und das Erleben von Handhabbarkeit rein – das kann ein Glas Wasser, eine Hand zum Halten oder die Frage nach einer wärmenden Decke sein. Unsere Aufgabe ist es, mit Menschen in Krisen den ersten Schritt auf das Geländer zuzugehen, damit sie wieder herausfinden können aus diesen Momenten ohne Halt und Boden.«

»Die Seelsorger sind für die Menschen in größter Not da – was aber trägt die Seelsorger:innen selbst?«
»Für viele ist ihre Gottesbeziehung eine Kraftquelle. Sie trägt die Helfer:innen hin zu – das heißt, traue ich mir einen solchen Einsatz überhaupt zu? – und durch die Krisensituation hindurch. Der Glaube öffnet viele für Sinnfragen, gerade an den Wendepunkten des Lebens, und hilft, sich immer wieder neu auszurichten und den Blick über den akuten Vorfall hinaus zu erweitern. Gleichzeitig ist die Beziehung zu Gott aber auch

eine, die die Haltung der Seelsorger prägt, mit der sie Menschen in Krisen begegnen. In diesen absoluten Ausnahmezuständen geben wir Raum für alles Menschliche, wir geben zu verstehen: Das alles sind ganz normale Reaktionen auf eine nicht normale Situation. Wichtig ist aber, dass jeder Helfer und jede Helferin sich immer wieder die eigene Motivation zu helfen bewusst macht. Denn jeder Einsatz kann auch die Einsatzkräfte vor große persönliche Herausforderungen stellen. Aber letztendlich erlebe ich es so: Die Verbindung zum Großen lässt auch Großes aushalten. Und wenn ich mir immer wieder vor Augen führe, wie viel Gutes mir im Leben widerfahren ist, dann trägt mich das auch durch die schweren Hilfssituationen.«

»Was heißt das genau? Was kann die Seelsorge Menschen in Not anbieten?«
»Ich gehe mit Gott im Gepäck zu den Einsätzen. Das prägt sowohl meine Haltung als auch mein Angebot an die Menschen in Not. Ich mache mich zusammen mit den Menschen auf die Suche nach dem, was Halt gibt, nach ihren persönlichen und sozialen Ressourcen. Dazu mache ich außerdem ein spirituelles Angebot. Es gibt viele Rituale, zum Beispiel das Gebet, Gesang, Lesen von tröstenden Bibeltexten wie etwa Psalm 23 (›Der Herr ist mein Hirte‹) oder die Aussegnung, die Menschen hilft, die Situation zu begreifen und den Boden unter den Füßen zurückzubekommen. Diese Rituale bringen Menschen zu etwas Vertrautem zurück, bringen Hoffnung und Struktur. Auch das Erleben von Gemeinschaft gibt Kraft, dass da jemand an meiner Seite ist und diesen schweren Weg ein Stück mit mir geht. Letztendlich trägt mich der Gedanke, dass ich durch meine Arbeit Sinn in sinnlose Zeiten bringen kann.«

»Du hast viel Erfahrung mit Menschen in existentiellen Krisen – was hilft bei solchen Erlebnissen nicht nur im akuten Moment, sondern auch darüber hinaus?«
»Die Notfallseelsorge leistet ihren Dienst in der akuten Situation, genau in dem Moment der Krise. Schon in diesen ersten Stunden baut sie gleichzeitig auch die ersten Pfeiler der Brücke zurück ins Leben. Es wird darum gehen, verschüttete Ressourcen wieder sichtbar zu machen. Die ›normalen‹ Zugänge zu dem, was mich trägt, haben gerade noch funktioniert, jetzt kenne ich mich plötzlich nicht mehr aus, alles ist durcheinander. Wir machen uns also auf die Suche nach Copingstrategien, die in bisherigen Notsituationen geholfen haben, etablieren aber auch neue, denn ab jetzt ist ja auch vieles neu. Wir planen ganz konkret die nächsten Schritte: Was ist wann zu tun? Wen binde ich ein? Wer ist mir eine Stütze? Was tut mir gut? Was mache ich, wenn die Gefühle zu stark und die Bilder vor meinen inneren Augen zu intensiv werden? Mit diesen Blicken nach vorn können wir schon in der Notfallseelsorge beginnen.«

»Kann man sich auf solche Momente vorbereiten?«
»Wir Menschen können uns vorbereiten und wappnen, mit Alltagskrisen umzugehen, indem wir die verschiedenen Säulen unseres Lebens stärken, also zum Beispiel unsere Beziehungen, unseren Glauben, unseren Körper und sämtliche Quellen, aus denen ich Sinn schöpfen kann. Wir können lernen, mit solchen Herausforderungen umzugehen, und auch gestärkt aus ihnen hervorgehen. Auf Katastrophen und existenzielle Krisen aber kann man sich nicht vorbereiten. Das sind echte Lebensaufgaben in Form von Megakrisen, bei denen die erste Reaktion meist ist: Es wird nie wieder gut werden. Was eine Megakrise im Leben eines Menschen ist, ist höchst individuell, sie stellt jedoch alles Bisherige in den Schatten und infrage. Dennoch, auch wenn wir uns auf solche Erlebnisse nicht vorbereiten können, hängt der Umgang mit einer Megakrise davon ab, was ein Mensch bis dahin alles schon erlebt hat. Also: Hat sich jemand bereits bewusst Krisen gestellt? Gibt es die Erfahrung, dass ich Schweres aushalten und überleben kann, dass ich es schaffen kann, wieder auf die Beine zu kommen? Habe ich mich mit dem beschäftigt, was mich stärkt? Mit meinen Ressourcen und Kraftquellen? Denn auf die wird es jetzt ankommen.«

»Was können wir also tun?«
»Ich erachte es als wichtig, Krisen und Leid als Bestandteil unseres Lebens zu sehen. Das Unbekannte setzt sich sonst als etwas Bedrohliches in unserer Fantasie fest. Stelle ich mich aber dem, was Angst macht, kann ich lernen, damit umzugehen. Es geht also nicht darum, Abschied, Tod, Kummer und Trauer zu lieben, sie aber anzunehmen als unabdingbaren Teil unserer menschlichen Erfahrung. Oft sind wir völlig überfordert von dem, was wir erleben, nicht zuletzt, weil uns die Erfahrung fehlt. Ich sehe, wie wir Kinder von Krisen und Hürden fernhalten, wie wir sie schonen und fordernde Themen außen vor lassen wollen. Der Tod zum Beispiel betrifft uns alle. Warum also nicht schon von Kindesbeinen an einen Umgang damit finden? Sofern ich es mir selbst zutraue, warum nicht mein Kind mitnehmen zu Beerdigungen und schon früh Gespräche suchen im Hinblick auf Abschied und Trauer? So kann die Zuversicht deutlich steigen, mit solchen schweren Verlusten umgehen zu können, die Angst vor dem Unbekannten wird weniger. Auch hilft es, sich mit den Krisen und dem Leid anderer auseinanderzusetzen, sei es in persönlichen Gesprächen oder durch konkrete Unterstützung. Ich kann von ihnen lernen, kann erfahren, was andere durch ihr Leid trägt. Außerdem ist es wichtig, sich immer wieder zu fragen: Was tut mir gut? Welche Stärken habe ich? Und was gibt mir Kraft? Dafür eignen sich feste Zeitpunkte im Kalender, die Fastenzeit, der Jahreswechsel mit seinen Raunächten, aber auch ganz einfach ein Beisammensein oder eine gemeinsame Mahlzeit mit der Familie, die ich bewusst diesen Fragen widme.«

»Wer sich danach sehnt, sich angebunden zu fühlen an etwas, das größer ist als man selbst, wer den Glauben in sich finden und entwickeln will, was kann dieser Mensch tun?«
»Wenn ich eine solche Sehnsucht in mir trage, dann geht es oft darum, eine eigene spirituelle Praxis zu finden. Und das kann jeder und jede, wir alle sind zu spirituellem Erleben fähig. Wir alle fragen uns früher oder später ›Bin ich auf dem richtigen Weg? Was will ich wirklich? Was ist der Sinn meines Lebens?‹. Heute gehen Menschen mit solchen Fragen am ehesten zu Coach oder Therapeutin. Es gibt aber auch ein großes spirituelles Angebot da draußen, um Antworten und Halt für sich zu finden. Offene Türen, Gottesdienste, Exerzitien. Auch über Gespräche mit anderen, das Erleben von Musik oder das Lesen von Texten kann ich mich auf die Suche nach Antworten begeben. Oder einfach beten. Das innere Gespräch mit Gott beginnen. Je mehr ich mich mit meiner Spiritualität und meinem Glauben auseinandersetze, desto mehr ›trainiere‹ ich auch die Wirkung, die solche Erfahrungen in mir auslösen können. Und das kann bedeuten, dass ich mich einfach erst einmal in eine Kirche setze und die Wirkung des Raums auf mich spüre, mehr nicht. Und dann beobachten, was entsteht.«

»Was hast du gelernt von Menschen in Krisen?«
»Vor allem Demut. Durch meine Arbeit lerne ich jeden Tag aufs Neue zu schätzen, was da Gutes ist in meinem Leben. Ich weiß, wie schnell es gehen kann, alles zu verlieren, ein Unfall, eine Sekunde. Die Plötzlichkeit der Endlichkeit des Lebens macht mich bewusster und berührbarer. Ich befinde mich oft in Situationen, in denen ich für Menschen da bin, die etwas erleben, was ich selbst niemals erleben möchte. Auch wenn ich als Seelsorger tätig bin, heißt das nicht, dass ich alles aushalten kann oder muss. Aber uns allen fällt es leichter zusammenzubrechen, wenn wir wissen, dass da jemand ist, der uns hält.«

Kraftquellen erkennen

03

Überleben, verkraften, wachsen und wieder aufblühen, das alles benötigt Kraft. Es sind die eigenen, inneren Quellen, nach denen wir uns auf die Suche machen, denn hier bekommen wir die Energie, die wir brauchen, um uns anzupassen, zu überwinden oder sogar zu lernen. Wir haben erfahren, dass es immer wieder der Rückgriff auf Kraftquellen aus der Zeit »davor« ist, der Menschen trägt, wenn sie durch schwierigste Zeiten gehen.

Um auf eine herausfordernde Situation resilient reagieren zu können, müssen wir so viel wie möglich auf unserer Seite haben.

Aber auch für unseren Alltag, für unsere Fähigkeit, die täglichen Anforderungen zu meistern, sogar für den Genuss unserer schönen Erlebnisse, ist Kraft notwendig. Woraus ziehen wir sie und wie können wir sie sogar vergrößern?

Wir beginnen mit dem Kennenlernen unserer Resilienz-Ressourcen und inneren Stärken. Wir finden heraus, was wir bereits alles auf unserer Seite haben. Wenn wir zusammentragen und ausbauen, was bisher geholfen hat und was wir als unsere Kraftquellen erkennen, so vertiefen wir das Wissen über uns selbst. Und wir bauen Vertrauen auf – darauf, dass wir Probleme bewältigen und unser Leben selbst gestalten können.

Kraftquelle Geist

Unser Verstand kann sowohl unendliche Freude hervorbringen als auch unsagbares Leid verursachen. Er kann Quelle von fantasievollem Reichtum oder aber von gedanklicher Destruktivität sein, von Weite oder Enge, die unser Denken bestimmt. Wir können unser Denken als eine Kraftquelle erleben oder aber als etwas, das uns durch unangenehme Wiederholungen von Negativem quält.

Es kann sich so anfühlen, als ob wir keine Möglichkeit hätten, auf unser Denken zuzugreifen oder daran etwas zu ändern, als wäre unser gesamtes Denken logisch und daher aus sich selbst heraus nicht anzugreifen. Wollen wir diesem Eindruck entkommen, sollten wir lernen, unser Denken zu betrachten und zu formen: Anstatt uns dem hinzugeben, was da in uns denkt und Wirklichkeit konstruiert, können wir Einfluss nehmen auf das, was wir für wahr halten. Und wir können von diesem Punkt aus unser weiteres Denken verändern.

Zunächst wollen wir danach schauen, wie Sie aus Ihrem Geist Kraft schöpfen können. Und falls sich Gedanken eingeschliffen haben, die sich schädlich anfühlen, was Sie wieder in die Kraft bringen kann. Entscheidend ist zu wissen, dass wir denken – dass wir also unsere Gedanken als etwas erkennen, *dass* wir selbst herstellen. Sie sind ein Teil von uns, aber eben auch nur ein Teil. Sie richten uns aus, verleihen den Dingen und Taten einen Sinn, hinterfragen und bewerten. Aber unsere Gedanken sind keine Wahrheit! Das ist wichtig, denn: Halten wir sie dafür, dann fühlen wir uns ihnen ausgeliefert. Dann haben wir Glück oder eben Pech gehabt, je nachdem, ob wir unser Denken als angenehm empfinden oder nicht.

Betrachten wir dagegen unsere Gedanken als gestaltbaren Anteil von uns, dann steht uns ein Weltreich von Möglichkeiten zur Verfügung.

Sinn

Wir erleben Sinn, wenn wir uns in einen größeren Zusammenhang eingebunden fühlen, vielleicht, weil wir für unsere Lieben sorgen wollen oder weil wir an eine göttliche Ordnung glauben, vielleicht auch, weil wir ein begeisterndes Ziel verfolgen. Das hilft uns, stark zu bleiben, auch in Stresssituationen weiterzumachen. Es hilft uns sogar, die schlimmsten Erfahrungen zu verkraften. Uns in den Dienst von etwas zu stellen, an das wir glauben, gibt uns Orientierung, die Bereitschaft zu wachsen und auch bei Gegenwind und Rückschlägen durchzuhalten. Und auch in guten Zeiten stärkt uns die Ausrichtung auf ein Ziel oder einen höheren Wert, unser Gefühl von Bestimmung und Zugehörigkeit gibt dem, was wir tun, Bedeutung und verleiht unserem Leben einen Sinn.

Die Bedeutung des Sinns für unsere seelische Gesundheit wurde besonders von Viktor Frankl betont. Als Psychiater hat er hervorgehoben, wie wichtig es für Menschen ist, sich einem äußeren Thema, einer Aufgabe, zu widmen. Auf diese ausgerichtet zu sein hilft uns, Krisen als Durchgangsstationen zu begreifen.

Als Frankl begann, diese Gedanken zu entwickeln, konnte er noch nicht ahnen, in welchem Ausmaß er den überlebenswichtigen Einfluss des Sinns in seinem eigenen Leben würde brauchen müssen - und wie eindrücklich ihm sein persönliches Sinnerleben durch die schlimmsten Erfahrungen würde helfen können. Wie er selbst die grausamen Erfahrungen der NS-Zeit durchlebte, beschreibt er in seinem Buch »... trotzdem Ja zum Leben sagen« (2010). Er selbst überlebte Auschwitz, verlor aber seine gesamte Familie in Konzentrationslagern. Er schaffte es, sogar in dieser Hölle Sinnmöglichkeiten zu entdecken und richtete sein Augenmerk immer wieder darauf, welche Gestaltungsräume es für ihn gab, und seien sie noch so klein. In letzter Konsequenz waren es seine Einstellungen, seine innere Haltung, die er – nachdem ihm im KZ alles genommen wurde – noch beeinflussen konnte. Allein, dass er wählen konnte, wie er innerlich auf diese Geschehnisse reagieren wollte, gab ihm Kraft und richtete ihn aus. Er gab dem Ganzen einen Sinn, indem er sich innerlich immer wieder auf die Zeit nach dem Lager ausrichtete und sich vorstellte, wie er im Hörsaal den Studierenden von seinen Erfahrungen berichten würde. Dies gab ihm die notwendige Kraft, um die erfahrene Hölle zu überleben. Tief ergriffen von seinen persönlichen Erkenntnissen hat Frankl nach dem Krieg einen eigenständigen Therapieansatz, die Logotherapie, begründet. Diese Therapie stellt das Sinnstreben des Menschen in den Vordergrund.

Den Sinn des eigenen Lebens muss nach Viktor Frankl jeder selbst finden. Der Sinn ist dabei kein abstraktes, hohes Ideal, auch nicht etwas, was der Einzelne dem Leben selbstständig zuordnen kann. Vielmehr wird er vom Leben selbst vorgegeben, indem das Leben dem Menschen Aufgaben gibt, die er zu erfüllen hat. »Die Frage ist falsch gestellt, wenn wir nach *dem* Sinn des Lebens fragen. Das Leben ist es, das Fragen stellt« (Wurm/Frankl 1986). Und wir müssen durch unser Verhalten, durch die Entscheidungen, die wir treffen und durch unsere innere Haltung eine Antwort darauf finden. Für Frankl kann der Sinn in jeder konkreten Situation gefunden werden, indem wir uns die Fragen stellen: Was ist genau jetzt das Sinnvollste, das ich tun kann? Was ist das Beste für alle Beteiligten?

Wir machen demnach einen Fehler, wenn wir den Sinn, den wir empfinden, allzu groß, allzu abstrakt definieren wollen. Sinn ist nach Frankl nicht allgemeingültig, sondern jede und jeder muss ihn für sich selbst definieren. Das Gleiche gilt in der Konsequenz für Ziele, die wir verfolgen. Wichtig ist, dass wir intuitiv nachvollziehen können, dass wir etwas Wichtiges tun. Unser eigenes Empfinden ist hier der Maßstab. Ähnlich ist nach Aaron Antonovsky einer der entscheidenden Indikatoren für die physische und psychische Gesundheit der »Sinn für Kohärenz« eines Menschen. Hiermit ist gemeint, dass der Mensch sich in seinem sich stetig verändernden und potenziell herausfordernden Umfeld immer wieder stabilisieren muss, indem er sich durch sein eigenes Denken ein für ihn befriedigendes, kohärentes Bild von sich und seinem Leben erschafft: Das Empfinden von Kohärenz ist somit eine eigene Leistung des Menschen, die es ihm ermöglicht, die ihn umgebende Welt (und sein Handeln darin) als sinnvoll zu erleben (Antonovsky 1979).

Info

Aaron Antonovsky begründete das Konzept der Salutogenese. Er regte an, sich bei der Frage, wie Menschen mit Krisen umgehen, auf menschliche Stärken und Ressourcen zu fokussieren, anstatt sich auf die krankmachenden Aspekte zu beschränken.

Frankl erzählt ins einem Buch »Das Leid am sinnlosen Leben« ein berührendes Beispiel aus seiner Praxis: »An mich wendet sich ein alter praktischer Arzt; vor einem Jahr ist ihm seine über alles geliebte Frau gestorben, und über diesen Verlust kann er nicht hinwegkommen. Ich frage den schwerst deprimierten Patienten, ob er sich überlegt habe, was geschehen wäre, wenn er selbst früher als seine Frau gestorben wäre. ›Nicht auszudenken‹, antwortete er, ›meine Frau wäre verzweifelt gewesen.‹ Nun brauchte ich ihn nur darauf aufmerksam zu machen: ›Sehen Sie, dies ist Ihrer Frau erspart geblieben, und Sie haben es ihr erspart, freilich um den Preis, dass nunmehr Sie ihr nachtrauern müssen.‹ Im gleichen Augenblick hatte sein Leben einen Sinn bekommen: den Sinn eines Opfers. Am Schicksal konnte nicht das geringste geändert werden; aber die Einstellung hatte sich gewandelt! Das Schicksal hatte ihm abverlangt, sich von der Möglichkeit, durch Lieben Sinn zu erfüllen, zurückzuziehen; aber die Möglichkeit war ihm geblieben, sich auch diesem Schicksal zu stellen, sich richtig einzustellen« (2002, S. 90).

Nicht in der Selbstreflexion, sondern in der Hingabe an eine Aufgabe oder in der Liebe zu einer anderen Person kann der Mensch aufgehen. Je weniger er über sich selbst nachdenkt, umso besser. Selbstreflexion ist notwendig, aber ein Durchgangsstadium. Das Leben muss nach der Reflexionsphase wieder selbstverständlich werden. »Je weniger man sich um sich selbst kümmert, je mehr man sich hingibt an die Sache, von deren Notwendigkeit und Wichtig man überzeugt ist, desto mehr kann man in ihr aufgehen« (Wurm/Frankl 1986).

Werte und Prioritäten

Eine Vorstellung davon zu haben, was wir gut und wichtig finden, was wir sogar für unverhandelbar und wesentlich halten – das alles richtet uns aus, motiviert uns zum Handeln und gibt uns Klarheit in Momenten der Versuchung und Entscheidung. Nach Aaron Antonovsky (1979) sollte der Mensch das, was er tut, als stimmig erleben, also sein Handeln mit dem im Einklang sehen, was er für gut und richtig hält. So kann er das eigene Leben als in sich logisch, handhabbar und sinnhaft verstehen.

Unsere persönlichen Werte sind so etwas wie unsere inneren Wegweiser für das, was gut, nützlich, wichtig, erhebend, schön, wünschenswert und konstruktiv ist und tragen dazu bei, dass wir unser Leben als sinnvoll und kohärent erleben können. Unsere individuellen Werte stellen die Leitlinien unseres Handelns dar, sie prägen unsere ganz persönliche Prioritäten.

Werte sind für uns wichtige Entscheidungshilfen und gelten als Orientierung für das, was unbedingt erfüllt sein muss. Wir können zwischen kulturellen, gesellschaftlichen und individuellen Werten unterscheiden. Sie alle haben einen Einfluss darauf, wie wir wahrnehmen und handeln. Jeder Mensch verfügt über eine Wertehierarchie, innerhalb derer bestimmte Werte individuell vorrangig und entscheidungsrelevant sind. Ihr zugrunde liegen die individuellen Ausprägung solcher Kernwerte wie Liebe, Freiheit, Verantwortung, Wachstum, Gestaltungsvermögen und Autonomie. Hinzukommen ganz persönliche Aspekte, die durch die individuelle Prägung von Bedeutung sind. – So wird zum Beispiel Gesundheit vor allem in Zeiten von Krankheit ein alles entscheidender Wert.

Übung: Werte

Lassen Sie Ihre Klient:innen eine eigene Wertetabelle erstellen. Dazu können Sie diesen als Anregung eine Übersicht über Werte zur Verfügung stellen. Eine solche Übersicht gibt es bei den Online-Materialien.

Wenn wir unsere Werte verwirklichen und unsere Zeit für das aufwenden, was uns wirklich wichtig ist, dann fühlt sich das Leben gut an, dann empfinden wir Sinn. Richten wir uns an unseren Werten aus, so verleiht dies unserem Handeln Entschlossenheit, nach Rückschlägen und Widerständen können wir uns an ihnen wieder ausrichten. Menschen, die nach einem starken Wertegerüst handeln, werden von anderen meist als konsistent wahrgenommen, ihre Prioritäten sind klar. Handeln wir jedoch im Widerspruch zu unseren eigenen Werten, stiftet das Unzufriedenheit und kostet uns Kraft. Wir haben ein ungutes Gefühl, ein schlechtes Gewissen, spüren Scham und Zaudern.

Unsere Werte richten uns also aus: Im Einklang mit ihnen zu leben – das stiftet Zufriedenheit und gibt Orientierung. Gleichzeitig werden wir immer wieder in Situationen kommen, in denen wir abwägen, verhandeln und entscheiden müssen, welche Prioritäten wir persönlich setzen wollen.

Wollen wir Klarheit über unsere Werte bekommen, können wir uns gedanklich in Situationen begeben, in denen wir ein Gefühl von Stimmigkeit erlebt haben. Momente also, in denen

- wir uns voller *Kraft und Entschlossenheit* gefühlt haben – einen Moment, in dem wir »gespürt« haben, was jetzt zu tun ist, in dem jedes Bedenken und »Ja, aber« leiser wurde.
- wir uns *sinnerfüllt und ganz im Reinen* gefühlt haben – weil wir die beste aller Möglichkeiten gewählt haben.
- wir *ergriffen, beseelt, voller Stolz und Freude* und besonders glücklich waren.

Genauso hilfreich ist es, sich die Augenblicke vor Augen zu führen, in denen wir gespürt haben, dass etwas nicht stimmt, dass uns die Dinge zutiefst gegen den Strich gehen. Denn wir können besonders dann, wenn gegen unsere Werte gehandelt wurde, viel über sie lernen. Suchen wir also nach Momenten der Inkongruenz, in denen

- es sich so anfühlte, als gäbe es *keine andere Wahl* als zu handeln, sich zu wehren, aufzustehen und dagegenzuhalten.
- wir uns *aufgewühlt und empört* fühlten, weil zum Beispiel das, was uns wichtig ist, missachtet wurde.

Alle diese inneren Suchbewegungen können Sie zum Ausgangspunkt nehmen, um ein *persönliches Manifest* zu schreiben.

Übung: Das persönliche Manifest

Sie können diese Übung mit Ihren Klient:innen direkt im Coaching machen oder als »Hausaufgabe geben. So bekommen diese eine bessere Orientierung.
Anleitung: Schreiben Sie unter der Überschrift »Was mir am wichtigsten ist« das auf, was für Sie wesentlich ist.

Dieses Dokument belegt, wofür die Person steht. Es geht eine Kraft davon aus, das, was persönlich wichtig ist, schwarz auf weiß vor sich zu sehen. Und sich immer wieder zu fragen: Was heißt das für mein Handeln heute? Was bedeutet das für meine Entscheidung in dieser konkreten Situation?

Von diesen Werten ausgehend lassen sich die Prioritäten für unser Leben ableiten. Sie helfen uns zu entscheiden, Klarheit über unser Tun und den Umgang mit unserer Zeit zu erlangen. Anhand dessen, was uns im Kern wichtig ist, wird deutlich, welche Menschen uns am meisten am Herzen liegen, welchen Raum wir ihnen somit in unserem Leben geben sollten, welche Bedeutung unserer beruflichen Tätigkeit zukommt, worauf genau wird dort unsere Energien richten wollen und wie wir unsere freie Zeit einteilen wollen.

Wichtig

Fühlen wir uns klar mit unseren Werten verbunden, sind wir Ablenkungen gegenüber besser gewappnet und finden die Orientierung leichter wieder.

Diese Kernwerte sind wesentlich. Wie wir sie leben und welche Prioritäten wir durch sie in unserem Alltag setzen wollen, unterliegt dem Einfluss unserer Lebensphasen. Mit allen Erfahrungen, die wir machen – Berufsanfang, Eltern werden, Erfolge, Niederlagen, Abschiede, Verluste und Neuanfänge –, geht stets die Möglichkeit einher, dass wir Neues über uns erkennen. So erweitert sich der Blick auf die Welt und unser Empfinden darüber, was wirklich wesentlich ist, verändert sich. Halten wir also immer wieder inne, nehmen uns Zeit und fragen uns:

- Was ist mir unverhandelbar wichtig?
- Worauf würde ich niemals verzichten wollen?
- Was verleiht meinem Leben in der jetzigen Phase Sinn?
- Was will ich langfristig verwirklichen?
- Wofür will ich mich einsetzen?
- Welche Werte leiten also mein Handeln?

Selbstvertrauen

Zu wissen, was uns auszeichnet, unsere Stärken benennen zu können, zu erkennen, was wir aus eigenen Kräften schon alles geschafft haben und dass, falls wir an unsere Grenzen stoßen, wir unsere Fähigkeiten ausbauen und den Bereich des von uns Erreichbaren erweitern können – das alles entlässt uns aus der Angst, den Dingen einfach ausgeliefert zu sein. Und es stärkt das Vertrauen in uns selbst.

Manchen Menschen fällt es besonders schwer, zu sagen, was sie gut können. Sie empfinden ein diffuses Gefühl von Unwohlsein, positiv von sich selbst zu sprechen. Dabei ist es genau dieses Wissen, das stärkt und dabei hilft zu erkennen, wie wir etwas bewirken, etwas verändern, wie wir unsere Ziele erreichen können.

Was ist also zu tun? Es gilt, uns in Erinnerung zu rufen, was wir schon alles geschafft haben, welche Hürden wir überwunden, welche inneren und äußeren Monster wir gezähmt haben. Wenn wir die eingesetzten Stärken und Kompetenzen anerkennen, können wir daraus ein Gefühl von »Können und Zuversicht« ableiten und uns sagen: »Das ist mir schon einmal gelungen, dann werde ich es auch wieder schaffen.« Ein Blick in die Vergangenheit wird hier zur Schatzkiste.

Übung: Schatzkiste Vergangenheit

Lassen Sie Ihre Klient:innen zurückschauen und fragen Sie sie:

- Vor welchen Herausforderungen standen Sie in den letzten Jahren?
- Auf welche Dinge, die Sie geschafft haben, sind Sie besonders stolz?

Es geht hier nicht um bahnbrechende Erfolge, auch wenn diese hier ebenfalls wunderbar hinpassen. Nehmen wir lieber die kleineren Erfolge in den Blick, denn häufig stecken in diesen wesentlich wichtigere Hinweise auf Stärken und Fähigkeiten!

- Welchen Hürden und Problem waren Sie ausgesetzt?
- Was passierte genau?
- Was haben Sie dann gemacht?
- Und mit welchem Ergebnis?
- Und schließlich können wir herauskristallisieren: Welche Fähigkeiten haben Ihnen das möglich gemacht?

Um das Vertrauen in sich selbst zu stärken, lassen Sie sie in ihre Vergangenheit schauen mit der Absicht, Antworten auf die folgenden Fragen zu finden:

- Wie habe ich es geschafft, eine Herausforderung vor der ich stand, zu lösen?
  - Welche meiner Eigenschaften, Fähigkeiten und Stärken habe ich eingesetzt, um die Situation zum Besseren zu wenden?
  - Warum war es gut, dass genau ich mit der Sache betraut war?
  - Was hätten andere, falls sie mich bei der Lösung des Problems beobachtet hätten, sehen können?
  - Welche Schlüsse über meine Stärken und für mich besonderen Eigenschaften hätten sie daraus gezogen?
  - Also: was kann ich richtig gut? Was zeichnet mich aus?
- Wie ist es mir bisher gelungen, mich selbst zu motivieren, auch wenn die Umstände, die Aufgabenstellung, die zur Verfügung stehenden Ressourcen und andere Rahmenbedingungen nicht optimal waren?
- Wann bin ich an meine Grenzen gestoßen und habe daraufhin die Entscheidung getroffen, mich weiterzuentwickeln, Neues zu lernen?
  - Wie habe ich es geschafft, die Dinge anders als bis dahin zu sehen beziehungsweise anzugehen?
  - Wenn ich also heute wieder einmal an meine Grenzen stoßen würde, was kann ich dann aus meinen bisherigen Erfahrungen ableiten?
  - Wie lerne ich am besten?
  - Was kann ich tun, um besser zu werden?

- Wenn ich mir anschaue, wo ich heute stehe, was möchte ich dann noch lernen?
  - Welche meiner Stärken will ich gerne weiter ausbauen?
  - Welche Eigenschaften weiter kultivieren oder anders als bisher ausleben?
  - Was muss ich – bei allem, was ich über mich weiß – tun, um meine Entwicklung zu stärken?

Fazit: Blicken wir also zurück und führen uns vor Augen, dass wir allen Grund haben, uns auf uns selbst zu verlassen. Es ist eine Wohltat, die Fülle an Dingen, die wir geschafft, die Klippen, die wir erklommen haben und die Fähigkeiten, die wir aus eigener Kraft entwickelt haben, nicht nur vor Augen, sondern zu Herzen zu nehmen. Das alles stärkt und schafft Vertrauen in uns selbst.

Interview mit Daniela Wiesler: Coaching als Resilienztraining

Daniela Wiesler ist Coach, Achtsamkeits- und Resilienztrainerin, Journalistin, Deutschlandfunk-Moderatorin, langjährige Führungskraft und Mutter von drei Kindern. Sie arbeitet und schreibt zu den Faktoren Achtsamkeit, Selbstfürsorge und Selbstwirksamkeit als Schlüsselfaktoren eines gelingenden, resilienten Lebens.

»Sowohl als Coach und Trainerin als auch als Journalistin setzt du dich intensiv mit der Frage auseinander, wie wir mit unserer Arbeit Menschen darin unterstützen können, ihre Resilienzfähigkeit zu stärken. Worauf legst du dabei deinen Fokus? Was ist aus deiner Sicht am wirksamsten?«

»Ich sehe durch meine Arbeit immer wieder: Das, was Menschen ungeahnte Kräfte verleiht, ist die Stärkung des Vertrauens in sich selbst. Ich arbeite mit meinen Klient:innen zuerst einmal an der Stärkung ihrer Selbstwirksamkeit, indem ich mit ihnen eine Selbstfürsorgepraxis entwickle. Denn die Erfahrung, die eigenen Bedürfnisse zu kennen, sich selbst zu helfen zu wissen, sich insgesamt als selbstwirksam zu empfinden, steigert die Gelassenheit und Zuversicht, nicht nur die nächsten Hürden und Projekte, sondern auch die größeren Prüfungen des Lebens zu überstehen. So ist die Fürsorge für sich selbst nicht nur ein direktes Achten auf die eigenen Bedürfnisse, sondern gleichzeitig eine Steigerung der Selbstwirksamkeit.

Um diese Arbeit an der Selbstwirksamkeit weiterzuführen, ziehen wir dann Bilanz: In welchen Lebensbereichen empfinden sich die Klient:innen bereits als wirksam und in welchen – ganz konkreten – Bereichen erleben sie Ohnmachtsgefühle. Diese Analyse hilft, von sich selbst zu lernen und zu verstehen, wie es bereits gelungen ist, die eigene Wirksamkeit zu steigern. Durch die klare Abgrenzung des Erlebens von Hilflosigkeit auf einzelne Teilbereiche können wir so realistische Handlungs- und Entwick-

lungsziele und konkrete Schritte dorthin entwickeln – das, was vorher überwältigend schien, wird nun machbar und motiviert.
Es gilt, als Coach nicht nur den Weg zur Erkenntnis zu begleiten, sondern vor allem, das Tun in Gang zu setzen. Wir identifizieren die Lebensbereiche, die verschiedenen beruflichen und privaten Rollen, all die verschiedenen Standbeine, die für die Klient:innen wichtig sind, und schauen uns an, was konkret zu tun ist, ob Zeitumfang und Energie, die sie diesen Aufgaben zurechnen, in einem angemessenen Verhältnis stehen: gutes Zeitmanagement, klare Grenzen, Bewusstheit in der Transition von einem Lebensbereich in den anderen, Pausen einplanen, Zeit auch für Unvorhergesehenes im Kalender blocken. Auch gute Organisation ist eine Form von Selbstfürsorge!«

»Selbstfürsorge nutzt du also unter anderem als ersten Schritt zur Förderung des Selbstwirksamkeitserlebens. Worauf achtest du als Coach hier besonders?«
»Zum Thema Selbstfürsorge haben wir schon fast alles gehört. Wir alle kennen wirksame Praktiken und wissen auch meist, was uns guttut. Das Problem ist, dass wir deswegen auch meinen, Selbstfürsorge sei einfach – denn es klingt so einleuchtend und bekannt. Tatsächlich ist es aber für die meisten von uns in der Praxis selten wirklich einfach. Denn selbst wenn wir das alles kognitiv wissen, man muss es auch wirklich körperlich wahrnehmen lernen und vor allem: Man muss es machen! Das sehe ich im Rahmen der Stärkung der Resilienz als eine der größten Aufgaben von uns Coaches, einen Weg zu finden, dass dieses stärkende Verhalten tatsächlich Teil der alltäglichen Realität unserer Klient:innen wird.
Die bewusste Wahrnehmung dessen, was ist, und das Nachschärfen unserer Routinen und Überzeugungen, sodass diese zu unserer – sich auch immer wieder verändernden – Realität passen, das steigert unsere Resilienz enorm. Dazu sind Aufmerksamkeit, Achtsamkeit und Disziplin notwendig – und tägliches Üben. Den Anfang dafür setzen wir im Coaching.«

»Der Resilienzforscher George Bonnano zeigt durch seine Studien auf, dass Resilienzfähigkeit durch den Aufbau eines eigenen hilfreichen ›Repertoires‹ gesteigert werden kann, auf das wir in Krisenzeiten zurückgreifen können.«
»Ja, genau darum geht es! Repertoire ist ein wichtiges Wort im Zusammenhang mit der Resilienz. Nicht nur wir Coaches brauchen Wissen und Methoden, wie wir Menschen darin unterstützen können, sowohl ihre Ressourcen als auch ihre eigene Vulnerabilität zu erkennen. Auch unsere Klient:innen benötigen Methoden und Gewohnheiten, die ihnen in ihrem Alltag dabei helfen, mit den Widrigkeiten des Lebens umzugehen.
Die Klient:innen müssen ihre eigene, individuelle Klaviatur kennenlernen, um zu erfahren, in welchen Fällen es welchen Ton und welchen Anschlag braucht. Das gleicht dem

Erlernen eines neuen Instruments: Es geht darum, Schritt für Schritt die Wahrnehmung zu schärfen, unsere Emotionen zu spüren; die Signale, die unser Körper uns sendet, frühzeitiger zu lesen, bevor wir überreagieren; unsere Handlungsoptionen zu kennen. Und dann jeweils im Alltag zu entscheiden: Was ist jetzt angemessen? Ist es zum Beispiel wirklich sinnvoll, das schwierige Kollegengespräch mit leerem Magen zu führen? Oder: Bin ich in der richtigen Verfassung, gerade eine wichtige Veränderung in meinem Leben anzustoßen? Was benötige ich vielleicht vorher noch, um mich gut aufzustellen? Hierfür erarbeite ich mit ihnen eine Reihe von Methoden und Techniken, die sie ausprobieren, für eine Weile testen und – wenn sie tatsächlich dienlich sind – in ihren Alltag übernehmen können. So erweitern sie ihr persönliches Repertoire, mit dem sie sich selbst im Blick behalten und besser durch die täglichen Herausforderungen navigieren können.

Einige der aus meiner Sicht besonders hilfreichen Methoden und Tools sind folgende:

- *Innere Arbeit:* Um die Erlaubnis zur Selbstfürsorge und die klare Wahrnehmung der eigenen Bedürfnisse zu stärken, ist die Arbeit mit inneren Kritikern und Antreibern, die Arbeit mit dem inneren Kind oder das Vorgehen mit Katie Byrons ›The Work‹ hilfreich. Ich arbeite auch gern mit dem Ansatz von Georg Lolos, der Achtsamkeitspraktiken zusammengestellt hat, um emotionale Tiefs zu meistern und negative Gefühle oder überholte Glaubenssätze zu überwinden.
- *Akzeptanz und Energiemanagement:* Ein Eye-Opener für meine Klient:innen ist immer Stephen Coveys ›Circle of Influence‹. Dieses Modell hilft, sich bewusst zu machen, was wir tatsächlich beeinflussen können und was nicht, egal wie sehr wir uns über etwas ärgern. Laut Covey verschwenden wir oft unsere Zeit damit, uns auf Dinge außerhalb unserer eigenen Beeinflussungsmöglichkeiten zu konzentrieren. Das raubt nur Energie und macht unglücklich. Stattdessen sollte man sich auf das konzentrieren, was man auch tatsächlich aktiv beeinflussen kann: Statt über den Regen zu klagen, überlege ich mir, wie ich mich wetterfest anziehen kann oder welche Indoor-Aktivitäten es stattdessen gibt. Dieses Gefühl, selbst Einfluss auf den Lauf der Dinge zu haben, holt die Klient:innen aus der Ohnmacht.
- *Perspektivwechsel und Reframing:* Wir Coaches und Berater wissen um den ›Negativity Bias‹: Dass unser Gehirn zu unserem eigenen Schutz unbewusst ständig nach Gefahren Ausschau hält und wir deshalb Negatives im Leben viel stärker wahrnehmen als Positives. Um dies auszugleichen, müssen wir lernen, unsere Aufmerksamkeit aktiv auf das Positive zu lenken. Hier arbeite ich unter anderem mit Reframing: Wie könnte eine schwierige Sache im Erleben der Klient:innen aus einer anderen Perspektive ganz anders gesehen und interpretiert werden? Und wofür könnte sie vielleicht sogar gut sein? Was ist die gute Absicht hinter dem (unangenehmen) Verhalten? Welche Perspektive, Haltung, Denkweise muss ich annehmen, um das, was ist, in einem ganz anderen Licht zu sehen? So kann durch

Reframing zum Beispiel eine Chefin, die bisher nur wenig Interesse gezeigt hat, in den Augen einer Klientin zu einer Vorgesetzten werden, die durch ihre lange Leine zeigt, wie sehr sie vertraut. Spielräume und Gestaltungsmöglichkeiten werden sichtbar, wo vorher lediglich Ärger über den mangelnden Austausch herrschte.

- *Atemtechnik:* Bei Stress und Aufregung hilft bewusstes Atmen unmittelbar. Deshalb ist das Vermitteln von Atemtechniken ein absoluter ›Quick-win‹ für Klient:innen und das Erleben ihrer Selbstwirksamkeit. Über den Atem können wir auch unseren Herzschlag, unseren Blutdruck und unser vegetatives Nervensystem regulieren und damit beeinflussen, wie wir uns fühlen.
  Bei akutem Stress hilft beispielsweise die 4711-Rettungsatmung: Bis vier zählen beim Einatmen, bis sieben beim Ausatmen, das Ganze elfmal. Wenn wir länger aus- als einatmen, wird unser Parasympathikus aktiviert – das Herz schlägt langsamer, die Muskeln können sich entspannen, wir werden insgesamt wieder ruhiger. Garantierte Wirkung und ein sehr hilfreiches Selbstwirksamkeits-Tool.
- *Boxenstopps:* Selbstfürsorge startet bei der Wahrnehmung des eigenen Ist-Zustands. Hier rege ich die Klient:innen an, einen regelmäßigen Check-in zu etablieren. Wir checken wie bei jedem Autostart kurz: Tankfüllung, Temperaturstand, Batterie – alles okay? Was brauche ich jetzt? Und dann eine stimmige Handlung einzuleiten. Wenn wir beispielsweise müde sind, können wir einen Powernap einschieben, kurz das Fenster öffnen oder eine Runde um den Block gehen. Wenn wir überdreht oder gestresst sind, können wir eine Zentrierungsübung machen oder eine Atemtechnik anwenden. Kleine Dinge. Es geht darum, über einen großen, individuellen Werkzeugkoffer an hilfreichen, effektiven Tools und Übungen zu verfügen.«

»Gibt es eine Kehrseite zum Thema Selbstfürsorge? Birgt ein hohes Maß an Selbstfürsorge nicht die Gefahr, dass man möglicherweise außer Acht lässt, dass äußere Umstände auch einfach schlecht und hinderlich sein können, egal wie liebevoll man zu sich ist?«

»Ausschlaggebend ist das rechte Maß. Es geht nicht darum, ein Schaumbad zu nehmen, und dann ist die Welt in Ordnung. Gesunde Selbstfürsorge lässt uns oft sogar noch disziplinierter sein und bewusster für andere und unsere Umwelt aktiv werden. Aber nicht aufgrund von innerem Druck oder Konventionen, sondern aus freiem Willen und der eigenen Überzeugung heraus, dass das jetzt wichtig und hilfreich ist.

Eine gesunde Selbstfürsorge angemessen und nachhaltig anzugehen verlangt Achtsamkeit. Selbstfürsorge sollte nicht verwechselt werden mit Selbstoptimierung oder Egoismus. Es gilt aufmerksam zu bleiben, immer wieder nachzujustieren, weil sich die Umstände und Bedürfnisse – die eigenen wie auch die der anderen – ändern können. Im Coaching durchlaufe ich mit meinen Klient:innen einen Prozess, bei dem wir ihre Bedürfnisse anschauen – und genauso auch ihre Verwobenheit mit den (berechtigten)

Bedürfnissen, Wünschen und Ansprüchen anderer. Dazu gehört natürlich die Frage, wie es die Außenwelt mit den Bedürfnissen der Klient:innen hält. Es geht also um eine Balance zwischen unseren Bedürfnissen und denen der anderen.
Insgesamt lässt sich aber sagen: Der tiefe, mitfühlende Blick nach innen macht uns im guten Sinne sensibler. Denn erst, wenn ich Selbstmitgefühl empfinde, also meine eigene Vulnerabilität und meine tiefen Bedürfnisse spüre, kann ich auch das Leid anderer und die Missstände um mich herum wirklich wahrnehmen. Und nur wenn ich meine Stärken und Grenzen spüre und kenne, kann ich nach außen klare Grenzen setzen. Und zwar aus einer komplett anderen Haltung – nicht aus Ärger oder Wut oder Angst, sondern aus freiem Willen und einer liebevoll-wohlwollenden Perspektive, weil ich die bewusste Entscheidung getroffen habe. Also weg vom Gefühl der Ohnmacht oder der Fremdsteuerung. Der Clou ist: Wir nehmen nur wahr, worauf wir unsere Aufmerksamkeit lenken. Und erst, wenn wir etwas bewusst wahrgenommen haben, können wir beginnen, es zu verändern.«

Grit

Grit – es gibt keine einfache Übersetzung für dieses amerikanische Wort, deshalb wird es auch im Deutschen benutzt. Die amerikanische Psychologin Angela Duckworth definiert in ihrem Buch »GRIT – Die neue Formel zum Erfolg« (2017) Grit als Stärke, die uns dabei hilft, unsere Ziele zu erreichen. Grit ist demnach eine Mischung aus Leidenschaft und Beharrlichkeit: das intensives Interesse an einem Ziel und die Leidenschaft, unermüdlich daran zu arbeiten, es durch Monate und manchmal Jahre bewusster Übung zu erreichen. Wir sehen hier eine gewisse Verwandtschaft mit dem Sinnkonzept Frankls: Ein für den Einzelnen bedeutsames Ziel setzt ungemeine Kräfte frei.

Grit beinhaltet also, dass Menschen ein Ziel mit Leidenschaft und unbeirrter Ausdauer verfolgen. Genau diese Ausrichtung auf ein Äußeres ist ein wichtiger Faktor der Resilienzfähigkeit (Matthews 2020). Wenn wir etwas so Wesentliches in unserem Leben – etwas, das uns bewegt, was uns motiviert und trägt – außerhalb von uns definieren, kann dessen Antriebskraft auch durch Rückschläge in unserem Leben kaum beschädigt werden. Es kann weiterhin so bedeutsam bleiben, dass es uns die Energie gibt, um weitermachen zu können.

Grit hängt eng mit Erfolg in unterschiedlichen Kontexten zusammen – zum Beispiel in der medizinischen und militärischen Ausbildung. Menschen, die Grit haben, lassen sich durch Rückschläge und Hürden, die solche Ausbildungen fast notwendigerweise mit sich bringen, nicht entmutigen und bleiben auf ihrem Kurs. Dies ermöglicht ihnen die Bewältigung großer Aufgaben und in der Folge außerdem die Steigerung der Selbstwirksamkeit und des Selbstwertgefühls. Möglicherweise ergibt sich daraus sogar ein Selbstbild, das neue Herausforderungen und neue Erfolge – Erfolgszyklen – in Gang setzt (ebd.): Wenn ich X geschafft habe, dann kann ich auch Y. So werden Ausdauer, Leistung, Sinn und Zweck zu einem sich selbst erhaltenden System. Wollen wir mehr Grit im Leben, so müssen wir uns klar sein, dass das ohne Anstrengung nicht geht.

Wichtig

Folgende Punkte stärken Grit:

- Gehen Sie dem nach, was Sie begeistert. Finden Sie etwas, das Sie fasziniert.
- Üben, üben, üben. Werden Sie jeden Tag ein bisschen besser in dem, was Sie tun.
- Verbinden Sie sich mit einem höheren Ziel. Fragen Sie sich, wie Sie dadurch anderen Menschen helfen können.
- Kultivieren Sie Zuversicht. Bleiben Sie auch bei Rückschlägen hoffnungsvoll, behalten Sie Ihre Begeisterung präsent und Ihr Ziel im Blick.

Die Kraft, die Menschen aus ihren Zielen gewinnen, die es ihnen ermöglicht, hingebungsvoll zu arbeiten, schafft auf unterschiedlichsten Gebieten ebenso Werte für die Allgemeinheit. Es gibt Wissenschaftler:innen, die ein Forschungsprojekt über viele Jahre verfolgen, weil sie von ihrer Hypothese überzeugt sind, sich von Rückschlägen nicht entmutigen lassen und immer wieder neue Ansätze finden, bis sie irgendwann zu einem vorzeigbaren Ergebnis kommen. Oder Politiker:innen, die eine Vision haben und ein Reformprojekt gegen viele Widerstände beharrlich verfolgen, einen langen Atem haben und nicht aufgeben, auch wenn ihnen wohlmeinende Weggefährt:innen schon längst dazu raten. Anstatt ängstlich den Status quo zu verteidigen, haben sie eine kraftvolle Vision und eine klare Zielvorstellung vor Augen, sie halten durch, weil sie überzeugt sind, dass sie damit nicht nur sich selbst stärken, sondern daraus auch viel Gutes für andere entstehen wird. Mit ihrer Begeisterung und Überzeugungskraft schaffen sie Bündnisse und kommen schließlich, oft mithilfe von Kompromissen, zu einem Erfolg, mit dem vorher kaum jemand gerechnet hätte. »Gritist:innen« wappnen sich durch ihre begeisterte Arbeit gegen Rückschläge in ihrem eigenen Leben, und können diese Kraft gleichzeitig so einsetzen, dass daraus auch für andere Gutes entsteht.

Die innere Landkarte prüfen

Alles, was uns ausmacht, unsere Eigenschaften, Stärken und Fähigkeiten, Bedürfnisse und Talente, sind Elemente unserer inneren Landschaft. Die Vorstellung, wie dieses innere Gebiet beschaffen ist, ist meist vor langer Zeit entstanden. Wir haben Beschreibungen für uns gefunden, Ideen darüber entwickelt, wo unsere Täler und wo unsere Gipfel liegen. Und leben damit nun schon seit einer ganzen Weile. Sämtliche Erfahrungen, die wir im Alltag sammeln, werden durch die Linse dieser Paradigmen – also dieser schon seit Langem nicht mehr auf den Prüfstand gestellten Sichtweisen – wahrgenommen und eingeordnet. Es lässt sich belegen, dass wir nur das wahrnehmen, wovon wir ausgehen, und dass wir das tilgen, was nicht zu unseren Annahmen passt (Wason 1968, S. 273–281). Dieser Mechanismus nennt sich Confirmation Bias – Bestätigungsfehler. Damit fahren wir oft gut, denn dieser Mechanismus reduziert Komplexität, spart uns also Energie, die wir für anderes sinnvoll nutzen können, und hilft uns so, auf Kurs zu bleiben.

Was aber, wenn dieser Teil von uns, dieser Torwächter, mit einem alten Bild von uns arbeitet, wenn er nicht mitbekommen hat, das wir uns schon längst weiterentwickelt haben? Wenn er nicht weiß, dass wir eigentlich schon längst etwas können, uns aber immer noch die alten Geschichten erzählen von Unvermögen und Eigenschaften, die uns wenig dienen. Die Landkarte, also das Bild, das wir von uns selbst haben, passt vielleicht schon länger nicht mehr zu unserem Gebiet. Tektonische Platten haben sich verschoben, neue Gebirge sind gewachsen und Wüsten sind saftigen Oasen gewichen. Aber haben wir das auch mitbekommen und unsere Landkarten dementsprechend angepasst?

Eine realistische Selbsteinschätzung – ich weiß, was ich kann und ich weiß auch, was ich noch lernen will und muss – hieße bildlich gesprochen: meine Landkarte passt zu meinem Gebiet. Wie ich über mich denke und spreche, ist stimmig mit dem, wie ich mich über die Zeit entwickelt habe. Meine Kompetenzen sind in meiner Wahrnehmung angekommen und ich traue mir die Sachen zu, die ich kann – anstatt noch zu vermeiden und mich klein zu halten, obwohl ich schon längst gewachsen bin.

Übung: Innere Landkarte

Mit Ihren Coachees können Sie deren persönliche innere Landkarte erkunden. Sie können beispielsweise Fragen stellen wie:

- Was finden Sie in Ihrem Leben erstrebenswert?
- Welche Ziele aus der Vergangenheit haben Sie angestrebt? Welche erreicht?
- Welche Werte sind Ihnen persönlich wichtig?
- Welche Regeln haben Sie für sich aufgestellt? Wie »folgsam« sind Sie? Welche Regeln dehnen oder umschiffen Sie?
- Welche Regeln gelten für Sie, wenn Sie an den Umgang mit anderen Menschen denken?
- Wonach bewerten Sie sich selbst? Welche Glaubenssätze können Sie erkennen? In welchem Maße gelten diese immer noch?

- Wonach bewerten Sie andere Menschen? Was erwarten Sie von ihnen?
- Welche Grenzen gibt es, die andere nicht überschreiten dürfen?
- Welche Ängste kennen Sie aus der Vergangenheit? Wie gehen Sie damit um?

Diese Landkarte können Sie zeichnen lassen und mir Ihren Coachees nach und nach erweitern und daran arbeiten.

Diese Landkarte ist jederzeit veränderbar und lässt sich stetig ausbauen. Die Landkarte gilt es regelmäßig zu prüfen. – Doch was hat das mit Resilienz zu tun? Ganz einfach: Indem ich mich in mir auskenne, eine zuverlässige Einschätzung meiner selbst habe, traue ich mir die Dinge zu, die passen und mich wirksam fühlen lassen. Vertrauen in sich selbst und eine klare Sicht auf das eigene Potenzial, das gibt also Kraft und Zuversicht.

Anfängergeist

Es kann ungemein wohltuend sein, wenn wir uns einen Anfängergeist erhalten. Das offene Auge, das offene Ohr, die uns ermöglichen, wach die Dinge immer wieder frisch wahrzunehmen. Das kann uns den Zugang zur Freude und auch zu neuen Ideen ermöglichen: »Im Geist des Anfängers gibt es viele Möglichkeiten, im Geist des Experten gibt es nur wenige« (Suzuki 2014, S. 7), schrieb Meister Shunryu Suzuki über den »Shoshin«, den Anfängergeist, eine Haltung, die für die Praxis des Zen-Buddhismus grundlegend ist.

In einem etwas weltlicheren Zusammenhang können Sie sich das so vorstellen: Erinnern Sie sich daran, wie Sie als Jugendliche(r) zum ersten Mal ... allein in die Stadt gefahren sind? Feiern gegangen? Allein ins Kino? Jahre später schauen wir auf die Jüngeren, schmunzeln ein wenig, finden sie vielleicht ein wenig unbeholfen und gleichzeitig großspurig ... Aber wir erinnern uns, wie es sich angefühlt hat. Das sind Dinge, die wir jetzt mit der größten Selbstverständlichkeit erleben, aber als sie für uns noch neu waren, da waren sie aufregend. Als die ganze Welt sich noch so voller Möglichkeiten angefühlt hat und wir das Neue berauscht aufgenommen haben.

Der Anfängergeist ist – mit positiver Konnotation – leer. Er enthält keine Urteile darüber, wie die Dinge sind, was zu tun ist, was wie zu bewerten ist. Wir können die Welt unmittelbar erleben. Wenn wir mit ihm die Dinge sehen, als hätten wir sie noch nie zuvor gesehen, bringen wir uns in einen Zustand größter Aufmerksamkeit und Aufnahmefähigkeit. In diesem Geiste widmen wir uns den Dingen mit Neugier, Offenheit und Staunen, und das auf jeder Ebene des Lernens, sei es als Novize oder als Expertin. Und können die Freude erleben, die hierin liegt.

Wer wahren Anfängergeist bei gleichzeitiger größter Meisterschaft erleben will, der tauche ein in das Wirken des Sushi Großmeisters Jiro Ono, 90 Jahre alt, der für seine Kunst vom Guide Michelin mit drei Sternen ausgezeichnet wurde. In einer Ecke unten in den Schächten der U-Bahn Tokios betreibt er ein winziges Restaurant mit nur zehn Sitzplätzen, in dem es schier unmöglich ist, jemals eine Reservierung zu bekommen. In der prämierten Dokumentation »Jiro Dreams of Sushi« (https://www.imdb.com/title/tt1772925/ – hier können Sie den Trailer aufrufen) ist zu erleben, wie dieser Meister auch nach über 70 Jahren nicht müde wird, nach Perfektion zu streben und sich dem täglichen Lernen zu verschreiben. »Schau immer nach vorn und über dich hinaus. Versuche immer, dich zu verbessern. Strebe immer danach, dein Handwerk zu verbessern. Ich werde weiter klettern und versuchen, den Gipfel zu erreichen ... aber niemand weiß, wo der Gipfel ist.« So zu denken und zu handeln, dies aber nicht als Selbstabwertung, sondern als Quelle von größter Freude und Leidenschaft zu sehen, das ist die Kraft des Anfängergeistes. Und diese Freude und Leidenschaft, das stärkt die Resilienz.

Beispiel: Anfängergeist kultivieren

Stellen Sie sich vor, eine Klientin kommt ins Coaching und beschwert sich über das ständige Nörgeln ihrer Chefin, worunter sie sehr leidet. Wie gehen Sie vor? Wenn Sie den Anfängergeist wecken wollen, dann können Sie beispielsweise anregen: Hören Sie beim nächsten Mal genau hin – und zwar so, als ob es das erste Mal wäre. Wie klingt das Nörgeln Ihrer Chefin? Ist der Tonfall immer gleich? Wie ist ihre Stimme, ihre Mimik, ihre Gestik? Ist sie vielleicht übermüdet? Hat sie gerade Stress mit Abgabeterminen? Oder ist es einfach ihre Art, Arbeiten zu beurteilen? Denn wenn mit einer gewissen Neugier hingehört wird, kristallisieren sich vielleicht interessante Zwischentöne heraus, die die Klientin auf neue Ideen bringt, mit dem Nörgeln ihrer Chefin umzugehen.

Interview mit Ursula Wagner: Kraft durch Sinn

Dr. Ursula Wagner ist Psychologin, Autorin und Top Executive Karriere-Coach. Als Unternehmerin leitet sie die Coachingausbildung des Coaching Centers Berlin (ICF/DBVC/IOBC zertifiziert), das derzeit im 35. Durchgang eine Ausbildung zum Integralen Business Coach durchführt. Sie arbeitet mit ihren Klient:innen daran, ihren »Core-Purpose« zu erkennen und die für sie passenden Wirkungsfelder zu finden.

»Du beschäftigst dich mit Sinn im Berufsleben. Was hat dich zu diesem Thema gebracht?«
»Meine Geschichte ist in gewissem Sinne auch eine Geschichte der beruflichen Resilienz. Sie beginnt damit, dass ich bereits in jungen Jahren gleich zwei Talente hatte: zum einen den Umgang mit Worten – sei es das journalistische Schreiben oder das Reden vor Menschen – und zum anderen ein sehr großes Bewegungstalent. Das brachte

mich zuerst bis zu den niedersächsischen Landesmeisterschaften in der Leichtathletik und dann zum Tanzen. Was lag da näher, als mit 21 Jahren nach einer bestandenen Aufnahmeprüfung auf einer Tanzschule Tänzerin werden zu wollen? Genauer gesagt Tanzpädagogin, denn für eine Bühnenausbildung war es da schon zu spät. Dafür habe ich mein begonnenes Journalistikstudium abgebrochen. Nach drei anstrengenden Jahren in der Ausbildung, die mit meiner ursprünglichen Leidenschaft gar nicht mehr so viel zu tun hatten, fand ich mich schließlich als Jazz-Tanzgruppenleiterin in einer Turnhalle des Sportvereins Rellingen wieder, einem Vorort von Hamburg. Und in mir war nur noch die Frage: Was mache ich hier eigentlich? Wie konnte ich bloß hier landen? Ich habe erkannt, wie es ist, wenn unsere Kompetenzen uns in eine Falle locken. Das war mit 24 ein großer Schock: das Gefühl, versagt zu haben. Ich weiß also selbst genau, was es heißt, tief in einer beruflichen Sinnkrise zu stecken: Der Sinn und das Ziel des eigenen Tuns ist dann nicht mehr zu spüren. Das, was ehemals Freude machte, fühlt sich nur noch nach Pflicht an.
Dieser Moment war hart, motivierte aber gleichzeitig meine Suche nach dem, was ich im Leben wirklich wollte, noch einmal vollkommen neu. Ohne Führung von außen, nur mit einem Stapel Bücher, begab ich mich auf die Suche in mein tiefstes Inneres: Was will ich wirklich? Was kann ich richtig gut? Und wo kann ich mit all dem einen echten Beitrag leisten? Ich habe für mich erkannt, dass ich beruflich für mein Leben etwas anderes möchte als zu tanzen oder Tanz zu unterrichten. Zwar sind körperliche Energie, Bewegung und Gesundheit für mich immer noch zentral. Aber mein berufliches Tun besteht im Kern daraus, dass ich Menschen mit den Mustern ihres Lebens vertraut mache, ihnen damit helfe, den nächsten, sinnvollen Schritt zu tun. Das sind die Ebenen, in denen ich Wirksamkeit, Bestimmung und Sinn finde. Im Grunde habe ich ein Coaching entwickelt, das mir damals gefehlt hat und das ich mir selbst zusammensuchen musste.
Der Weg, für den ich mich dann entschieden habe – nämlich für ein Studium der Psychologie und die anschließende Promotion –, war natürlich auch nicht leicht. Aber der Sinn, den ich darin gefunden habe, hat mich über den langen Weg der zweiten Ausbildung getragen. Und genau das erlebe ich auch heute in meiner Arbeit immer wieder: Was wir freisetzen können, wenn wir mit Menschen in der Krise an ihrer Ausrichtung arbeiten. Wir suchen nach einem Weg, der von Sinn getragen wird, der Kraft verleiht, um Dinge zu schaffen, die vorher undenkbar schienen. Und der dann auch ganz neuen Qualitäten von Leistung und Zufriedenheit möglich macht. Es geht um Erfüllung.«

»Für wen arbeitest du? Mit welchen Anliegen kommen die Menschen zu dir?«
»Meine Klient:innen sind im Allgemeinen recht privilegiert, was ihre Ausbildung und ihren bisherigen beruflichen Erfolg angeht. Man könnte meinen, gerade diese Gruppe hätte keine Karriereprobleme. Stimmt nicht! Von Beginn an ist der Beruf für sie mehr

als nur ein ›Job‹. Deswegen schmerzen sie Stagnation, Misserfolg, ein drohender Abstieg oder Sinnlosigkeit in ihrer Arbeit sehr. Sie stehen häufig auf einem Karriereplateau in der Lebensmitte und fragen sich: Wie soll es jetzt weiter gehen? Was geht noch?«

»Inwieweit hat die Berufs- und Lebensplanung aus deiner Sicht einen Einfluss auf die Resilienz von Menschen?«
»Gerade bei beruflich engagierten Menschen sind ›Beruf‹ und ›Leben‹ eng verbunden. Das ist überhaupt nichts Schlechtes. Es gibt keine ›Work-Life-Balance‹, auch wenn dieser Begriff so ungemein gern benutzt wird. Es gibt nur ein Leben. Für das ist es aber in der Tat ungemein wichtig, dass es darin eine Balance aller Rollen gibt und dass sie Sinnerleben daraus ziehen können. Und was dieses Sinnerleben ausmacht, das wechselt eben im Laufe der verschiedenen Lebensphasen. Wenn dann das Leben nicht mitwächst oder sich mitverändert, dann entstehen diese Sinnstagnation und Krisen. Und wenn das Sinnerleben flöten geht, verschwindet auch die Resilienz.«

»Ein besonderer Fokus deiner Arbeit liegt daher auf der Gestaltung sinnstiftender Karrieren. Wie unterstützt du Menschen dabei, ihre Arbeit mit Sinn zu erfüllen?«
»Ich nenne es ›den roten Faden‹ finden, den wir in jeder Lebensphase wieder neu ausgestalten. Das führt zu einem Gefühl der Selbstwirksamkeit. Um es an meinem eigenen Beispiel zu erklären. Als ich im Turnverein Rellingen als Jazztanz-Gruppenleiterin stand, konnte ich darin überhaupt keinen Sinn und keine Zukunft sehen. Jede Anstrengung war mir zu viel. Als ich Jahre später eine Dissertation zu einem Leidenschaftsthema neben meiner Arbeit als Geschäftsführerin gestemmt habe, war das oft anstrengend, aber für mich total sinnvoll. Es ergab einen Sinn.«

»Was haben Alter und Lebensphasen mit dem Sinnerleben in der Karriere zu tun? Und mit welchen Methoden machst du diese für Klient:innen erlebbar?«
»Die Veränderungen durch die Lebensphasen sind zentral und werden in Karrierecoachings häufig zu wenig betrachtet. Ich unterstütze meine Coachees darin, wahrzunehmen, was sich verändert hat, bevor das Gefühl kam, dass es Zeit für einen Wechsel ist. Am besten gelingt das mit einem biografischen Rückblick. Wir schauen uns dabei das gesamte Leben in sieben Lebensabschnitten an. Wir blicken dabei auf die wichtigsten Lebensbereiche: Familie, Partnerschaft, Beruf, Gesundheit, Hobbys sowie die persönliche Entwicklung und historische Ereignisse. Dabei lassen wir uns von Fokusfragen leiten, die die Klient:innen in der jetzigen Lebenssituation am meisten voranbringt: ›Wo sind die Quellen meiner Lebendigkeit?‹, ›Wie geht es leichter?‹, ›Wo blühe ich auf?‹, ›Wie gelingen Übergänge?‹ Diese Beispiel-Fokusfragen passen übrigens fast immer. Im Coachinggespräch sucht dann die Klient:innen entlang der eigenen Biografie nach positiven Beispielen für diese Fokusfragen. Auch Verunglücktes hat seinen

Platz im Gespräch – daraus können sie lernen, was jetzt benötigt wird. In dieser Weise durchforsten Klient:innen ihr Leben ganz neu. Es entsteht eine frische, eine befähigende Sicht auf die Biografie. Und es wird auch ganz klar: Es gibt Phasen mit zentralen Lebensthemen, die sich ändern. Kinder, die ins Leben kommen. Ein Aufstieg auf der Karriereleiter der wichtig war, aber vielleicht jetzt nicht mehr.
Biografiearbeit beantwortet letztlich die drei zentralen Fragen der Karriereorientierung ›Woher komme ich?‹, ›Wer bin ich?‹ und ›Wohin will ich jetzt gehen?‹. Ich helfe ihnen im zweiten Schritt dann, klar zu artikulieren, was jetzt an der Reihe ist. Was sie ändern, was sie jetzt in die Welt bringen wollen. Ziel ist es dabei, dass sie ihre berufliche Rolle so aufstellen, dass ihr Leben wieder zu ihnen passt und nicht umgekehrt.«

»Wie können Menschen also ihren Sinn finden?«
»Es geht darum, dass Menschen ihr biografisches Leitmotiv entschlüsseln. Ich nenne es den ›Core-Purpose‹. Das ist der ›rote Faden‹. Ein Core-Purpose, also mein tiefster innerer Antrieb, entsteht in unserer Kindheit und Jugend. Er besteht aus Bausteinen, die sich etwa in den ersten beiden Lebensjahrzehnten entwickeln. Also bis zu dem Zeitpunkt, an dem ein Jugendlicher endgültig das Haus verlässt und erste Erfahrungen im Berufsleben sammelt. Folgende Fragen kann man als Coach stellen, um diesen ›Kern‹, das biografische Leitmotiv eines Menschen zu ergründen:

- Welche Position in der Geschwisterrangfolge hattest du? Und wie hast du diese Rolle ausgefüllt? (Pionierin, Rebell, braves Mädchen, vernünftige Älteste, schwarzes Schaf …)
- Gab es prägende Ereignisse? Wie haben sie dich beeinflusst? (Was hat zum Beispiel einen ›Schwur‹ ausgelöst wie: ›Nie wie mein Vater!‹ Oder: ›Ich muss es wieder gutmachen!‹)
- Welche Themen haben dich schon immer fasziniert? Welche Neigungen und Talente hattest du schon als Kind oder später als Jugendliche? Was war dein erster Berufswunsch und was war darin der ›Kern‹? (helfen wollen, den Dingen auf den Grund gehen, Abenteuer erleben …)
- Gab es historische Einflüsse in deiner Kindheit und Jugend, die dich beeindruckt und deinen Weg beeinflusst haben? (zum Beispiel Teil der geburtenstarken Jahrgänge zu sein und in den 1980er-Jahren auf den Arbeitsmarkt zu kommen, der Mauerfall 1989)

Schließlich übersetze ich mit meinen Klient:innen ihren ›Core-Purpose‹ in den beruflichen Kontext. Dazu benennen wir zunächst die Bausteine. Man kann die Kernaussagen in ein Dreieck eintragen. An der Basis unten links steht die Familienrolle. Auf der rechten Seite stehen zentrale Interessen und Themen, die eine Person schon immer antreiben. Oben am Dreieck steht ein einschneidendes Erlebnis im Beruf oder aus dem privaten Bereich (oder auch mehrere), das zu einem innerlichen ›Auftrag‹ geführt hat. In der Mitte steht dann noch eine besondere Kompetenz. Ich nenne sie die ›Superpower‹ einer Person. Hier das Beispiel einer Unternehmerin, die folgende persönlichen Bausteine nannte:

- Familienrolle als Älteste der Geschwister: ›Vorangehen, selbst immer dazu lernen‹, ›Menschen unterstützen, helfen wollen, dass sie vorankommen‹
- Zentrales Interesse: von Kindesbeinen an das große Interesse an Zukunftstechnologien, ›zukunftsfähig zu denken‹
- Das einschneidende Erlebnis: sich selbst die persönliche Entwicklung im Wunschberuf nicht gegönnt. Drang, ›etwas Vernünftiges‹ zu lernen. Der Beruf machte danach zwar auch Spaß, aber sie suchte immer nach Entwicklungsmöglichkeiten darin für sich selbst – und andere.
- Superpower: Vermittlerin sein, um Harmonie bemüht, gemeinsam und im Einklang mit anderen Ziele erreichen wollen

Daraus wird für die Unternehmerin der Core-Satz: ›Mich treibt an, mich selbst und Menschen in ihrem Wachstum zu unterstützen, damit wir gemeinsam die Zukunft gestalten.‹ Konkret auf ihre jetzige Situation und ihr Unternehmen bezogen, ging es ihr um den digitalen Wandel und dabei die Mitarbeitenden mitzunehmen. Daraus machte sie den folgenden Leitsatz: ›Ich helfe meinem Mitarbeiter:innen sich zu entwickeln und nehme sie mit in die digitale Zukunft unseres Unternehmens.‹ Wenn man den eigenen ›Kern‹, diesen Core-Purpose, formuliert hat, kann man ihn bewusster in den beruflichen Alltag einbringen. Egal, ob ich eine neue Herausforderung suche oder mich in meiner jetzigen Position besser etablieren möchte, der Core-Satz ist der Kompass.«

»Wie trägt der Core-Purpose zu Sinn und Resilienz bei?«
»Antworten auf die großen Fragen zu haben gibt Kraft:

- Was treibt mich wirklich innerlich an?
- Wie genau gehe ich an Dinge heran?
- Nach welchen Prinzipien treffe ich Entscheidungen, egal in welcher Position?
- Was ist mein Beitrag? Wie genau kann ich einen Unterschied machen?
- Was würde ohne mich fehlen?

Im Core-Purpose erlebt der Mensch durch die biografische Dimension das verbindende Element in seinem Leben – vom Früher zum Heute. Es kann uns sehr entspannen, wenn wir nicht nach ›einer Berufung‹ suchen, sondern nach der Vielfalt schauen, in der der Core-Purpose sich in jeder Lebensphase neu ausdrücken kann und will. Im Core-Purpose ist der Blick gerichtet auf unseren tiefsten Antrieb, der das gesamte Leben durchzieht. Das zeigt sich auch im Privatleben, in allen unterschiedlichen Rollen, die wir einnehmen.«

»Muss man den Core-Purpose auch einmal ändern?«
»Nur, wenn er offensichtlich zu hohe ›Lebenskosten‹ erzeugt. Also, wenn ich Aufträge der Eltern erfülle, die für mein Leben nicht oder nicht mehr passend sind. Es geht häufig eher darum, die Ausführung des Core-Purpose zu ändern, nicht den Purpose selbst.«

»Inwieweit hilft es Menschen, ihren Core-Purpose zu kennen, wenn es darum geht, sich zu stärken?«
»Wenn man weiß, wer man ist und was einen wirklich antreibt, dann wird man unschlagbar. Dann setzt man sich ein für einen ›Einklang‹ zwischen innen und außen, Energie fließt, es entsteht Sinnerleben. Und zwar unabhängig davon, ob man die Position wechselt oder bleibt! Oder ob es einmal temporär im Äußeren ›anstrengend‹ ist. ›Wer ein Warum zu leben hat, erträgt fast jedes Wie‹, stellte Viktor Frankl fest. Nur wenn die Anstrengung sinnlos wird, dann ist es Zeit etwas zu verändern!«

»Was ist dein eigenes Rezept für mehr Widerstandsfähigkeit und Balance?«
»Ich bin überzeugt von täglichen Ritualen. Ich habe zum Beispiel eine Morgenroutine bestehend vor allem aus Qigong und Yoga, außerdem mache ich wöchentliche Cardio-Einheiten. Das gibt mir Kraft und auch eine feste Struktur, die – einmal etabliert – nicht mehr hinterfragt werden muss. Auf meine persönliche Sinnbilanz zahlt auch meine Glaubenspraxis ein. Einfach einmal ruhig am Morgen mit einem Tee dasitzen und ins Leben lauschen. Zur Messe gehe ich in einer kleinen Gemeinde in einer Klosterkirche, wo der Gottesdienst sehr persönlich erlebbar ist. Und mindestens einmal im Jahr gehe ich eine Woche ins Kloster. Das gehört zu meinen Jahresritualen.«

Kraftquelle Herz

Das Herz als unsere Kraftquelle – diese Metapher ist unendlich reich: Unser Herz versorgt Körper, Gehirn und Organe mit Blut, Sauerstoff und Nährstoffen. Gleichzeitig können wir uns über alles, was uns tief berührt, unser Herz wärmt, den Puls erhöht und anderen Menschen näherbringt, stärken. Um das zu leisten, benötigt das Herz auch Nährstoffe. Dafür hat es ein eigenes System aus Arterien und Gefäßen, über das es sich selbst Nährstoffe und Sauerstoff zuführt, damit es den Rest des Körpers weiterversorgen kann.

Für uns Menschen gilt das Gleiche: Wir müssen uns um uns selbst kümmern. Nur so können wir auch für andere auf sinnvolle Weise da sein und helfen. Regeneration, Zuwendung, Pflege – vor allem erst einmal uns selbst betreffend – sind für uns alle wichtig und notwendig. Und dabei müssen wir lernen zu unterscheiden zwischen den Dingen, die wir lieben, und den Dingen, die uns gleichzeitig Kraft geben. Denn das ist nicht immer dasselbe. Zeit mit der Familie kann wunderschön und sinnstiftend sein, der Energietank ist danach aber nicht unbedingt wieder aufgefüllt. Also: Was tut dem Herzen gut? Was liefert Energie und hält die Nährstoffzufuhr im Fluss?

Das Folgende zielt darauf ab, Ihr Bewusstsein für das zu schärfen, was Ihr Leben in seiner ganzen Fülle ausmacht, in den Blick zu nehmen, welche Bestandteile zu Ihrem Glück beitragen und in schwierigen Zeiten Stabilität geben. Und genau diese Erfahrungen unterstützen Sie dabei, Ihre Klient:innen auf diesem Weg zu unterstützen.

Fühlen, was ist

Was fühlen Sie jetzt? – Ein Satz, so leicht gefragt, und doch oft so schwer zu beantworten. Denn was genau fühlen wir überhaupt? Und warum?

Gefühle sind Hinweisgeber und Ausdruck unserer Bedürfnisse, der erfüllten und der unerfüllten. Je angenehmer oder je unangenehmer sich etwas anfühlt, desto stärker richten wir unser Verhalten danach aus: Mal wollen wir mehr davon, mal bringen wir unsere Energien dafür auf, um den Auslöser ein nächsten Mal tunlichst zu vermeiden. Wir lernen im Verlauf unseres Lebens, diese Gefühle als »gut« im Sinne von gern gesehen und »schlecht«, also unerwünscht, zu klassifizieren.

Gefühle werden in der therapeutischen Arbeit in diesem Sinne als Wunsch oder Handlungsaufforderung interpretiert. Das heißt, unsere Gefühle zeigen uns mehr oder weniger eindeutig, was wir benötigen. Wollen wir etwas nicht fühlen, weil es uns zum Beispiel am alltäglichen Funktionieren hindert oder vielleicht für Konflikte sorgen könnte, so können wir dieses Gefühl beiseiteschieben. Dies ist jedoch mit einem Preis verbunden:

- Einerseits geht uns eine wichtige Informationsquelle verloren.
- Andererseits äußern sich diese nicht beachteten oder gar verdrängten Gefühle möglicherweise zu späterer Zeit an anderer Stelle.

Die Psychosomatik beschäftigt sich mit der Wechselwirkung von Psyche und Körper. Nicht selten kann durch diese Blickweise die Verbindung zwischen dem Umgang mit unseren Gefühlen und somatischen Beschwerden erkannt werden. Lernen wir dann, unseren Gefühlen ihren Raum zu geben und angemessen auf sie zu reagieren, profitiert auch unser Körper davon.

Aber: Wir bestehen nicht nur aus Gefühlen. Es geht daher auf keinen Fall darum, den Kopf auszuschalten und den Gefühlen ungebremst Lauf zu lassen. Wie immer ist das Ziel: Balance. Deshalb sollten wir einen inneren Dialog mit unseren Gefühlen beginnen und zuhören, was sie uns sagen wollen. Denn wir können uns sicher sein, dass Gefühle wie Angst, Ärger oder Enttäuschung nicht da sind, um uns das Leben schwer zu machen, sondern um uns eine Botschaft zu senden. Allein dadurch, dass wir uns entscheiden, beispielsweise Angst als Botin statt als Gegnerin zu verstehen, wird sich etwas verändern. Jedes Gefühl, mag es auf Anhieb auch noch so unsympathisch wirken, kommt mit einer guten Absicht – allerdings zugegebenermaßen nicht immer im freundlichsten Gewand. Wenn wir aber darauf vertrauen, dass alles, was wir spüren, ein Leuchtsignal, vielleicht sogar ein Leuchtfeuer ist, das uns Orientierung geben will, dann blicken wir mit anderen Augen auf vermeintlich störende Gefühle.

Allen Gefühlen – besonders den intensiven – wohnt die Kraft inne, uns zum Handeln zu bewegen. Wenn wir unsere Gefühle also – egal ob angenehm oder unangenehm – als Wegweiser verstehen, als (intensive) Aufforderung zum Handeln (auch wenn wir dann nicht genau das tun, was unser Gefühl als Erstes zu verlangen scheint), kommt ihnen die Bedeutung zu, die ihnen gebührt.

Lernen wir jedoch, das Gefühlte der geistigen Analyse zu unterziehen, statt dem »Diktat« unserer Gefühle im Sinne von »Ich fühle, also muss ich …!« blind zu gehorchen. Dann winkt uns ein Leben in Ausgewogenheit und mit dem Wissen, das Steuer immer wieder in die Hand nehmen zu können. Hören wir hin, können unsere Gefühle eine wesentliche Unterstützung für Entscheidungen im Alltag und für die Ausrichtung im Leben sein.

Die Erkenntnis, dass Gefühle unser Verhalten motivieren, können wir uns zunutze machen. Wir können zum Beispiel daran arbeiten, uns bewusst in bestimmte Gefühlszustände zu bringen, wie etwa unsere Zuversicht zu steigern, mit den

Herausforderungen, die vor uns stehen, zurechtzukommen. Wir können daran arbeiten, unsere Angst in den Griff zu bekommen, wenn wir bestimmte Aufgaben meistern möchten.

Um hier einzusteigen, eignet sich die S. T. O. P.-Micro-Practice von Rhonda Magee (https://www.mindful.org/the-s-t-o-p-practice-creating-space-around-automatic-reactions/). Dies ist eine einfache Art, um einen Moment innerer Ruhe herzustellen.

Übung: S. T. O. P.-Micro-Practice

Wir nehmen einen Gedanken oder einen Reiz von außen zum Anlass, kurz anzuhalten und uns mithilfe von vier Schritten zu verorten.

- S = Stop
- T = Take a breath
- O = Observe
- P = Proceed

Und das geht so:
Stopp: Ich halte inne.
Atmen: Dreimal tief in den Bauch ein- und ausatmen
Beobachten: Drei weitere tiefe Atemzüge nehmen.

Bei jeder Atmung wende ich mich mir zu, mit jeweils einem Fokus:

- Atmen – ich nehme meinen Körper wahr
- Atmen – ich nehme meine Gefühle wahr
- Atmen – ich nehme meine Gedanken wahr

Reflektieren: Was ist mir jetzt am wichtigsten? Was ist jetzt ein guter nächster Schritt? Wenn wir in dieser innere Ruhe ankommen, haben wir dann die Möglichkeit, bewusst und weise zu entscheiden, was jetzt der nächste Schritt oder Gedanke sein soll.

Glaube, Zuversicht, Hoffnung

Ein weiterer Kraftspender in allen Lebenslagen ist der Glaube. Den Begriff wollen wir weit fassen, von Religiosität bis Spiritualität gehört hier alles dazu, was wir für wahr oder wahrscheinlich halten. Egal, an was oder wen Menschen glauben, an einen Gott oder mehrere Göttinnen, an das Schicksal oder an das Gute im Menschen – diese innere Überzeugung fördert Mut, bringt Vertrauen mit sich, lässt über sich hinauswachsen, spendet Trost und stiftet Sinn.

Wenn Glaube, Zuversicht und Hoffnung unsere Resilienz fördern, dann schließt sich die Frage an, wie wir ihnen in unserem Leben einen Platz einräumen können. Eine innere Auseinandersetzung scheint ebenso wesentlich wie der Austausch auf zwischenmenschlicher Ebene und/oder in Gemeinschaft. Auf individueller Ebene kann die Praxis von philosophischen, spirituellen oder religiösen Gesprächskreisen, über Meditation und Yoga, bis hin zum Gebet, dem inneren Gespräch mit einer höheren Instanz, reichen. Der Raum ist viel größer, als das, was Kirchen und andere Institutionen uns vorschlagen und wir haben die Freiheit, eine eigene Praxis zu entwickeln. Hier hat alles Platz, was uns mit seelischer Nahrung versorgt, uns anbindet an etwas, das größer ist als wir selbst.

Nicht erst in größter Krise, nicht erst am Ende unseres Lebens, nicht nur für einen ausgewählten kleinen Kreis von besonders Gläubigen ist diese Kraftquelle zugänglich. Wir alle tragen in uns die Fähigkeit, uns mit etwas Größerem zu verbinden. Die Qualitäten von Staunen, Erhabenheit, Beseeltheit, Transzendenz und Unendlichkeit können wir alle empfinden.

Auf dem Weg dahin, diesen großen Dimensionen unsere Türen zu öffnen, können wir uns Orte und Gemeinschaften suchen, die Zuversicht, Geborgenheit und Wohlbefinden auslösen. Und wir können uns durch andere Menschen leiten lassen (wie zum Beispiel Pfarrer Justus Münster, dessen Interview Sie in diesem Buch finden). Neben der inneren Arbeit mit uns selbst ist auch hier der Kontext entscheidend. Die bewusste Wahl der Menschen, Aktivitäten und Orte kann uns den Zugang zum Glauben ermöglichen, ihn aus der Abstraktheit treten und konkret werden lassen.

Zuversicht ist nach Ulrich Schnabel »das Vertrauen in die Kraft der eigenen Fähigkeiten« bei gleichzeitigem »Blick für den Ernst der Lage« (Schnabel/Gring 2018, S. 16 f.). Es klingt sehr verwandt mit dem, was wir für uns erreichen wollen, wenn wir an unserer Resilienzfähigkeit arbeiten. Wie wundervoll also, wenn die Zuversicht in unserem Leben zu Hause ist, denn sie hilft uns dabei, »die Spielräume [zu] nutzen die sich auftun«, sie trägt uns über die Klippen des Lebens und hat eine heilsame Wirkung in Phasen von Sorgen und Ängsten.

Blicken wir hoffnungsvoll in die Zukunft, gelingt es leichter, Kräfte für aktuelle Herausforderungen zu mobilisieren. Nicht irrationaler Optimismus, nicht Schönfärberei und auch nicht die rosarote Brille sind hiermit gemeint, sondern der klare Blick auf das, was ist, und sei es noch so fürchterlich – und dann der klare Fokus auf das, was gestaltbar ist, die Lücke, wo trotz allem doch noch etwas geht. Ulrich Schnabel beschreibt die Zuversicht »als eine notwendige Form der Lebensenergie […], als jenen tief im Menschen ruhenden Antrieb, der unsere Existenz überhaupt erst möglich macht.« Sie lässt uns durchs Leben gehen, trotz aller Widrigkeiten und Gefahren, denen wir als Menschen bei genauerem Hinschauen tagtäglich ausgesetzt sind.

Geben, Helfen und Pflegen

Winston Churchill wird der Ausspruch zugeschrieben: »We make a living by what we get. But we make a life by what we give.« Geben kann unserem Leben Sinn vermitteln. Und die Tatsache, dass wir häufig positive Rückmeldung hierfür bekommen, ist natürlich zusätzlich schön. Doch mit dieser Beschreibung greifen wir ein wenig kurz, weil sie das Geben auf etwas Instrumentelles verkürzt. Geben, das drückt der zitierte Satz gut aus, kann das Wesentliche sein.

Ob in der eigenen Familie, im Ehrenamt, für andere Menschen da zu sein, kann uns glücklich machen. Ein kleinerer Einstieg, ein Sorgen für Tiere oder Pflanzen, kann uns ebenfalls wohltun. Die erfolgreichsten Methoden, um sich glücklich und stark zu fühlen, sind nach Martin Seligman kleine Taten der Freundlichkeit – anderen helfen, kleine Freuden bereiten, Geschenke machen, die das Herz erfreuen. Das alles wirkt psychologische Wunder (Seligman 2021, S. 41 ff.).

Helfen ist eine besondere Form von Geben. Es kann uns mit einem höheren Lebensgefühl verbinden und es kann uns auch selbst guttun: In fast jeder Lebenslage stärkt es uns, wenn wir anderen Gutes tun und ihnen beistehen. Immer mit dem Blick auf den eigenen Energie- und Zeithaushalt, jedoch mit der festen Absicht, für einen Moment ganz beim anderen zu sein. Dabei gilt es natürlich, darauf zu achten, dass das Helfen nicht übergeht in die überfordernden Ausprägungen, wie sie im Buch »Die hilflosen Helfer: über die seelische Problematik der helfenden Berufe« (2018) von Wolfgang Schmidbauer beschrieben werden.

Geben, Helfen und Pflegen kann also hilfreich sein, zum einen, weil wir hierbei ein starkes Gefühl von Sinnerfüllung erleben können, zum anderen, weil unser Fokus auf jemand anderen übergeht, weg von dem, was uns selbst belastet. Indem wir die Perspektive und Bedürfnisse anderer Menschen kennenlernen, indem wir uns auf sie einlassen und ihnen Freude bereiten, können wir Abstand gewinnen von eigenen Problemen und gleichzeitig dürfen wir teilhaben an dem entstandenen Wohlsein anderer. Und durch einen Perspektivwechsel gewinnen wir möglicherweise – in Anbetracht existenzieller Herausforderungen anderer – auch einen neuen Blick auf unsere eigene Lage.

Stärken einsetzen

Was führt dazu, dass wir aufblühen, dass wir glücklich und erfüllt sind? Dass wir ein Leben führen, das unser Herz erfreut? »Flourish«, also »Aufblühen«, heißt auch ein Buch von Martin Seligman, der als Vater der Positiven Psychologie gilt, einem Ansatz, der sich als Gegensatz zur traditionellen – von ihm als zu defizitorientiert beurteilten – Psychologie versteht. Die Positive Psychologie stellt sämtliche

Aspekte des »gutes Lebens« in den Mittelpunkt ihrer Wissenschaft und fragt, was dazu führt, dass es uns gut geht, dass wir uns sogar glücklich und beseelt fühlen.

Nach Seligman (2012, S. 45) beruht unser Wohlbefinden auf fünf Faktoren, die er mit dem Akronym PERMA zusammenfasst:

Positive Emotionen: Für unser Glück sind positive Emotionen grundlegend. Dabei geht es nicht nur um die Abwesenheit von negativen Gefühlen. Es tut uns gut, wenn wir Dankbarkeit, Genuss, Vergnügen, Inspiration, Entspannung oder Zuneigung in unserem Leben bewusst Platz einräumen. Ist zu wenig von alledem da, können wir lernen, wie wir diese Gefühle gezielt in uns hervorrufen.

Engagement: Für ein erfülltes Leben sollten wir uns für etwas engagieren, das für uns von Bedeutung ist und uns am Herzen liegt, eine Tätigkeit finden, die uns Spaß macht und in der wir unsere Stärken ausleben können, und die uns voll und ganz in den gegenwärtigen Moment eintauchen lässt. (Siehe hierzu auch Mihály Csíkszentmihályis Konzept von Flow, einem beseelten Schaffensrausch im Bereich unserer Stärken, knapp unterhalb der Überforderungsgrenze.)

Relationships (Beziehungen): Tiefe soziale Beziehungen unterstützen uns in schwierigen Zeiten und geben ein Gefühl der Zugehörigkeit.

Meaning (Sinn): Können wir unsere Stärken dann zudem zu einem höheren Zweck einsetzen, gibt uns das ein Gefühl von Sinn – also der Zugehörigkeit zu und dem Dienst an etwas, das größer ist als wir selbst.

Achievement (Zielerreichung): Die Verwirklichung unserer Ziele und Träume gibt uns ein großes Gefühl der Zufriedenheit, des Stolzes und der Erfüllung, spornt uns zu größeren Leistungen an und inspiriert andere.

Zentraler Baustein in Seligmans Modell ist das Wissen um die eigenen Stärken. Wollen wir eine Tätigkeit finden, in der wir uns mit Engagement einbringen, Sinn, Erfüllung und Stolz empfinden können, müssen wir zunächst unsere persönlichen Stärken erkennen. Das Wissen über unsere Fähigkeiten ermöglicht es uns, Selbstvertrauen zu entwickeln, ein für uns passendes Wirkungsfeld zu finden und uns vollen Herzens einzubringen. Um unser Wohlbefinden zu vergrößern, ist es hilfreich, uns mit den Faktoren zu beschäftigen, die Seligman uns ans Herz legt. Sein Konzept der Charakterstärken unterscheidet zunächst einmal sechs Tugenden, die als universell gültige, positiv besetzte Kerneigenschaften des Menschen angesehen werden. Diesen wiederum sind jeweils vier Stärken zugeordnet, also insgesamt 24. Dies sind:

- *Weisheit und Wissen* (kognitive Stärken): Kreativität, Neugier, Aufgeschlossenheit, Lernfreude, Perspektive
- *Courage* (emotionale Stärken): Tapferkeit, Beharrlichkeit, Integrität, Vitalität
- *Menschlichkeit* (interpersonale Stärken): Liebe, Freundlichkeit, soziale Intelligenz
- *Gerechtigkeit* (zivile Stärken): soziale Verantwortung, Fairness, Führungsstärke
- *Mäßigung* (Stärken, die gegen Exzesse schützen): Vergeben und Mitleid, Demut und Bescheidenheit, Besonnenheit, Selbstregulation
- *Transzendenz* (spirituelle Stärken, die mit Bedeutsamkeit zu tun haben): Wertschätzung von Schönheit und Exzellenz, Dankbarkeit, Hoffnung, Humor, Spiritualität

Damit Sie Ihre Stärken auch einsetzen können, ist es wichtig, diese zu entdecken.

Übung: Stärken entdecken

Sie können Ihre Klient:innen als ersten Einstieg, um die eigenen Stärken zu entdecken, den kostenlose Test von VIA Institute on Character machen lassen: https://viacharacter.org/character-strengths-via. Für das individuelle Charakterprofil wird dort eine Hierarchisierung von der am stärksten zur am schwächsten ausgeprägten Stärke erstellt.

Für einen ersten Einstieg in die Auseinandersetzung mit den Stärken können folgende Fragen hilfreich sein:

- Wie zeigen sich Ihre besonders typischen Stärken in Ihren unterschiedlichen Lebensbereichen? (Arbeit, Familie, Beziehungen, Freunde, Ehrenamt, Freizeit)
- Wie verhalten Sie sich konkret in einzelnen Situationen, in denen Sie diese Stärken einsetzen?
- Was geht Ihnen dabei besonders leicht von der Hand? Was können Sie nicht »zurückhalten« zu tun?
- Wann und woran merken Sie, dass Sie Ihre Stärken »zu viel« einsetzen? Welche Situationen und Kontexte machen Sie besonders anfällig für eine »Übernutzung«?

Sie und Ihre Klient:innen können sich dann auf die Suche nach Wirkungsfeldern ihrer Stärken machen, um Glück und Fülle im Leben zum Blühen zu bringen.

Kraftquelle Körper

Auch unser Körper ist eine Kraftquelle. Wenn wir uns wach und ausgeschlafen fühlen, fit und voller Energie sind, dann trauen wir uns mehr zu, können uns den Widrigkeiten mit mehr Zuversicht stellen, über Missgeschicke lachen, mit mehr Leichtigkeit Herausforderungen annehmen, fast alles im Leben sieht dann besser aus.

Über Atmung, Schlaf, Sport und Bewegung, Ernährung und Entspannung können wir direkt einen wohltuenden Einfluss nehmen auf unser Fühlen, unser Denken und unsere Widerstandsfähigkeit. Täglich werden neue Forschungsergebnisse und überliefertes Wissen hinsichtlich der Verbesserung körperlicher Energien als Grundlage seelischen Wohlbefinden an uns herangetragen. Es ist die Aufgabe eines jeden, aus diesen Angeboten und Überzeugungen jeweils mit Verstand und Bauchgefühl das zu wählen, was ganz individuell Kraft gibt und den Tank auffüllt. Und zu reduzieren, was Energien unnötig bindet und uns schadet. Je nach Konstitution, Lebensphase und aktueller Situation gilt es zu prüfen: Was ist *jetzt* eine Wohltat für mich? Was tut mir *langfristig* gut?

Interview mit Andrea Gartenbach: Voller Energie leben

Dr. Andrea Gartenbach ist Fachärztin für innere Medizin. Ihren Schwerpunkt hat sie in der funktionellen Medizin, welche zusätzlich zur klassischen Schulmedizin einen ganzheitlichen Ansatz verfolgt.

»Welche Faktoren nimmst du in den Blick, wenn du Menschen dabei unterstützt, ihre Widerstandsfähigkeit zu verbessern?«

»Unsere Resilienz hat neben der seelischen auch eine starke körperliche Komponente. Wir sind täglich mit Stressoren und schädlichen Reizen konfrontiert. Die Fähigkeit, auf diese adäquat zu reagieren, ist von grundlegender Wichtigkeit für unsere Gesundheit. Resilienz stellt die Fähigkeit dar, unter Nutzung der vorhandenen Ressourcen unser System in Balance zu bringen, sei es durch unser Nervensystem, sei es durch die Ressourcen an Mikronährstoffen, die biochemisch verarbeitet werden und sowohl in Energie umgewandelt werden als auch für die Entgiftung und Erholung essenziell sind.

Um unsere Resilienz zu stärken, müssen wir lernen, unsere psychischen und eben auch unsere körperlichen Funktionen und Ressourcen zu verstehen. Wir müssen lernen zu erkennen, was wir benötigen und was uns guttut – und dies dann auch aktiv zu unserer Priorität machen. Es geht also darum, die mentalen und körperlichen Ressourcen sowohl aufzufüllen als auch zu schützen. Dies ist der zentrale Faktor für ein Leben in Balance.«

»Wie finden wir – auf körperlicher Ebene – heraus, was uns guttut? Worauf sollten wir achten?«
»Einerseits gilt es, darauf zu hören: Welche Zeichen gibt mir mein Körper? Bin ich zunehmend erschöpft und unkonzentriert? Schlafe ich lange und bin dennoch müde? Hier gibt es einige Parameter in der Medizin, die kontrolliert werden sollten, etwa die Blutwerte, aber auch die Herzfrequenzvariabilität. Das geht mit den »Wearables« – also zum Beispiel den Uhren, die verschiedene Informationen von uns tracken, oder in einer funktionell-medizinisch orientierten Arztpraxis. Hier kann ein Eindruck gewonnen werden, wie das autonome Nervensystem reagiert. Sind wir im »Fight or flight«-Modus (dem Sympathikotonus) oder sind wir ausgeglichen?«

»Das heißt, im Sympathikotonus ist ein Stressmodus, und wir müssen den Parasympathikus stärken, um das gesunde Funktionieren unseres Körpers zu ermöglichen?«
»Ja, genau. Der Nervus vagus ist der Hauptnerv unseres parasympathischen Nervensystems, also des Teils unseres autonomen Nervensystems, der für ›Ruhe und Entspannung‹ zuständig ist. Sein Gegenspieler ist der Sympathikus, der Kampf-oder-Flucht-Nerv. Idealerweise überwiegt der Parasympathikus – sozusagen die ›Bremse‹ unseres Systems. Unsere Ruhe-, Reparatur- und Verdauungsrektionen können dann gut laufen und wir fühlen uns entspannt. Nur im ›Notfall‹, wenn wir auf etwas schnell reagieren, überwiegt der Sympathikus – sinnbildlich unser Gaspedal. Wird dieser aktiviert, so wird die Verdauung und Regeneration zugunsten der Durchblutung von Gehirn, Herz, Gefäßen und Muskulatur herunterreguliert. Wir wollen weglaufen – früher vor dem Säbelzahntiger, heute vor Termindruck, Konflikten, Ängsten, Verletzungen und Stress im Alltag.
Wir merken das zum Beispiel, wenn uns etwas auf den Magen schlägt. Unser Darm ist nicht nur unser größtes Verdauungsorgan, sondern er hat auch eine wichtige Verbindung zu unserem Gehirn (Darm-Hirn-Achse). Die Kommunikation zwischen Darm und Gehirn übernimmt der Nervus vagus, also unser parasympathisches Nervensystem. Der Darm ist Produktionsstätte von gut 90 Prozent unseres »Happy Hormons« Serotonin (und nebenbei die Vorstufe unseres Schlafhormons und Antioxidans Melatonin) und vielen weiteren Hormonen. Nicht zuletzt ist er durch all die Bakterien und Mikroben in unserem Darm – genannt Mikrobiom – ein großer Teil unseres Immunsystems. Es ist also immens wichtig, dass unser Darm nicht allzu viel Zeit herunterreguliert wird.«

»Was können wir also konkret tun, um langfristig in Balance und voller Energie zu sein?«

»Es geht immer wieder darum, unseren Organismus dazu anzuregen, aus eigener Kraft gesund zu sein und darüber hinaus an den entscheidenden Stellen minimal von außen zu unterstützen, damit wir uns kraftvoll und vital fühlen. Für ein Leben in Balance ist ebenso wichtig, dass wir rauskommen aus dem ewigen Hin und Her aus völliger Erschöpfung und mühsamer Regeneration – idealerweise halten wir also eine Flughöhe.

Für mich sind es die folgenden fünf Säulen, die uns körperlich vital und voller Energie fühlen lassen: Blutwerte und Mikronährstoffe, Darmgesundheit, Schlaf, Bewegung, Atmung. Jeder dieser Bereiche macht eine bedeutsame Stellschraube aus. Wichtigkeit und Wirkweise dieser Einflussfaktoren können sich dabei je nach Lebensphase und -situation ändern, sodass wir immer wieder nachjustieren und neu verstehen müssen, wie wir uns in einen guten Zustand bringen können.

Um zum Beispiel positiv Einfluss auf unsere Blutwerte zu nehmen, ist es sinnvoll, eine kleine laborchemische Bestandsaufnahme zu machen und die Blutwerte zu balancieren. Für unseren Energiehaushalt und Wohlbefinden sind vor allem interessant: Mikronährstoffe wie Natrium, Kalium, Calcium, Protein, Magnesium, Selen, Zink, Vitamin D, die Schilddrüsenwerte sowie die B Vitamine. Gerade bei Frauen ist der Eisenstoffwechsel immens wichtig. Wir verlieren durch unseren Menstruationszirkel viel und können ohne Eisen nicht genug rote Blutkörperchen bilden, die wiederum Sauerstoff transportieren. Häufig leiden wir dann unter Müdigkeit, Kopfschmerzen, Haarausfall. Interessant wäre als i-Tüpfelchen noch der Omega-3-Fettsäure-Index: Wir nehmen über die Ernährung eigentlich alle zu wenig davon auf. Daher ist eine separate Zufuhr von circa 2 000 bis 3 000 mg pro Tag für die meisten von uns wichtig und nötig. Der HOMA-Index (Stichwort Insulinresistenz) sowie der Langzeitzuckerwert sind ebenso sehr spannende Werte. Und dann: Messen. Handeln. Messen. Einfach blind etwas zu nehmen führt meist nicht zum gewünschten Effekt.«

»Eine gesunde Ernährung, die sich auf aktuelle Blutanalysen zum persönlichen Mikronährstoffbedarf stützt, ist also genau so wie Entspannung wichtig für unsere Darmgesundheit. Was hat es mit dem Atmen auf sich?«

»Wir können uns sehr effektiv über unsere Atmung entspannen – das haben viele Forschungsergebnisse belegt. Um positive Effekte zu erzielen, sollten wir bewusste Phasen der Atmung in unseren Tag einbauen. Dafür eignen sich jegliche Techniken, die den Atem verlängern und vertiefen, zum Beispiel durch die Nase tief einatmen bis in den Bauch und in das Becken, dabei doppelt so lange aus- wie einatmen.

Durch solche tiefen Atemsequenzen wird der ›Ruhe- und Erholungsnerv‹ Nervus vagus aktiviert und auch trainiert. Einmal stimuliert, sendet er Signale an alle Organe, die er innerviert. So können wir über die Atmung Einfluss auf das ganze parasympathische

Nervensystem nehmen, innere Anspannungen lösen sich. Das lässt uns besser mit Stress umgehen. Wir müssen also den Nervus vagus trainieren – und zwar am besten täglich. Da nicht jedem das gleiche Training liegt, gibt es unterschiedliche Methoden, die man sich aussuchen kann: Atemtechniken, Meditation (bereits fünf Minuten täglich genügen), Yoga, Zeit in der Natur, Singen, Lachen, Gurgeln – all das also, was uns in einen entspannten Zustand versetzt. Entscheidend ist die Regelmäßigkeit!«

»Was müssen wir über Bewegung wissen?«
»Unser Körper muss sich regelmäßig bewegen. Bewegung sorgt für weit mehr als nur eine gute Figur, starke Muskeln und gesunde Knochen (Stichwort Osteoporoseprophylaxe). Wir fördern durch Bewegung unsere Stressregulation, wodurch unser Wohlbefinden steigt, verbessern die kognitive Leistungsfähigkeit, steigern das Selbstwertgefühl, fördern die Ausschüttung von Endorphinen und Serotonin und unterstützen unseren Hormonausgleich. Ideal ist eine Kombination aus Ausdauertraining für das Herz-Kreislauf-System sowie Krafttraining für den Muskelaufbau. 30 bis 60 Minuten dreimal die Woche, je nach Zielsetzung und Trainingszustand. Auch im Homeoffice kann Bewegung eingebaut werden: Fällt der Weg zur U-Bahn oder die Radtour zum Office weg, lohnt es sich, morgens einmal ›um den Block‹ zu laufen. Das hat dann noch den Zusatzeffekt, dass wir etwas Sonnenlicht sehen und wach in den Tag starten.«

»All das, was du nennst, ist hilfreich, um unsere Energiespeicher langfristig zu füllen und in Balance zu bleiben. Was ist jedoch in der akuten Krise möglich? Wie können wir uns auch in Momenten großer Not stärken?«
»Da ist es besonders wichtig, die Regulation im Körper und vor allem die Regeneration zu unterstützen. Das heißt, Atemübungen mehrmals täglich einbauen, denn so aktivieren wir sofort den Nervus vagus. Bei Angst und Panik wirken nicht nur Passionsblume, sondern auch Ashwagandha [auch bekannt als Schlafbeere, Winterkirsche oder Indischer Ginseng] recht schnell. Und gerade dann ist es wichtig, sich an der frischen Luft zu bewegen und sich gesund zu ernähren – dann kommt die Power schnell wieder.«

»Und was gehört in den Notfallkoffer?«
»Ein Tee, den wir lieben. Ein paar Minuten Ruhe, in denen wir atmen können. Ein kleines Stück dunkle Schokolade, die die Serotonin Ausschüttung fördert, 500 mg Ashwagandha als ausgleichendes Adaptogen, eine kurze Checkliste, wie wir Schlaf und Atmung optimieren, ein Notizzettel, auf dem wir Sorgen und Ängste schreiben und somit unsere Gedanken etwas entlasten können, sowie die Telefonnummer der Freundin, die ein offenes Ohr hat.«

Sinnlichkeit

In unserem Alltag laufen wir manchmal Gefahr, unseren Körper mehr als Aufgabe als als Freuden-, Lust- oder Kraftquelle wahrzunehmen. Machen wir uns auf die Suche danach, welche Erfahrungen uns daran erinnern können, dass unsere Sinnlichkeit eine Kraftquelle für uns sein kann.

Denn über unsere Sinne erfahren wir das Leben. Sie können uns beschenken, sind unser Tor zur Welt, lassen uns ihre Schönheit, Klänge, Düfte, Geschmäcke und Berührungen genussvoll erleben. Unsere Sinne spenden uns Freude, prägen unsere Erinnerungen und lassen lebendige innere Bilder entstehen. Das Erleben von Sinnlichkeit ist schön, ist beflügelnd und möglicherweise sogar erfüllend.

Vielleicht gelingt es uns schon jetzt zu genießen, was unsere Sinne uns an Empfindungen bescheren. Meist vergessen wir aber, diese Freuden Teil unseres Lebens sein zu lassen. Vielleicht sehnen wir uns auch nach mehr. Mehr Intensität, mehr Farbe, mehr Genuss der Schönheit unserer Welt, mehr Sinnlichkeit. Empfängliche Sinne zu haben lässt sich kultivieren. Wir können üben, unsere Wahrnehmung schärfen, mehr Sinnlichkeit in unser Leben lassen.

Über unsere Sinne können wir auf zweierlei Art für unsere innere Widerstandsfähigkeit sorgen. Wir können sie zum einen schulen und schärfen und so lernen, ihnen zu vertrauen. Sie helfen uns bei Orientierung und Entscheidungen, geben uns Klarheit und richten uns aus. Was wir wollen und was wir nicht wollen – unsere Sinne helfen uns bei der Auswahl. Und zum anderen bescheren uns unsere Sinne das, was uns guttut. Musik, Literatur, Naturschönheit, Schokolade und Wein, Zärtlichkeit und Zuwendung, alles, was unserer Seele guttut, erreicht uns über unsere Sinne.

Wollen wir unsere Sinne aufblühen lassen, so müssen wir die Zeit anhalten und die alltägliche Flut der Reize immer wieder reduzieren. Keine Hintergrundgeräusche (Musik, Klingeltöne, Podcast aus). Keine zusätzlichen visuellen Reize (alles ausschalten, was blinkt und unsere Aufmerksamkeit will). Um unseren Sinnen dann ganz bewusst etwas zu bescheren, das sie erfreut. Gewohntes in veränderter Intensität. Neue Reize und Eindrücke, die uns aufwecken und beleben:

- Innehalten, Augen schließen, Schmecken, Riechen, Tasten
- tief und bewusst einatmen, tief und bewusst ausatmen
- Geräuschen lauschen, Temperaturen spüren
- bewusst wahrnehmen und genießen

Übung: Sinnlichkeit erleben

Hier zwei charmante Alltagsexperimente, um mehr Sinnlichkeit zu erleben:

- Nehmen Sie ein Stück bittere Schokolade in die Hand, stellen Sie einen Timer auf fünf Minuten und schließen Sie dann die Augen. Führen Sie die Schokolade zur Nase und nehmen Sie wahr, wie sich Süße, Fett und Bitterstoffe dort anfühlen. Legen Sie dann das Stück auf Ihre Zunge und lassen es dort schmelzen. Gehen Sie auf die Suche: Was schmecken Sie als Erstes? Und dann nach einiger Zeit? Wie erleben Sie das Schmelzen der Schokolade? Wenn Sie irgendwann beginnen zu schlucken, dann ganz bewusst, ganz aufmerksam für alles, was Ihnen sonst entgeht, wenn Sie wie gewohnt essen. Auch mit einer Rosine funktioniert das wunderbar!
- Begeben Sie sich an einen Ort, den Sie in und auswendig kennen – Ihre Wohnung zum Beispiel. Stellen Sie sich einen Timer auf 15 Minuten und verbinden Sie dann Ihre Augen mit einem Tuch. Bewegen Sie sich nun durch die Räume und tun Sie das, was Sie sonst auch tun würden, nur eben mit verbundenen Augen ... und spüren Sie, was Ihre anderen Sinne Ihnen alles bescheren [Anmerkung: Für eine intensive Erfahrung der Abschaltung einzelner Sinne besuchen Sie Orte wie Dialog im Dunkeln beziehungsweise im Stillen in Hamburg (www.dialog-in-hamburg.de) oder eines der vielen Dunkelrestaurants in zahlreichen größeren Städten].

Eine besondere – aber nicht die alleinige – Dimension von Sinnlichkeit ist Eros, all das, was wir mit körperlichen Freuden, mit Begehren und Verlangen verbinden. Machen wir uns auf die Suche danach, was uns Lust und Leidenschaft beschert, so übernehmen wir Verantwortung dafür, dass es uns gut geht und wir das bekommen, wonach wir uns sehnen.

Herauszufinden, was unser Körper begehrt und sich diese Freuden zu bereiten – unabhängig davon, ob es einen anderen Menschen in unserem Leben gibt oder nicht – tut gut und stärkt die Seele. Der Cocktail an Hormonen, Puls und Erregung, die Hinwendung zu sich selbst und den eigenen Bedürfnissen, die innige Begegnung mit anderen Menschen, das Fokussieren auf Lustgewinn und -befriedigung ... alles Themen, die in Coaching und Therapie wenig oder gar keinen Platz einnehmen – die als Quellen für Kraft, als Ausdruck von Liebe, als Möglichkeit einer wohltuenden Zerstreuung, als Stärkung von Selbstwahrnehmung und -liebe und als Booster von Selbstwirksamkeit aber umso wichtiger sind. Beginnen wir also behutsam, ein wenig Raum für sie zu schaffen.

Herzkohärenzatmung

Unser Herz hat enormen Einfluss auf unsere Leistungsfähigkeit. Es beeinflusst maßgeblich unsere Vitalität und Regenerationsfähigkeit. Die Fähigkeit unseres Körpers – insbesondere unseres Herzens – flexibel und angemessen auf innere und äußere Belastungen zu reagieren, ist ein wichtiger Parameter unserer Resilienzfähigkeit. Wir können lernen, die Flexibilität und Anpassungsfähigkeit unseres Herzens zu verbessern und damit unser Energielevel, Wohlbefinden und unsere Widerstandsfähigkeit zu erhöhen. Dafür eignet sich die Herzkohärenzatmung.

Es handelt sich dabei um eine Übung, über die wir den Herzrhythmus regulieren, die Herzfrequenzvariabilität erhöhen und die Aktivitäten des sympathischen und des parasympathischen Nervensystems in Einklang bringen können. Die Herzratenvariabilität ist ein medizinischer Messwert, aus dem sich Aussagen über das Stressniveau und die Regenerationsfähigkeit eines Menschen gewinnen lassen. Sie beschreibt die Veränderlichkeit unserer Herzfrequenz, also die »Schwingungsfähigkeit« des Herzrhythmus.

Die Pulswerte, die wir pro Minute angeben, stellen lediglich Durchschnittswerte dar, wie häufig das Herz pro Minute schlägt. Tatsächlich variieren aber die Zeitintervalle zwischen den einzelnen Herzschlägen ebenso wie die Herzschläge pro Minute. Die Herzfrequenz ist also nicht konstant. Sie passt sich stetig der Körperbelastung an. Bei Entspannung nimmt die Herzfrequenz ab, bei Belastungen nimmt sie zu. Diese Variabilität ist wünschenswert, denn sie ist ein Zeichen dafür, dass der Organismus sich an die äußeren Begebenheiten gut anpassen kann. Die Herzfrequenzvariabilität spiegelt somit das Verhältnis der Sympathikus- und Parasympathikusaktivität wider und ist Ausdruck für einen gleichmäßigen Wechsel zwischen Beschleunigen und Bremsen als Reaktion unseres Körpers auf innere und äußere Reize. Würde man die Herzratenvariabilität eines Menschen aufzeichnen, der sich vital, gesund und bei Kräften fühlt, ergäbe sich eine ausgewogene Sinuswelle.

Im Stresszustand erfolgt der Wechsel von Beschleunigung und Verlangsamung stattdessen abrupt. Im Zustand der Unausgewogenheit, bei dem der Stressmodus des Sympathikus überwiegt, sinkt die Herzfrequenzvariabilität (und auch die Funktion zum Beispiel des Hirns und Darms werden heruntergeregelt), die Amplituden der Kurve werden flacher. Es finden darüber hinaus zahlreiche biochemische Veränderungen in unserem Körper statt, unsere Organe werden von Stresshormonen – wie beispielsweise Adrenalin und Kortisol – überflutet, unsere Leistungsfähigkeit ist deutlich eingeschränkt, die kognitiven Prozesse des Großhirns sind dann drastisch gemindert. Ziel ist daher die Aktivierung des Parasympathikus, sodass der Herzschlag flexibler und kohärenter werden kann. Dieser entspannte Zustand ist wünschenswert, denn wenn der Organismus im Gleichgewicht ist, fällt es auch unserer Seele leichter, im wohltuenden Takt zu schwingen.

Wir können sowohl über unsere Gedanken und Gefühle als auch über unsere Atmung die Herzratenvariabilität (HRV) beeinflussen. Angenehme Gedanken und Gefühle führen schnell zu einem kohärenten Muster. Negative Gedanken und Gefühle sowie ein flaches, unregelmäßiges Atemmuster – so wie wir es unter Stress erleben – beeinflussen die HRV dagegen nachteilig. Das sympathische Nervensystem ist aktiviert, unsere Schwingungsfähigkeit sinkt. Aufregung, Anspannung und negative Emotionen führen aber nicht nur zu einem inkohärenten Herzrhythmus (Servan-Schreiber 2006, S. 70 ff.).

Mittels der Herzkohärenzatmung können wir lernen, direkt Einfluss auf unsere Herzratenvariabilität zu nehmen und so für innere Ruhe, Ausgeglichenheit und Leistungsfähigkeit zu sorgen. Sie setzt daher an beiden Stellen gleichzeitig an – an den Gedanken und am Atemmuster. Beeinflussen wir beides gleichzeitig, so können wir einen imposanten Einfluss auf die Herzkohärenz nehmen – ein Effekt, der sich auch leicht im Rahmen von technologiegestütztem Biofeedback (über Messgerät und Monitor lässt sich die HRV sichtbar machen) aufzeigen lässt.

Durch regelmäßiges Training sind wir besser gewappnet, um auf Stressoren zu reagieren. Wir haben außerdem eine Methode zur Hand, die in Akutsituationen, in denen das Stressniveau steigt, als wirksame Erste-Hilfe-Maßnahme eingesetzt werden kann. Über die Herzkohärenzatmung können wir uns auch unter größeren Belastungen in einen Zustand versetzen, in dem wir klar, handlungsfähig und ressourcenvoll bleiben. Es ist damit möglich, unseren Körper allein durch einen kurzen Gedanken an das Freude auslösende innere Bild sowie ein paar tiefe, gleichmäßige Atemzüge in den nun schon bekannten positiven Zustand zu bringen. Wir versetzen uns so in kürzester Zeit in die Lage, mit der aktuellen Stresssituation angemessen und mit geringem Energieverlust umzugehen.

Übung: Herz-Kohärenz-Atmung

Sie können die Übung folgendermaßen anleiten:

»Lenke deine Aufmerksamkeit nach innen.
Atme tief ein und aus (jeweils langsam bis fünf zählen) und mache nach jedem Ein- und Ausatmen eine kurze Pause. Atme so lange auf diese Weise, bis du ganz zur Ruhe gekommen bist.
Richte jetzt deine Aufmerksamkeit gezielt auf deine Herzgegend.
Stelle dir nun vor, du atmest durch dein Herz oder die zentrale Brustregion ein und aus.
Während du langsam, entspannt und tief weiteratmest, stelle dir vor, wie dein Herz bei jedem Einatmen mit frischem Sauerstoff versorgt und bei jedem Ausatmen dein Herz von überflüssigen Schadstoffen befreit wird.
Stelle dir nun einen Moment in deinem Leben, eine Erinnerung, einen Ort, einen Menschen oder ein Tier vor, das dich mit einem Gefühl von Dankbarkeit, Liebe und/oder Freude erfüllt.
Begib dich mehr und mehr in diese Vorstellung und lass das Gefühl in dir immer größer

werden. Stell dir nun vor, wie du das Gefühl von Dankbarkeit, Liebe und Freude in dein Herz bringst, während du weiter tief ein- und ausatmest. Stell dir vor und spüre, wie du mit jedem Atemzug dieses Gefühl in deinen Körper bringst, es sich vom Herz über die Brust bis in deinen Kopf, in die Arme und den Bauch und bis in die Beine ausweitet.
Intensiviere dieses Gefühl durch deine Vorstellung und durch deine tiefe ruhige Atmung noch ein wenig mehr, und bleibe für ein paar Minuten in diesem Zustand.«

Ruhe finden

Immer wieder gibt es in unserem Leben Momente, in denen wir aufgewühlt sind. Wir kennen das – wir sind unruhig, es geht uns nicht gut. Selbst wenn wir wissen, was uns jetzt guttun würde und sinnvoll wäre – wir müssten dafür erstmal »runterkommen«, uns beruhigen. Hier kann unser Körper eine Kraftquelle sein. Indem wir ihn beruhigen, können wir unser Inneres erreichen. Es ist daher ungemein hilfreich, unseren Notfallkoffer mit Techniken zu füllen, mit denen wir uns über unseren Körper wieder in ein Gleichgewicht bringen können.

Über unseren Körper können wir auch unter Stress dafür sorgen, Zugang zu unseren Ressourcen zu behalten und handlungsfähig zu bleiben. Folgende Übungen können Sie und Ihre Coachees durchführen.

Übung zur Stressreduzierung

Unsere Mitte spüren

Diese Übung hilft, uns zu zentrieren und uns zu erden. Sie lässt sich besonders gut im Stehen durchführen. Wir legen hierzu eine Hand auf unseren Bauchnabel, die andere in gleicher Höhe auf unseren Rücken. Wir stellen uns nun eine Linie vor, die zwischen unseren Händen verläuft, eine weitere, die von unserem Scheitel zum Boden geht. Wo treffen sich diese beiden Linien? Spüren Sie dorthin! (Croos-Müller 2019, S. 14)

Freudvolle Momente in Erinnerung rufen

Hilfreich kann es auch sein, sich Bilder vorzustellen, die guttun und ein Wohlgefühl wachrufen. Sie können die Übung folgendermaßen anleiten:
»Atmen Sie tief ein und aus. Rufen Sie sich einen freudvollen Moment aus Ihrem Leben in Erinnerung.

- Welches schöne Bild entsteht gerade in Ihnen?
- Was riechen Sie?
- Welche Geräusche nehmen Sie wahr?
- Was schmecken Sie?
- Was nehmen Sie als besonders schön wahr?«

Diesen freudvollen Moment in seinen ganzen Ausprägungen können Sie beziehungsweise Ihre Klient:innen sich immer in Stresssituationen kurz vor Augen führen und das Schöne daran intensiv mit allen Sinnen erleben.

Kraftort oder Krafttier finden

Auch das Suchen und Finden eines »Kraftorts« oder die Wahl eines – mit oder ohne schamanischen Anklängen – Krafttiers, an dessen positive Energie Sie beziehungsweise Ihre Coachees anknüpfen können, ist hilfreich.

Diese schönen Bilder in uns zu stärken und die damit verbundenen positiven Körperempfindungen zu intensiveren, machen wir am besten dann, wenn es uns gut geht. Wenn wir also ahnen, dass schwere Zeiten bevorstehen, füllen wir unser Repertoire mit stärkenden Bildern, begeben uns dann immer wieder in diese Welten und spüren mit Haut und Haar, in was für einen wundervollen Zustand wir unseren Körper durch sie versetzen können. In belastenden Situationen können uns diese inneren Bilder dann den Einstieg in wohltuende, uns Kraft gebenden Körperempfindungen vermitteln.

Besonders wirksam sind zudem psychosensorische Techniken, über die sich die Konzentration der Wohlfühlhormone im Gehirn steigern oder aber Schleifen negativer Gedanken und intensives Stresserleben unterbrochen werden können.

So können uns zum Beispiel kurze Berührungseinheiten in unseren Körper zurückbringen und unser Gedankenrasen stoppen. Indem wir über Stirn, Schläfen und Nacken streichen oder unsere ›Fischhäute‹ massieren (mit Daumen und Zeigefinger der einen Hand werden die Häute zwischen unseren Fingern der anderen Hand so fest es geht massiert), verschaffen wir uns eine kurze, wohltuende Pause.

Es gibt noch viele weitere stärkende Körperpunkte, zum Beispiel Akupressur und Jin Shin Jyutsu (Japanisches Heilströmen). Diese lehren uns, wie wir uns über Berührungen guttun können. Unser Ohr zum Beispiel ist nicht nur immer leicht erreichbar, sondern auch übersät mit Nervenpunkten, über die wir uns zurück ins Gleichgewicht bringen können. Massieren Sie die Ohrläppchen und den Ohraußenrand von unten nach oben und wieder zurück – ein klein wenig fester, als man annehmen würde – zwischen Daumen und Zeigefinger, bis die Ohren heiß und gerötet sind.

Eine etwas sanftere Technik ist das Havening (Thandi u. a. 2015, S. 1–5). Sie wurde vom amerikanischen Neurowissenschaftler Dr. Ronald Ruden entwickelt und zielt darauf ab, traumatische Erinnerungen zu integrieren und die damit verbundenen emotionalen Reaktionen zu reduzieren. Mithilfe einer Sequenz bestimmter Berührungen werden biologische Reaktionen im Gehirn ausgelöst, die helfen sollen, die belastenden Erinnerungen zu heilen und zu integrieren. Selbst-Havening ist eine fokussierte, sanfte, rhythmische Berührung des Körpers. Sich auf diese

Weise selbst zu berühren hilft, das Nervensystem nach einem belastenden Ereignis zu beruhigen und sich selbst wieder zu zentrieren. Der Fokus wird ganz auf den eigenen Körper und den augenblicklichen Moment gerichtet.

Übung: Selbst-Havening

Der Ablauf der Übung geht so:

- Kreuzen Sie die Arme vor der Brust. Die rechte Hand auf die linke Schulter und die linke Hand auf die rechte Schulter.
- Streichen Sie die Hände von beiden Schultern bis zu den Ellenbogen hinunter und wieder hoch (beide Hände gleichzeitig), langsam und wiederholt.
- Summen Sie gleichzeitig die Melodie eines für Sie angenehmen Liedes (zum Beispiel Der Mai ist gekommen).
- Fahren Sie fort, bis Sie ruhig geworden sind.

Diese kurze Sequenz eignet sich für Momente, in denen Sie ungestört sind. Kleinere, unauffällige Varianten sind: Handflächen aneinander reiben, kreisförmig sanft wiederholt über das Gesicht streichen; die Oberschenkel in großen Kreisen auf und ab reiben.

Wenn wir wissen, wie wir uns nach Aufregungen und in Krisen bewusst selbst beruhigen können, wenn wir gelernt haben, wie wir über unseren Körper auf unsere Aufgewühltheit Einfluss nehmen können, dann stärkt das unser Vertrauen in uns und unsere Handlungsfähigkeit. Auch das ist beruhigend, sich bewusst zu machen: Solche Zustände sind Teil unseres Lebens. Und ich weiß, was ich dann tun kann.

Schlaf

Um voller Kraft zu sein, ist ein erholsamer Schlaf enorm wichtig. Schlaf ist unsere Regeneration. Wir verarbeiten in dieser Zeit den Tag, die Zellen werden repariert, wir entgiften und machen uns bereit für den kommenden Tag. Der Schlafmediziner Matthew Walker kommt zu dem Ergebnis, dass wir weltweit chronisch unterschlafen sind (Walker 2018). Das hat einen hohen Preis. Schlafmangel wirkt sich nicht nur auf unsere körperliche und kognitive Leistungsfähigkeit oder unser Immunsystem aus, sondern auch auf unsere Sexual- und Stresshormone sowie unser Hunger- und Sattgefühl. Nach Walker gibt es keine einzige Medizin, Substanz oder Aktivität, die so sehr wie der Schlaf über unser Wohl oder Wehe entscheidet. Zu verstehen, wie wir unsere Schlafqualität verbessern können, ist somit von essenzieller Bedeutung. Laut Walker dürfen wir dabei nicht nur die Dauer, sondern müssen besonders die Qualität unseres Schlafs in den Blick nehmen. Walkers folgende goldene Regeln für besseren Schlaf sind einfach (erfordern jedoch viel Disziplin), zeigen meist schon nach kurzer Zeit erhebliche Wirkung und dienen als Einstieg in die Verbesserung unseres Schlafs (erst danach machen Arztbesuch und Schlaflabor Sinn).

Info: Goldene Regeln für einen besseren Schlaf nach Matthew Walker

- Das Wichtigste: ein beständiger Schlaf-Wach-Rhythmus. Jeden Tag zur gleichen Zeit ins Bett und immer zur gleichen Zeit aufstehen – plus minus eine halbe Stunde. Auch am Wochenende. Fehlenden Schlaf nicht nachholen, das bringt den Rhythmus durcheinander.
- 30 Minuten Bewegung und Sport am Tag, aber nicht später als zwei bis drei Stunden vor dem Schlafengehen.
- Kaffee reduzieren (oder ganz vermeiden, je nach Metabolismus braucht der Körper acht bis zehn Stunden für den Abbau des Koffeins) und Nikotin vermeiden.
- Kein Alkohol vor dem Schlafengehen. Alkohol macht zwar oft müde und das Einschlafen fällt leicht, aber das Durch- und Ausschlafen funktioniert dagegen eher nicht. Alkohol reduziert den wichtigen REM-Schlaf, also besonders die erholsame Phase des Schlafs.
- Abends große, schwere Mahlzeiten vermeiden und nur noch wenig trinken, um nachts nicht auf die Toilette zu müssen.
- Einen eigenen Siesta-Stil entwickeln: ein wirklich nur kurzer Schlaf nicht zu spät am Tag kann helfen, den Mangel der Nacht auszugleichen, Leistungsfähigkeit und auch die Resilienz zu verbessern. Optimale Dauer und Tageszeit (sodass das Powernapping den Nachtschlaf nicht gefährdet) müssen individuell getestet werden. (Anmerkung: Auch die U. S. Army empfiehlt im Oktober 2020 erschienenen »Holistic Health and Fitness Guide« ein »Strategic Napping« zur Förderung seelischer Widerstandsfähigkeit.)
- Ein Abendritual, Entspannungsphasen zum Ende des Tages, ein warmes Bad, Lesen oder sanfte Musik hören sind vor dem Schlafengehen ideal.
- Ein dunkles, kühles Schlafzimmer, frei von elektronischen Geräten. Das blaue Licht verzögert die Produktion von Melatonin und beeinflusst damit den Tag/Nachtrhythmus (notfalls über die Einstellungen den Blaulichtgehalt des Bildschirms reduzieren oder Brillengläser mit Blaulichtfilter wählen)
- Täglich mindestens 30 Minuten Tageslicht regulieren das Schlafverhalten. Zur Abendzeit das Licht dämmen, nachts in Dunkelheit schlafen.
- Nicht länger wach im Bett liegen – nach 20 Minuten Schlafversuch das Bett verlassen, erst nach einer Weile ruhiger, entspannender Tätigkeiten müde wieder ins Bett zurückkehren.

Interview mit Annika Köppern: Kraft in der Natur finden

Annika Köppern ist Heilpädagogin, Systemische Naturtherapeutin, spiritueller Coach und Autorin. In Naturseminaren, Waldexkursionen und Coachings draußen in der Natur begleitet sie Menschen auf ihrem Weg zu einem liebevollen Selbstmitgefühl, zu mehr Ruhe und Kraft und zur vollen Potenzialentfaltung.

»Mit welchen Anliegen kommen die Menschen zu dir? Was lässt sich in der Natur gut bearbeiten?«
»Meistens geht es um existenzielle Fragen, um Trauer, die Bewältigung von Verlusten oder um große Entscheidungen wie zum Beispiel Trennungen. Aber auch der innere Ruf nach Entwicklung und Veränderung, der zunächst vielleicht nur als diffuse Sehnsucht, einem Gefühl von ›so geht es irgendwie nicht weiter‹ wahrgenommen wird, ist ein häufiges Anliegen. Die Natur ist für solche Themen ein wohltuender Raum, denn hier ist alles zugegen: Entstehen und Vergehen, Leben und Tod. Alles ist da. Die Natur folgt einem immer wiederkehrenden Zyklus. Es ist eben nicht immer Sommer, die Jahreszeiten wechseln sich ab, es blüht und es schimmelt, es duftet und es modert, so wie im echten Leben auch.«

»Was genau ist das Besondere an der Arbeit mit Menschen in der Natur? Was ist das, was wirkt?«
»Im Naturcoaching tragen wir die Fragen, die die Menschen bewegen, hinaus in einen größeren Raum, nutzen kreative Methoden, Coachingtools, Fragetechniken – und gehen dabei in Resonanz mit dem, was die Natur bereithält. Die Natur hat die Kraft, für uns einen größeren Raum zu öffnen, als wir sonst in unserem Bewusstsein haben. Wir können dort erleben, wie es sich anfühlt, sich mit etwas zu verbinden, das größer ist als wir selbst. Der Wald, die Berge, das Meer, die Wüste sind alles Elemente, von denen eine Kraft ausgeht, die wir spüren können, und zwar egal, wie viel wir uns bis dahin schon mit uns selbst beschäftigt haben. Die Natur ist beides: niedrigschwellig und unendlich großzügig. Hier können wir die Erfahrung machen, dass wir so wie wir sind, vollkommen sind. Die Natur hat keine Agenda, sie will nichts von uns. Hier entsteht das Gefühl: Ich gehöre dazu, ohne, dass ich etwas Besonderes dafür tun muss. Hier kann ich nicht scheitern. Für viele Menschen ist das zudem die Möglichkeit einer tiefen, spirituellen Erfahrung.«

»Welche Erfahrungen können wir in der Natur machen, die besonders stärkend sind?«
»Die Natur hat auf allen Ebenen eine Wirkung auf uns: körperlich, geistig und seelisch können wir erleben, wie gut es uns tut, draußen zu sein. Wir können unmittelbar

spüren. Die Natur gibt uns die Möglichkeit, uns wieder mit unserer eigenen Natur zu verbinden. Hier kann ich laut sein, still sein, verloren gehen und den Weg wiederfinden, vieles ausprobieren, was in den vorgegebenen Bahnen und Strukturen von Stadt und Gebäuden nicht möglich ist. Die Natur ist ein großer Teil unserer Menschheitsgeschichte. Schon immer waren wir eng mit ihr verbunden, nur in den letzten 150 Jahren haben wir den Abstand zu ihr zunehmend vergrößert. Wenn wir uns heute wieder in die Natur begeben, dann haben wir dort die Möglichkeit, uns mit uns selbst und auch mit unserer Ahnengeschichte zu verbinden. Wenn wir Spuren lesen, Pilze sammeln, Wasserquellen suchen, uns einen Unterstand zum Schutz bauen, Feuer machen und in Gemeinschaft ums Lagerfeuer sitzen, dann können wir die Kraft dieser Verbindung spüren. Und wir erfahren eine vielleicht schon lange nicht mehr erlebte Selbstwirksamkeit: Ich kann für mich sorgen.«

»Wir alle haben schon öfter die Erfahrung gemacht, dass wir in der Natur etwas ganz Besonderes erleben können, wenn wir uns auf sie einlassen. Was genau ist das? Kannst du uns helfen, zu verstehen, was für eine Wirkung Naturerlebnisse auf uns haben?«

»Gehen wir mit unseren Klient:innen hinaus in die Natur, dann lassen wir uns ein auf einen Raum voller Inspiration und Kraft. Wir können hier viele magische Momente erleben. Gerade dann, wenn uns noch die Worte fehlen, kommt hier oft wie durch ein Wunder eine Antwort zu uns. Auf der Suche nach etwas, das meine Situation treffend beschreibt, finde ich zum Beispiel plötzlich genau den richtigen schweren Stein, spüre einen eisigen Lufthauch, ein Vogel fliegt leicht und frei an mir vorbei oder ich spüre die wärmenden Sonnenstrahlen wohltuend auf meiner Haut.

Die Natur wird zum Spiegel unserer Seele, ihre Symbolik trifft auf die innere Wahrheit. Gleichzeitig können wir auch erleben, dass sich vieles von dem, was uns umtreibt, relativiert. Habe ich einen Alpengipfel erklommen oder bade in den unendlichen Weiten des Mittelmeers, dann kann ich vielleicht auf heilsame Weise die Kleinheit meiner Sorgen spüren. Und nicht zuletzt warten in der Natur sogenannte ›Peak Experiences‹ auf uns – kraftvolle Momente, in denen es uns angesichts der majestätischen Schönheit der Natur den Atem verschlägt, wir voller Ehrfurcht die Wunder dieser Welt bestaunen. Unser Ego kann hier eine sehr gesunde Perspektive bekommen. Es kann ungemein entlastend sein, der narzisstischen Überhöhung, die die Gesellschaft von uns fast schon fordert, in der Natur zu entkommen. Und am Ende eines Tages in der Natur wartet oft dieses wundervolle Gefühl der Erschöpfung auf uns. Der Körper hat sich angestrengt, wir waren ganz und gar fokussiert, das Wetter hat auf uns gewirkt und jetzt liegt das Tageswerk hinter uns. Was für eine vollkommen andere Erfahrung als die Erschöpfungszustände unserer Zeit, deren Ursprung in unserem Lebenswandel und dem Gedanken ›Ich werde den Erwartungen oder hohen Idealen nicht gerecht‹ liegt.«

»Wie können wir die Kräfte der Natur in unserer Arbeit als Coaches nutzen?«

»Es beginnt damit, dass wir in uns die Sehnsucht spüren, das Bedürfnis nach mehr Klarheit, mehr Fülle, danach, mehr Freude, Intensität und Verbundenheit zu spüren. Wenn wir uns dann auf die Suche nach Antworten einlassen, so können wir zunächst beginnen, den Raum in uns auszuloten. Autogenes Training, Yoga Nidra (Tiefenentspannung), geführte Meditationen, all das sind Ansätze, mit denen wir uns auf eine Reise begeben in die vorgestellte Natur ... und schon hier können wir viel von dieser Kraft spüren. Der nächste Schritt ist dann der echte Kontakt mit dem Draußen – und sei er zunächst noch so klein. Kurze Spaziergänge, Ausflüge in den Wald, ein Bad im See. Wir nehmen etwas zu trinken und zu schreiben mit, den Rest übernimmt die Natur für uns. Was dann dort möglich ist, ist grenzenlos – wie die Natur selbst eben auch.

Ich halte es für besonders wirksam, die Coachingarbeit in der Natur als eine Art Schwellengang zu inszenieren: eine bewusste Erfahrung mit einem klaren Anfang und einem klaren Ende. Zu Beginn klären wir das Anliegen, erörtern drängende Fragen, Intention oder Sehnsucht des Coachees. Sodann betreten wir bewusst den Naturraum. Wenn die Antwort gefunden wurde, leiten wir bewusst das Ende dieser Erfahrung ein. Dies lehrt uns klar zu spüren: Ich erlaube mir für einen Moment einen Raum zu betreten, in dem etwas ganz anderes ist, als ich es kenne und erwarte. Ich kann mich hier ausprobieren und anders sein.«

»Was kann jede und jeder mithilfe der Natur für sich selbst tun, um sich zu stärken? Was hilft, um den Widrigkeiten des Lebens nicht nur schutzlos ausgeliefert zu sein, sondern an ihnen sogar zu wachsen?«

»Das Einfachste ist es, sich nach draußen zu begeben mit der Absicht, es möge mir guttun. Eine Fragestellung, genügend Zeit, ein offener Blick und die Bereitschaft, hier Antworten zu bekommen sind ausreichend, um hier beschenkt zu werden. Ein paar leicht zugängliche Ideen, um die heilsame Wirkung der Natur zu spüren, können die Erfahrung noch intensivieren.

Wir können **einen guten Ort suchen**, der für uns wohltuend ist. Wir folgen dabei unserem Körper, lassen ihn die Auswahl übernehmen und vertrauen darauf, dass er spüren wird, wenn wir am genau richtigen Ort sind. Und dann können wir uns fragen: Was ist es, dass diesen Ort zu einem guten Ort für mich macht? Welches Bedürfnis wird hier erfüllt? Wonach sehne ich mich so sehr, dass ich genau diesen Platz hier für einen guten Ort für mich erkläre? (Ist es Friede, Ruhe, Schönheit, Wildnis, Weite, Geborgenheit ...?)

Waldbaden: Aus Japan kommt das ›Waldbaden‹ (Shinrin Yoku) zu uns. Ergebnisse des Umweltmediziners Qing Li zeigen beispielsweise auf, dass das Waldbaden das Cortisol in unserem Körper und damit das Stressniveau senkt, Herzschlag und Puls beruhigt, unserer Psyche guttut, indem Ängste depressive Verstimmungen weniger

werden. Waldbaden soll einen positiven Einfluss auf Hormon- und Immunsystem haben und sogar das Krebsrisiko senken (Li 2018). Durch bewusstes Atmen, Erleben und Ertasten des Waldes können wir hier außergewöhnliche Erfahrungen machen. Unser Empfinden für die Zeit verändert sich, indem wir ganz bewusst unsere sämtlichen Sinneskanäle der Natur öffnen. Wir atmen bewusster, wir spüren, wie anders sich die frische Luft in unserer Lunge anfühlt. Wenn wir uns einlassen, nehmen wir über unsere Nase, Augen, Ohren und Haut den Wald als ein Konzert der Sinne wahr. Einfach im Wald sein, nichts machen, Ausschau halten, genießen und bei uns selbst ankommen.
Erden (Earthing): Die Verbindung mit der natürlichen Energie der Erde durch Barfußlaufen, Stehen, Liegen oder Sitzen auf Gras, Sand, Erde oder Stein kann chronische Schmerzen, Müdigkeit und Stress lindern. Auch das Schwimmen im See oder Meer, Gartenarbeit ohne Handschuhe und das Berühren von Pflanzen und Bäumen lässt uns die Energie der Natur in uns aufnehmen.
Bei allem, was sich in der Natur ausprobieren und erfahren lässt, ist es wichtig, dass wir kein Programm daraus machen. Dass wir nichts erwarten. Gerade in Zeiten von Not und Stress ist das oft nicht leicht. Aber umso offener und empfänglicher wir uns der Natur zuwenden, desto mehr werden wir erleben: Hier bin ich so, wie ich bin – gehalten und geborgen.«

Wirksamkeit erleben

04

Das Wissen um unsere Fähigkeit, unser Leben beeinflussen zu können, unser Vertrauen darauf, dass das, was wir tun, einen Unterschied macht, ist von großer Bedeutung für unsere Resilienzfähigkeit. Diese Selbstwirksamkeit ist das Vertrauen, auch schwierige Situationen aus eigener Kraft bewältigen zu können (Bandura 1986). Ein Mensch, der auf seine Selbstwirksamkeit vertraut, geht davon aus, über Möglichkeiten und Kompetenzen zu verfügen, um den Herausforderungen, die das Leben an ihn stellt, gewachsen zu sein (Wirtz 2019).

In schwierigen Lebenssituationen verlieren wir bisweilen unseren Glauben an unsere Fähigkeiten, daran, dass wir die Dinge aus eigener Kraft schaffen können, dass unsere Ziele erreichbar sind – und in extremen Fällen: dass wir ausreichend für uns selbst sorgen können. *Nicht* an die eigenen Fähigkeiten zu glauben und darum auch nichts (mehr) zu tun, das ist eine Position der Hilflosigkeit. Es lässt sich von hier aus kaum erkennen, welche Handlungsspielräume wir haben, Mut und Zuversicht fehlen, um überhaupt zu versuchen, etwas zu verändern.

Was können wir also tun, dass wir uns selbst – auch in der Krise – als wirksam erleben und den Blick für das schöpferische Potenzial stärken? Dazu gehört zunächst, überhaupt erst einmal ein Gefühl für die eigenen Zustände zu verfeinern. Dann gilt es, das Wissen um die eigenen Möglichkeiten und Ziele zu entwickeln, um schließlich die Steuerung zu übernehmen und sich selbst – aufmerksam für die eigenen Zustände – auf den eigenen Weg zu führen, auch angesichts auftauchender Widrigkeiten.

Indem wir uns bewusst machen, dass wir wirksam in der Welt sind, können wir uns selbst wieder in eine kraftvolle Stimmung bringen. Im Folgenden zeigen wir verschiedene Möglichkeiten, wie Sie und Ihre Klient:innen Gedanken und Gefühle regulieren können, um (wieder) den Zugang zu den eigenen Ressourcen finden, die angestrebten Ziele erreichen und das Wohlbefinden steigern zu können.

Selbstwahrnehmung steigern

Wir sehen die Welt, so wie sie ist – so fühlt es sich jedenfalls an. Wenn wir uns aber Gedanken über die Dinge machen, dann kommen sehr viele von unseren eigenen Bewertungen mit hinein. Und diese werden zudem davon beeinflusst, wie es uns gerade geht. So bestimmt unser Befinden mit, was wir über die Welt denken – und es bestimmt auch, wie wir auf die Welt reagieren.

Damit wir uns darum kümmern können, dass es uns gut geht, ist es wichtig, ein immer besseres Gefühl dafür zu entwickeln, wie es uns gerade geht. Wenn wir uns selbst unverstellt wahrnehmen, können wir bemerken, welche Auslöser uns zu welchen Handlungen führen – und frühzeitig bemerken, ob das, was wir gerade tun, im Einklang ist mit dem, was uns wirklich wichtig ist.

Üben wir also die Wahrnehmung eigener Stimmungen und Stresssignale ein, schauen wir darauf, wie gut wir uns selbst im Blick (und im Griff) haben und auch darauf, wie Impulse von außen unsere innere Stimme übertönen – und wie wir sie wieder hörbar machen können.

Stressauslöser bewusst machen

Zu bemerken, in welchem Zustand wir uns gerade befinden und vor allem, was genau dazu geführt hat, das klingt einfacher, als es manchmal ist. Gerade dann, wenn wir in vieles eingebunden sind, etwa in Arbeitsprozesse oder ins Familienleben, dann sind die Rhythmen, nach denen sich das Leben richtet, häufig nur in geringem Maße unsere eigenen. Dann bemerken wir nicht immer, welche Reize von außen zu welchen inneren Empfindungen beitragen. Damit wir funktionieren und das schaffen, was ansteht, schauen wir häufig über ungünstige Rahmenbedingungen und kleinere Missempfindungen hinweg. Einmal hingenommen und daran gewöhnt, bemerken wir sie dann möglicherweise irgendwann nicht mehr.

Die eigene Resilienzfähigkeit zu stärken bedeutet aber, gut auf sich zu achten, die eigenen Kraftquellen zu ehren und für volle Energietanks zu sorgen. Aufmerksam zu sein, nicht nur für das, was uns stärkt und antreibt, sondern auch für das, was unsere Energietanks gerade leert, ist also essenziell. Daher gilt es, Stressauslöser zu erkennen, auszuschalten und gegenzusteuern. Es ist nicht immer möglich, sich ohne Weiteres aus Kraft raubenden Zusammenhängen zu verabschieden. Das Ziel aber, Rahmenbedingungen zu schaffen, die den eigenen Bedürfnisse entsprechen, sollten wir in den Blick nehmen. Wenn wir immer mehr verstehen, welche äußeren und auch inneren Reize zu Stresserleben führen, dann kann jede unangenehme Situation zu einem Moment des Lernens werden.

Gehen wir beispielsweise über einen Schmerz hinweg, um einer Situation zu entsprechen, sollten wir den Schmerz dennoch bewusst wahrnehmen. Wir können entscheiden, uns um das Problem später zu kümmern, auf das uns der Schmerz aufmerksam machen will. Um dann mit Abstand und Ruhe zu ergründen, was uns getriggert hat, ob es Muster gibt, nach denen bestimmte Situationen Stress auslösen. Vielleicht finden wir eine Möglichkeit, diese erkannten Muster zu unterbrechen, indem wir den Stressauslöser gänzlich vermeiden, ihn verändern oder eine andere Reaktionsweise auf ihn wählen. Das ist nicht nur langfristig wohltuend für uns, wir üben uns dabei auch im Kleinen in unserer Resilienzfähigkeit: Wir finden Lösungen, indem wir eine Anpassungsleistung erbringen, bei der wir das im Blick behalten, was für uns wichtig ist.

Wenn wir lernen wollen, uns effektiv selbst zu stärken, müssen wir lernen, genau wahrzunehmen, wie es uns gerade geht. Wir müssen bemerken, wenn uns bestimmte Begegnungen und Tätigkeiten regelmäßig Kraft rauben. Wenn vor, während oder nach bestimmten Aufgaben die Lust sinkt, die Energie schwindet, wenn wir zu Ausflüchten, zu Süßigkeiten oder Alkohol greifen – oder das zumindest wollen –, sollten wir nicht in Selbstmitleid geraten oder anderen Vorwürfe machen, sondern mit Ruhe und Zeit nach sinnvollen Lösungen suchen.

Übung: Stresscheck

Für einen schnellen Check, woher der Stress gerade kommt, helfen die folgenden Fragen. Je nachdem wie Ihre Antworten ausfallen, wissen Sie dann, wo Sie ansetzen sollten:

- Weiß ich, was ich tun soll/muss?
- Kann ich das?
- Will ich das?
- Darf ich das?
- Halte ich das, was ich tue, für sinnvoll?
- Sind andere, die mir wichtig sind, einverstanden mit dem, was ich tue?
- Weiß ich, dass es gut ausgehen wird?
- Wie müsste es sein, damit es sich leicht anfühlt?

Fühlen üben

Wollen wir uns entscheiden, uns für oder gegen etwas bekennen, eine Richtung wählen oder uns zum Handeln motivieren, sind unsere Gefühle im Zusammenspiel mit unserer Ratio wichtige Informationsquellen. Unsere Gefühle haben einen Aufforderungscharakter. Es ist wichtig, dass wir uns auseinandersetzen mit unseren Bedürfnissen, die es zu erfüllen, und mit den Dingen, die es zu vermeiden gilt. Selbst wenn das bisweilen schwierig ist, ist es enorm hilfreich, dass wir unsere Gefühle erkennen und sogar benennen – denn je besser wir sie benennen können, desto besser können wir mit ihnen umgehen und sie regulieren (Eilert 2021).

Um unsere Gefühle genauer wahrnehmen zu können, sollten wir das Spektrum der möglichen Gefühle erweitern, um so einen immer genaueren Resonanzraum in uns wahrzunehmen. Durch das genaue Hinspüren lässt sich der innere Gefühlsfächer noch ein bisschen mehr ausbreiten. Es stehen uns immer mehr Empfindungen außerhalb der Kategorien »gut« und »schlecht« zur Verfügung. Denn alles, was wir in uns genauer in den Blick nehmen, hat die Chance, bewusster, größer, vielfältiger und erfüllender zu werden. Erweitern Sie also Ihr Fühlen! Ein erster Einstieg in die weite Welt des Fühlens sind Gefühlslisten, die uns aufzeigen können, welche Qualitäten des inneren Erlebens überhaupt möglich sein.

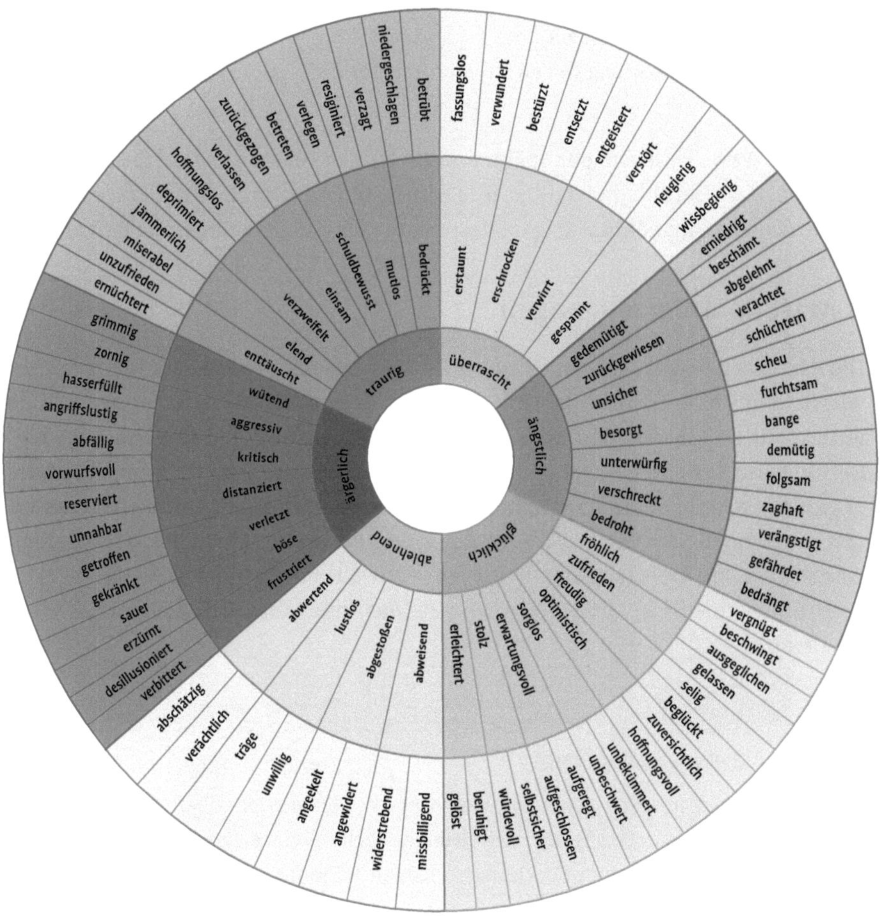

Übung: Das Gefühlsrad

Drucken Sie das Gefühlsrad für sich oder Ihre Coachees aus. Sie erhalten es als Online-Material unter www.beltz.de direkt beim Buch. Ein regelmäßiger Blick auf das Gefühlsrad kann zweierlei bewirken:

- Einerseits können Sie überprüfen, wie sich das Gefühl benennen lässt, das sich gerade zeigt. Geleitet von diesen Begriffen machen Sie sich dann auf die Suche. Sie beziehungsweise Ihre Klientel können genauer hinspüren, differenzieren, aussortieren und so immer besser erkennen, um welches Gefühl (und das dahinterliegende Bedürfnis) es sich genau handelt.
- Andererseits können Sie das Rad durchgehen auf der Suche nach Gefühlsqualitäten, die neugierig machen, und Ihre Coachees fragen:
  - Wann haben Sie sich zuletzt unbeschwert, selig, neugierig oder verstört gefühlt?
  - Einmal angenommen, Sie wollen sich so fühlen, was müssten Sie tun?
  - Welche Reize wären notwendig, um das zu erreichen?
  - Welche Gedanken denken?
  - Welche Körperhaltung wollen Sie dann einnehmen?

Auf diese Weise lässt sich das Spektrum des Fühlens erweitern und Sie können so erfahren, dass Gefühle herstellbar und somit steuerbar sind. Für alle, die sich ihrem Innenleben manchmal ausgeliefert fühlen, ist das eine stärkende Erfahrung!

Kraft der Überzeugungen

Die Voraussetzungen, auf denen unser Denken beruht, sind uns häufig nicht bewusst. Somit hängen die Ergebnisse unseres Denkens von Grundlagen ab, die uns weitestgehend unbekannt sind. Es lohnt sich also, sie sich genauer anzuschauen. Gefühle und Verhalten folgen nämlich nicht unmittelbar auf Ereignisse, sondern es gibt einen unbewussten Zwischenschritt: die Beurteilung. Und diese ist geprägt von inneren Annahmen und Interpretationen. Menschen mit unterschiedlichen Annahmen und Überzeugungen werden – obwohl Sie die gleiche Situation erleben – unterschiedliche Dinge wahrnehmen und unterschiedlich auf die Ereignisse reagieren.

Info

Das ABC-Modell nach Albert Ellis

Nach dem amerikanischen Psychologen und Psychotherapeuten Albert Ellis (1913–2007) bestimmen die (teils unbewussten) Bewertungen (beliefs) eines vorangegangenen Reizes (activation) die darauffolgende Reaktion (consequence). Somit können auf einen auslösen-

den Reiz (A) je nach rationaler oder irrationaler Bewertung (B) sowohl funktionale als auch dysfunktionale Reaktionen (C) folgen.
Im Mittelpunkt des ABC-Modells steht die Arbeit an unseren (vor allem dysfunktionalen) Überzeugungen. Indem wir die Bewertung von aktivierenden Ereignissen verändern, können wir auch die Konsequenzen und Reaktionen verändern. In der weiteren Entwicklung seiner Rational-Emotiven Verhaltenstherapie hat er das Modell noch um zwei weitere Schritte ergänzt: das Hinterfragen ungünstiger Annahmen (D für Dispute) und das Erlernen neuer, hilfreicher Überzeugungen (E für Effect).

Überzeugungen werden im psychologischen Kontext meist als »Glaubenssätze« thematisiert. Glaubenssätze sind starke, unhinterfragte Einflüsse in unserem Leben. Interessanterweise sind sie uns oft gar nicht als solche bewusst. Wie bei so vielen Dingen ist es manchmal leichter, sie bei anderen Menschen zu entdecken als bei uns selbst. Uns selbst erscheinen unsere eigenen Glaubenssätze unumstößlich wahr. Gerade deshalb ist es so hilfreich, diesen in der gemeinsamen Arbeit mit Klient:innen nachzuspüren. Wenn diese ihre Bewertung von Ereignissen dem Bewusstsein zugänglich machen, können sie diese auch verändern.

Damit sind verfehlte Gefühls- und Verhaltensreaktionen, die letztlich auf unsere wenig hilfreichen Überzeugungen zurückzuführen sind, nicht wie Reflexe unkontrollierbar, sondern können durch die Kraft der Gedanken gezielt beeinflusst werden. Das Modell findet also Anwendung, wenn in ähnlichen Situationen immer gleiche Reaktionen beziehungsweise Verhaltensweisen gezeigt werden und eine Veränderung wünschenswert ist.

Übung: Arbeit mit den eigenen Überzeugungen

Im Coaching können Sie bei der Analyse folgendermaßen vorgehen:

Schritt 1: »Rufen Sie sich die Situation nochmals in Erinnerung, in der Sie rückblickend gern anders gehandelt hätten, sich aber vielleicht so fühlten, als hätten Sie gar keine andere Möglichkeit. Beschreiben Sie diese Situation möglichst neutral, ganz so als hätten Sie diese mit einer Kamera mitgeschnitten.

- Was war beobachtbar?
- Was ist passiert?
- Wer war dabei?
- Wo waren Sie?
- Wann, zu welcher Tages- oder Nachtzeit, war das?«

Diese Analyse können Ihre Klient:innen auch zwischen den Coachingsitzungen machen und alles genau notieren.

Schritt 2: »Nun geht es um die Konsequenzen der beschriebenen Situation.
- Wie haben Sie sich gefühlt?
- Wie haben Sie sich verhalten?
- Was haben Sie körperlich wahrgenommen?«

Auch diese Analyse können sich Ihre Coachees notieren.

Schritt 3: »Nun überlegen Sie, welche Bewertung, Überzeugung oder welcher Glaubenssatz Ihre Reaktion beeinflusst haben könnte.
- Welcher Gedanke ging Ihnen durch den Kopf?
- Woran haben Sie genau gedacht?«

Schritt 4: »Nun hinterfragen und überprüfen wir die hinderlichen Gedanken.« Dazu können Sie die vier Fragen auf der Grundlage von Byron Katies »The Work« (2012) nutzen und fragen:
- Ist dieser Gedanke wahr?
- Können Sie mit absoluter Sicherheit wissen, dass dieser Gedanke wahr ist?
- Wie reagieren Sie, was passiert, wenn Sie diesen Gedanken glauben?
- Wer wären Sie ohne diesen Gedanken?

Außerdem kann es hilfreich sein, diese Gedanken und Wahrnehmungen mit denen anderer Menschen, abzugleichen, also Fremd- und Selbstbild zu vergleichen.
- Wie denken andere möglicherweise darüber?
- Wie blickt Person x darauf?
- Was wäre ein gesundheitsförderlicher Gedanke?

Schritt 5: »Nun geht es darum, ins Erleben zu kommen. Denn nur mit neuen Lernerfahrungen gelingt es, alte zu überschreiben. Gehen Sie also hinaus und testen Sie Ihre neuen Gedanken auf Alltagstauglichkeit.«

Verzichten

Wir sind es gewohnt, dass wir unsere Bedürfnisse meist sofort befriedigen können, wir leben – was für ein wundervoller Luxus – permanent in einer physischen »Komfortzone«. Auch unser Konsumverhalten geht meist in Richtung Ad-hoc-Wunscherfüllung. Besonders stark lässt sich das in der digitalen Anbindung an die Welt erleben: schnelles Agieren und Reagieren im Alltag, die Flut der auf uns einprasselnden Informationen, die gefühlte Notwendigkeit, immer »on« zu sein – das alles sind Teile einer Lebensweise, die Bedürfnisse schnell schafft und schnell befriedigt.

Die unglaublich hohe Frequenz stimulierender Ereignisse hat ihren Preis: häufig wird weniger Lust und weniger Freude empfunden. Genuss und Begeisterung lassen nach oder aber die Intensität der Erlebnisse muss steigen, damit überhaupt noch glückliche Wallungen aufkommen. In diesem Rausch wieder etwas mehr »zu sich selbst zu kommen« bedeutet, sich selbst und die eigenen Reaktionen wieder besser wahrzunehmen, anstatt von einer äußeren Taktung geführt zu werden. Dafür kann es hilfreich sein, einen Schritt zurück zu machen, durchzuatmen und sich auf das zu besinnen, was wesentlich ist.

Ein wirksamer Weg ist der Verzicht: Wollen wir uns selbst besser spüren, unsere eigenen Prioritäten besser im Blick behalten – und auch unserer Genussfähigkeit dabei guttun – so sollten wir lernen, unsere Süchte zu pausieren, die Reize in unserer Umgebung herunterzufahren, die Langeweile zu unserem Freund zu machen und uns dem Multitasking zu widersetzen. Ein Weniger an äußeren Stimuli erlaubt uns, mehr bei uns selbst zu sein und – so paradox es klingen mag – es ermöglicht mehr Genuss.

Eine etwas radikale, aber eine wichtige Richtung aufzeigende Herangehensweise ist das Dopaminfasten. Die Idee wurde bekannt durch den Psychologen Cameron Sepah von der University of California in San Francisco. Dopamin ist das Hormon, das ausgeschüttet wird, wenn wir uns auf etwas freuen, eine Belohnung erwarten. Es kann uns aber auch – weil es sich einfach so toll anfühlt und wir mehr davon haben wollen – zu impulsivem Verhalten treiben, zu immer intensiveren Sinneserfahrungen, von denen wir uns Glücksgefühle erhoffen. Ein berühmtes Beispiel sind die »Likes« in Social Media. Jede positive Rückmeldung lässt uns mehr wollen. Das Problem ist nur: Bleiben wir auf der Dopaminwelle, so benötigen wir für das ersehnte Glücksgefühl immer mehr Stimulierung. Das, was uns vor einiger Zeit noch mit Genuss erfüllt hat, lässt uns heute kalt. Wir verzichten dabei aber nicht auf Dopamin an sich, sondern wir fasten impulsives Verhalten, das durch das Dopamin verstärkt wird.

Tipp

Verzichten Sie also eine Weile und immer wieder mal auf das, was Sie unreflektiert konsumieren, was schnellen Spaß und einen intensiven Kick erhoffen lässt, das jedoch ohne Nachhall durch uns hindurch rauscht. Auf diese Weise befreien Sie Ihre Synapsen vom Überangebot an Dopamin. Entlasten Sie durch Reizentzug Ihr Gehirn, so wird es zum einen wieder möglich, dass Sie sich auch an den kleinen Dingen erfreuen. Vor allem aber entkommen Sie einem Zustand der Fremdsteuerung, in dem Sie das tun, wofür Sie schnell belohnt werden – und Sie kommen wieder dazu, Ihr Tun mit dem abzugleichen, was Sie eigentlich wirklich wollen.

Perspektive gewinnen

Ohne Orientierung laufen wir Gefahr, uns einfach treiben zu lassen und damit als Objekt von äußeren Gegebenheiten bewegt zu werden. Das kann natürlich durchaus schön sein, wenn wir uns stark und glücklich fühlen, wenn wir uns über die Überraschungen freuen, die das Leben uns so zuspielt. Wenn wir uns aber gerade schwach und angegriffen fühlen, dann sind wir uns ohne eigenen Plan meist verloren auf dem weiten Feld. Es fehlt die Orientierung. Eine Perspektive, ein Plan, ein Ziel können uns dabei helfen, uns das Gefühl von Verortetheit und Zugehörigkeit näherzubringen, ein Sinnempfinden zu entwickeln.

Wichtig ist die Ausrichtung auf das, was für uns wesentlich ist – sei es das, was das Leben für uns (persönlich) sinnvoll macht, ein Ziel, das wir verfolgen, unsere Interessen und Leidenschaften, unsere Neugier und Liebe zu anderen. Das alles unterstützt uns, gibt uns die Chance, uns weiterzutragen, wenn wir durch fordernde Zeiten gehen.

Damit Sie für sich und Ihre Coachees ein Bild einer Zukunft entwickeln können, das Kraft gibt, haben wir verschiedene Möglichkeiten zusammengestellt.

Ein Glas Wasser trinken

Wenn es uns gut geht, dann können wir an unserer Perspektive arbeiten. Wir können das, was vor uns liegt, in den Blick zu nehmen. Sehen wir allerdings nur dunkle Wolken rings um uns herum, dann ist das besonders schwierig. Und doch ist es gerade dann besonders wichtig, Orientierung zu gewinnen, uns auf etwas ausrichten, das uns hält und zieht.

Aber was, wenn es einfach nicht der Zeitpunkt ist für die Arbeit an einer Perspektive. Wenn es allein um die Frage geht »Was hilft genau jetzt?« – mehr nicht. Aus dem Bett kommen. Sich eine Tasse Tee machen. Anziehen. Nur den nächsten kleinen Schritt im Blick. Ausprobieren, evaluieren: Wie habe ich das geschafft? Hat es mir gut getan? Wenn ja, vielleicht noch einmal machen. Vielleicht ist beim nächsten kleinen Schritt auch etwas anderes gut für mich? Zunächst können wir aus dem eigenen Repertoire etwas aussuchen und testen, notfalls verwerfen, wenn etwas anderes besser ist. Und sei es ein Glas Wasser.

Step by step: Wenn Sie diesen einen Schritt kontrollieren können, dann können Sie den nächsten angehen. Und vielleicht – ganz vielleicht – fühlt sich das dann sogar schon ein kleines bisschen besser an.

Fokus ausrichten

All das, was wir in den Fokus nehmen, wird gefüttert, bekommt Kraft und wächst. Jeder Gedanke, jedes innere Erleben hat die Möglichkeit, von uns allein durch diese Fokussierung gestärkt zu werden. Diese Erkenntnis ist wesentlich!

Der Fokus ist daher schlecht platziert, wenn wir ihn auf Negatives richten. Lassen wir die Gedanken einfach laufen, tun wir das sogar wesentlich häufiger, als wir ahnen. Zahlreiche Forscher stellten fest, dass etwa 85 Prozent unserer Gedanken negativ sind (Heimsoth 2017, S. 24).

Es gilt aber auch: Mit täglicher Praxis können wir unser Glücksempfinden steigern. Doch wie geht das? Dafür müssen wir unsere Aufmerksamkeit auf die vielen wundervollen Dinge in unserem Leben lenken, sodass dieses Schöne unsere Energie bekommt und wir uns die Gelegenheit geben, uns selbst als glücklich zu empfinden.

Zunächst benötigen wir noch Erinnerungshilfen, Rituale, aus denen Gewohnheiten werden können, um aus den 15 Prozent positiver Gedanken zunehmend mehr zu machen. Und schon nach kurzer Zeit blühen wir auf, wenn wir unseren Blick regelmäßig darauf lenken, was uns stärkt, was uns Gutes widerfahren ist und welches Glück wir haben.

Übung: Gedankenexperiment

Stellen Sie sich vor, dass Sie sich ab heute jeden Abend darüber Gedanken machen werden, was die drei schönsten Erlebnisse des Tages waren. Anfangs müssten Sie sicherlich nachdenken. Aber mit der Zeit verändert sich Ihre Aufmerksamkeit. Schon während des Tages werden Sie nach schönen Erlebnissen Ausschau halten. Sie werden offener dafür, genau das wahrzunehmen, was Sie suchen. (Andersherum: Können Sie sich vorstellen, was es mit Ihrer Wahrnehmung machen würde, wenn Sie sich jeden Abend nur die ärgerliche Dinge vor Augen führen würden?)

Wenn wir dies ernst nehmen, dann bedeutet das, dass wir eine eventuelle Tendenz, über Negatives zu sprechen, im Zaum halten sollten. Natürlich kann man sich Leid und Ärger von der Seele reden. Dann jedoch bewusst. Aber zu wissen, dass das, worauf wir unseren Fokus lenken, unseren Lebensinhalt bestimmt – diese Erkenntnis fordert uns auf, bedachtsam zu steuern, worauf wir uns ausrichten.

Hier einige Anregungen, worauf Sie Ihre Wahrnehmung bewusst lenken können, um aus diesen Dingen gezielt Energie zu erhalten, die uns guttut und mit Sinn erfüllt. Die Fragen können morgens dazu dienen, den Fokus für den Tag zu richten und abends helfen, Bilanz zu ziehen:

- Über welche Dinge in meinem Leben bin ich besonders glücklich? Was davon ist nicht selbstverständlich und besonders kostbar für mich? (Sicherheit, Schutz, Essen, Wasser, Wärme, Familie, Freunde, Arbeit, Gesundheit)
- Welche sinnlichen Freuden konnte ich heute genießen? (Geschmäcker, Gerüche, visuelle Schönheit, Genüsse, Berührungen)
- Was habe ich heute getan und erlebt, was mir Freude bereitet hat? Wann habe ich heute gelacht? (Gespräche, Begegnungen, Dinge, die mir gelungen sind, erreichte Ziele, mit Leichtigkeit überwundene Hürden, schöne Verabredungen und Erlebnisse)
- Was hat mich heute stolz gemacht? (Sport trotz innerem Schweinehund, zu meiner Meinung stehen, Grenzen aufzeigen, etwas Mutiges tun, über sich hinauswachsen, Leistungen und Wachstum meiner Lieben)
- Wofür wurde mir heute gedankt? (Meine Hilfen für andere, mein Mitdenken, meine Arbeit, Geschenke und Gedanken)
- Was hat jemand heute für mich getan? (Aufmerksamkeiten, geäußerter Dank, Hilfsangebote)

Literatur

Ihre drei positiven Dinge, große und kleine Erfolge, können Sie direkt ins »Logbuch Persönliche Stärken stärken« (2023) von Claudia Härtl-Kasulke hineinschreiben. Mit Ihren Notizen können Sie Tag für Tag nachlesen, welche Qualitäten und Potenziale in Ihnen stecken und was Ihr Leben bereichert. Sie erhalten in diesem Buch eine kurze Einführung in die Positive Psychologie und viele Zitate, Übungen, Geschichten sowie wunderbare Illustrationen von Sabine Lemke, die zum Schreiben inspirieren.

Staunen

Mit Staunen durch die Welt zu gehen heißt, sich dem Unerwarteten zuzuwenden, sich der Neugier hinzugeben und mehr über etwas wissen zu wollen. Und auch, das Kribbeln, die aufgeregte Freude zu spüren, die angesichts des Staunens in uns entstehen. Denn dieses Gefühl zeigt auf: Wissen und Wahrnehmung passen nicht ganz überein. Denn das, was ich bisher dachte, gerät durch etwas, dass ich gerade erlebe, ins Wanken. Wir öffnen unseren Blickwinkel und lassen uns inspirieren.

Um die Aufmerksamkeit auf das Staunen zu lenken, machen Sie es am besten für eine Weile – und dann vielleicht für immer – wie Charles Darwin es tat: In einem Schreibbüchlein, das er immer mit sich trug, hielt Darwin Beobachtungen und Daten fest, die seinen Theorien und Erwartungen widersprachen. Er wusste: Das menschliche Gehirn nimmt nicht wahr beziehungsweise vergisst, was nicht in sein vertrautes Bezugssystem passt. Fragen Sie sich: »Was ist gerade anders, als ich es erwartet hätte?« Mit dieser »Forschungsfrage« und dem Stift in der Hand schulen Sie eine neue Art des Sehens – eine disziplinierte Art der Aufmerksamkeit. Es ist eine Kunst, das gewohnte Urteilen zurückzustellen und die Welt in vielen Details aufmerksam zu betrachten. Nur so gelingt es, sich für Unbekanntes öffnen. Staunen und Wundern sind die Keime, aus denen wahrhaftig Neues erwächst und die uns über die Enge unserer mentalen Konstruktionen oder früheren Erfahrungen hinausheben. Und nicht zuletzt wird das Staunen womöglich ein wundersamer Begleiter auch durch tiefe Täler sein, der selbst unter schweren Belastungen vollkommen Neues erkennen lässt.

Tipp

Beschaffen Sie sich noch heute ein Notizbuch, richten Sie Ihre Wahrnehmung auf das Verrückende und lassen das Staunen in Ihr Leben!

Kosmische Bedeutungslosigkeit

Man kann es sich leicht vorstellen: Astronauten, die im Raumschiff über der Erde schweben, verändern mit diesem tatsächlichen Perspektivwechsel auch darüber hinaus ihren Blick auf die Erde. Man kann das eine »kognitive Verschiebung« nennen. Es gibt hierfür den Begriff »Überblickseffekt« (Vakoch 2011). Ähnlich geht es uns manchmal selbst, wenn wir von unseren Problemen räumlich getrennt sind: In einer anderen Umgebung sieht die Problematik – weil weit entfernt – weniger gewichtig aus, auf einer Reise durch Indien erscheint ein Konflikt im Büro weniger gravierend.

Ein stark verschobener Blickwinkel ermöglicht es uns, unser Denken und Handeln, unsere Aufmerksamkeit nicht auf das Kleine, auf das Vergängliche zu richten, sondern auf das große Ganze zu schauen. Baruch de Spinoza nannte diese Sicht »sub specie aeternitatis« – also »unter dem Gesichtspunkt der Ewigkeit« betrachtet.

Schauen wir also aus einer kosmischen Perspektive auf uns: Vom Mond aus betrachtet sind wir ein kaum noch erkennbares Lebewesen auf der Erde. Denken wir uns von dort aus weiter in den Dimensionen, zur Milchstraße, über unser Sonnensystem hinaus bis hin zum ersten Stern außerhalb unseres Sonnensystems Alpha Centauri (allein um diese Perspektive einzunehmen bräuchten wir mit einem Raumschiff 75 000 Jahre dorthin) und weiter – von dort aus sind selbst größere Probleme unseres Lebens nicht mehr wirklich erkennbar oder erscheinen doch zumindest ganz anders als aus direkter Nähe.

Genauso können wir eine aktuelle problematische Phase zeitlich ins Verhältnis setzen: Gemessen an unserer Lebensspanne, an der gesamten Zeit der Menschheit auf Erden oder an der unendlichen Zeitdimension des Universums – wie relevant ist dann noch genau dieser eine, wenn auch unangenehme, Augenblick?

Einen solchen überdimensionalen Blickwinkel einzunehmen kann etwas ungemein Heilsames haben. Es mag unserem Ego nicht gefallen, so unbedeutsam ins Verhältnis gesetzt und mit der eigenen Bedeutungslosigkeit konfrontiert zu werden. Aber auf diese Enttäuschung folgt, so Oliver Burkeman, ein Gefühl der Befreiung. Er nennt dies mit einem Augenzwinkern »Cosmic insignificance therapy« (in etwa: Therapie durch kosmische Bedeutungslosigkeit): »Das ist wirklich entspannend, denn es erinnert mich daran, dass im Großen und Ganzen nichts, was ich tue oder unterlasse, von Bedeutung ist« (Burkeman 2021, S. 203 ff.).

Übung: Überblicksfragen stellen

Stellen Sie also für sich oder im Coaching im Angesicht der nächsten Herausforderung folgende Überblicksfragen:

- Was wäre eine möglichst weit entfernte Perspektive – zeitlich und oder räumlich – von der aus sich das Thema auf eine andere Weise betrachten ließe?
- Was wird von hier aus sichtbar? Was ist von hier aus wichtig?
- Was ist jetzt nicht mehr erkennbar? Beziehungsweise: Was erhält nun eine andere Bedeutung?
- Was ist aus diesem Blickwinkel anders als in der ursprünglichen Perspektive?

Spielräume erkennen

Es muss wohl so gewesen sein: In der Zeit um 100 nach Christus lief Epiktet – einst Sklave, nunmehr freier Mann und Philosoph – durch die Gassen des alten Roms. Er sah den ganzen Wohlstand, die Macht und die Möglichkeiten der Römerinnen und Römer, zugleich nahm er auch deren fortwährende Unzufriedenheit wahr. Er dachte nach, wie es wohl dazu gekommen sein könnte. Und er erkannte den Kern der Ursache: Wir Menschen, so Epiktet, verwechseln immer wieder das, was wir kontrollieren (also zu 100 Prozent im Griff haben), was wir beeinflussen (also teilweise im Griff haben) und was wir einfach nur akzeptieren (überhaupt nicht im Griff haben) können. Wir machen uns unglücklich dadurch, dass wir versuchen zu verändern, was sich durch uns nicht verändern lässt. Und wir machen unser Leid noch größer, indem wir die Unabänderlichkeit nicht annehmen wollen, dass wir mit den Dingen hadern, an denen nichts zu ändern ist. Wir richten unseren Fokus auf das, was sich unserem Einfluss entzieht, anstatt uns auf das auszurichten, über das wir tatsächlich Kontrolle haben können.

In seinem »Handbüchlein der Moral« schreibt der Stoiker Epiktet: »Über das eine gebieten wir, über das andere nicht. Wir gebieten über unser Begreifen, unseren Antrieb zum Handeln, unser Begehren und Meiden, und, mit einem Wort, über alles, was von uns ausgeht; nicht gebieten wir über unsern Körper, unsern Besitz, unser Ansehen, unsere Machtstellung, und, mit einem Wort, über alles, was nicht von uns ausgeht. Worüber wir gebieten, ist von Natur aus frei, kann nicht gehindert oder gehemmt werden; worüber wir aber nicht gebieten, ist kraftlos, abhängig, kann gehindert werden und steht unter fremdem Einfluss. Denk also daran: Wenn du das von Natur aus Abhängige für frei hältst und das Fremde für dein eigen, so wird man deine Pläne durchkreuzen und du wirst klagen, die Fassung verlieren und mit Gott und der Welt hadern; hältst du aber nur das für dein Eigentum, was wirklich dir gehört, das Fremde hingegen, wie es tatsächlich ist, für fremd, dann wird niemand je dich nötigen, niemand dich hindern, du wirst niemanden schelten, niemandem die Schuld geben, nie etwas wider Willen tun, du wirst keinen Feind haben, niemand wird dir schaden, denn du kannst überhaupt keinen Schaden erleiden« (2014, S. 6).

Wichtig

Eine Kurzfassung der hieraus abgeleiteten Handlungsanweisung Epiktets könnte lauten: »Machen wir uns unabhängig von Dingen, die wir nicht beeinflussen können.«

Wir bekommen hier einen Eindruck davon, was als »stoische Ruhe« sprichwörtlich geworden ist: Eine Haltung, aus der heraus selbst die schlimmen Erfahrungen – wenn sie als unabänderlich erkannt worden sind – mit Ruhe hingenommen werden.

Im Coaching nutzen wir Epiktets Gedanken, um Ruhe, Fokus und innere Freiheit zu finden: wir schauen auf das, was eine Person wirklich kontrollieren und beeinflussen kann. In diesem Rahmen suchen wir dann nach Handlungsoptionen und planen nächste Schritte. Denn hier liegt der Bereich unserer größtmöglichen Wirksamkeit.

Eine Erkenntnis, die sich dann anschließt: Setzen wir mit unserem Tun in unserem Kontroll- und Einflussbereich an, so können wir diesen nach und nach vielleicht sogar erweitern. Durch aktives, wirksames Handeln entstehen möglicherweise neue Möglichkeiten des Einflusses. Der positive Effekt: Das Zutrauen in die eigenen Fähigkeiten wächst, sodass das Ausmaß des Einflussbereichs immer wieder neu bewertet werden kann (und auch sollte). Schauen wir also genau darauf, wo für uns die Grenzen unseres Einflussbereichs *wirklich* verlaufen. So ist es im Umgang mit Lebensereignissen, an denen wir nichts ändern können, vielleicht trotzdem möglich, Gestaltungsspielräume zu finden – etwa darauf Einfluss zu nehmen, wie wir mit den unveränderlichen Dingen genau umgehen und uns zu ihnen verhalten.

Viktor Frankl spricht in diesem Zusammenhang von einem möglichen Einstellungswandel: Selbst dann, wenn wir etwas als unveränderlich erkannt haben (eine unheilbare Krankheit etwa; bei Frankl selbst war es der unabänderliche Aufenthalt im Konzentrationslager Auschwitz), so können wir doch immer noch unsere innere Einstellung dazu gestalten, wir können unsere Haltung wählen, innerlich wachsen und ein Vorbild für andere darin sein, wie wir die Situation ertragen.

Woran machen wir aber die Unterscheidung zwischen dem Veränderlichen und dem Unveränderlichen fest? Dem amerikanischen Theologen Reinhold Niebuhr (1892–1971) wird ein Gebet zugesprochen, das in dieser Frage um höhere Hilfe bittet: »Gott, gib mir die Gelassenheit, Dinge hinzunehmen, die ich nicht ändern kann, den Mut, Dinge zu ändern, die ich ändern kann, und die Weisheit, das eine vom anderen zu unterscheiden.«

Einige schmunzeln vielleicht, wenn sie dieses Gebet hören, und fragen sich: Ist es denn so schwierig, diese Unterscheidung zu machen, dass wir um eine so große Hilfe bitten müssen? Die Tatsache, dass dieses Gebet präsent geblieben ist, spricht dafür.

Die Weisheit in der Unterscheidung, die sowohl Epiktet als auch Niebuhr machen, kann uns helfen, loszulassen, wenn es das ist, was die Situation erfordert. Sie hilft uns aber auch, zu erkennen, in welchen Fällen wir wirksam werden und unsere Kräfte sinnvoll einsetzen können. Wir können uns dann darauf konzentrieren, das Veränderbare auch tatsächlich zu verändern.

Halten Sie also immer wieder inne und fragen Sie sich: Was kann ich hier aus eigener Kraft gestalten? Welche Einflussmöglichkeiten habe ich (noch)? Wie kann ich diese vergrößern? Und wie könnte ich mich darin üben, zu akzeptieren, dass es so ist, wie es ist – wenn wirklich nichts mehr zu verändern ist?

Wilde Visionen

Wenn wir fragen »Was hätten Sie gern anders? Wovon träumen Sie?«, kommt häufig eine Antwort wie diese: »Alles hinschmeißen und etwas ganz anderes machen. Wenn Sie mich so fragen, ich träume eigentlich schon länger … von einem eigenen Ort, einem eigenen Unternehmen, etwas ganz anderes zu machen, auszuwandern …« Solche Wünsche sind vermutlich nur selten Ausdruck davon, gleich heute die Koffer zu packen, sofort zu gründen oder sich eine neue Heimat suchen zu wollen. Sie zeigen wohl etwas anderes an: Viele wollen raus aus dem erschöpfenden Alltag. Sie möchten lieber die Zeit mit wohltuenden Menschen verbringen und sich mit inspirierenden Themen beschäftigen. Sie wollen Gestaltungsmacht und Wirksamkeit spüren, sich von Altem trennen und sich wieder ganz und gar vital fühlen.

Lassen wir uns auf diese Träume ein, betreten wir gemeinsam das neu gegründete Unternehmen, das frisch eingerichtete Café und gehen auf Weltreise – begeben wir uns also an die Wurzel der Wünsche und sehen sie als Orte der Inspiration, als Möglichkeit einer Pause, als Momente des Genusses und der Freude, wo wir Energie bekommen dafür, uns neu und kraftvoll auf- und auszurichten.

Auch wenn es manchmal zunächst schwerfällt zu beginnen, uferlos zu träumen, Bilder zu wagen – wenn wir es dann schaffen, uns vom Alltäglichen und Naheliegenden zu lösen, wenn wir uns an die Dinge herantrauen, die unsere Fantasie beflügeln, ohne uns zurückzuhalten, dann kann ein unbeschwertes Gefühl der Freude entstehen. Machen wir uns die Kraft der Bilder zunutze, entsteht meist eine Stimmung von Leichtigkeit und Aufbruch, ganz so wie einst, als wir in jungen Jahren über die Zukunft nachdachten, als wir die Möglichkeiten noch stärker gesehen haben als die Einschränkungen. So etwas suchen wir hier: den Zugang zu Bildern, die Energie geben, zur Freude auf die Zukunft, zu dem Gefühl, dass so vieles möglich ist.

Bei der Entwicklung einer starken Vision geht es zum einen darum, sich die eigenen (noch ungelebten) Wünsche und Ziele bewusst zu machen, zum anderen aber auch um den Prozess der Erstellung selbst: die Freude am Zusammentragen, und, ganz besonders wichtig: das bewusste Auswählen dessen, was und was nicht Teil der neuen Welt sein soll. Dabei können Sie Ihre Klient:innen wirkungsvoll unterstützen.

Übung: Vision entwickeln

Eine kraftvolle Unterstützung für innere Bilder sind die äußeren: Collagen, Mood- und Visionboards. Lassen Sie also Ihre Coachees beispielsweise eine Collage anfertigen, die aufzeigt, welche Vision in ihnen steckt! Sie können Sinne und Zweck der Collage darlegen und das Sammeln der Materialien als Hausaufgabe mitgeben. Unterstürzende Fragen können sein:

- Wie stellen Sie sich Ihr Leben – in einer nicht allzu entfernten Zukunft – idealerweise vor? Ohne die bekannten Grenzen der Vorstellungskraft, frei von allem, was mit »Ja, aber …« beginnt.
- Was wäre wunderschön? Denken Sie groß! Suchen Sie Reise-, Outdoor-, Lifestyle- und Modemagazine, politische, kulturelle und philosophische Zeitschriften, Kunstbände, Kochbücher und alles, was Sie inspirieren könnte zusammen. Dann schneiden Sie alles aus, was Ihnen an unwiderstehlichen Bildern erscheint. Diese kleben es auf großes Papier neu zusammen bis ein Bild entsteht, das Sie mit Freude aufbrechen lassen will.

Diese Collage kann eine beständige Erinnerung an das »große Bild« sein, das Ihre Coachees durchs Leben begleitet, indem sie einen Platz in der Wohnung, auf dem Schreibtisch, am Badezimmerspiegel bekommt. So können sie immer wieder das in den Blick nehmen, was sie uns für ihr Leben wünschen, sich danach ausrichten und aus den Bildern wieder neue Kraft gewinnen.

Im Coaching können Sie diese weiterentwickeln. Außerdem können Sie die Klient:innen dazu inspirieren, neue Zugänge zu ihren Visionen zu finden. Eine schöne Variante kann es beispielsweise sein, die Collage digital zu erstellen, aus Netzfunden, ergänzt durch eigene Fotos. Dazu kann eine Playlist aus Musikstücken, die ersehnte Stimmungen widerspiegeln, zusammengestellt werden.

Ihrer Kreativität sind hier keine Grenzen gesetzt. Es kann sich auch um eine Sammlung von Gegenständen und Symbolen handeln, die verschiedene Aspekte Ihrer wünschenswerten Zukunft darstellen.

Was auch immer es sein wird, das den inneren Bildern eine äußere Form gibt, das Anziehungskraft ausstrahlt und motiviert, all das kann uns tragen, Durststrecken überwinden und hohe Gipfel erklimmen lassen, denn wir haben etwas vor Augen, das uns Kraft gibt und jede Anstrengung Wert ist: unsere wilden, wunderschönen Visionen.

Neue Perspektiven

Tagtäglich erleben wir es: Wenn sich etwas schlecht anfühlt, halten wir es meist für wahrhaftig schlecht. Dann finden wir, dass böse Absicht, Hinterhalt und Neid anderer Menschen im Spiel war. Oft halten wir an dieser subjektiven Fassung des Erlebten fest und suchen nach weiteren Hinweisen, dass diese Annahme wahr ist. Wir können aber solche Erlebnisse auch als Quelle ganz neuer und positiver Gedanken nutzen. Dafür müssen wir nur einmal aus einer anderen Perspektive auf das Geschehene blicken. Das versetzt uns in die Lage, festgefahrene Überzeugungen zu lockern und Blockaden zu lösen. Das können wir alle üben. Dazu eignen sich Lebensereignisse, die negativ in Erinnerung geblieben sind, vielleicht sogar immer noch schmerzen. Entweder weil sie einen nicht zufriedenstellenden Ausgang genommen oder unangenehme Gefühle geweckt haben.

Meist gehen wir davon aus, dass dieses Ereignis tatsächlich so war, wie wir es uns immer und immer wieder ins Gedächtnis rufen. Wir halten unsere Beschreibung für die eine Wahrheit. Aber erst die Bewertung eines Ereignisses führt zu einer Reaktion und nicht das Ereignis selbst. Wollen wir, dass uns die Begebenheit nicht länger quält, sollten wir sie aus einem anderen Blickwinkel betrachten und versuchen, sie neu zu bewerten. Dafür nutzen wir drei unterschiedliche Perspektiven, die eine neue Interpretation zulassen und uns schließlich ermöglichen, besser mit dem Geschehenen umzugehen. Vorherige negativ bewertete Erlebnisse können auf diese Weise ihren Schrecken verlieren und uns womöglich sogar weiterbringen.

Übung: Neubewertung in drei Schritten

Diese Übung können Sie mit Ihren Klient:innen Schritt für Schritt durchgehen.

Perspektive 1: Das Schlechte, wie es ist

Beschreiben Sie ganz genau, wie schrecklich die Begebenheit für Sie ist. Wie sehr Sie leiden, traurig sind und sich ungerecht behandelt fühlen. Gehen Sie in den Schmerz. Es gibt kein Zuviel.

- Warum war die Begebenheit eine der schlimmsten für Sie?
- Auf welche Weise hat Sie Ihnen nachhaltig geschadet?
- Was genau war so furchtbar daran?

Perspektive 2: Das Gleiche, nüchtern betrachtet

Versuchen Sie so emotionslos wie möglich, die Geschichte zu rekapitulieren. Bleiben Sie sachlich in Ihrer Beschreibung des Ereignisses:

- Was ist passiert? Wer hat was gesagt?
  Dabei nehmen Sie die Perspektiven sämtlicher Beteiligter ein. Um die Emotionen herauszunehmen, kann es helfen, das Geschehene wie einen Stummfilm abzuspielen.
  - Was hätte jeder andere beobachten können?
  - Was sind die Fakten?

Perspektive 3: Lernen und wachsen

In der dritten Betrachtungsweise geht es darum, sich das Ereignis erneut vor Augen zu führen. Dieses Mal aber mit einem ressourcenorientierten Blick.
Erkennen Sie alles, was Sie durch diese Erfahrung gelernt haben, was Sie sonst so bis heute noch nicht verstanden hätten.

- Warum hat das Erlebnis Entwicklungspotenzial und Wachstumschancen geboten?
- Inwiefern sind alle involvierten Personen gestärkt daraus hervorgegangen?

Lassen Sie die drei Varianten der gleichen Geschichte auf drei separate Blätter schreiben. Nach der Fertigstellung können alle Versionen mit entsprechender emotionaler Beteiligung laut vorgelesen werden.
Anschließend blicken Sie gemeinsam auf die drei Geschichten:

- Was hat sich in Ihrer Wahrnehmung und Ihrer Einstellung zu dem Ereignis oder einer Person darin geändert?
- Welche Aspekte der Versionen geben Ihnen Energie, welche nehmen Energie?
- Welche Version der Geschichte ermöglicht Ihnen den größten Gestaltungsspielraum?
- Was würde sich ändern, wenn Sie häufiger diese Brille aufsetzen?

Selbst wenn wir es nicht schaffen, unsere Situation zu verändern, so können wir doch immerhin unsere Betrachtungsweise darauf ändern – und damit gleichzeitig große (innere) Veränderungsschritte machen.

Die Steuerung übernehmen

Die Ausrichtung auf die eigenen Ziele auch dann beizubehalten, wenn wir auf innere und äußere Hürden treffen, das ist für Resilienz extrem wichtig, aber bisweilen schwierig. Um auf Kurs zu bleiben, ist es daher notwendig, dass wir lernen, wie wir uns selbst steuern können, damit wir es schaffen, trotz Niederlagen und Rückschlägen immer wieder aufzustehen und uns stark zu machen. Um auf das ausgerichtet zu bleiben, was wesentlich ist und um die Steuerung im Leben zu behalten, sollten wir unbedingt auf unsere Wahrnehmung, unser Bewusstsein und auf unsere Handlungsfähigkeit Einfluss nehmen.

Sie erweitern an dieser Stelle Ihr Repertoire, indem Sie Ihre bisherige Sicht auf sich hinterfragen und in Phasen und Lernmöglichkeiten anstatt in Endgültigkeiten denken: Sie lernen loszulassen, sich für neue Wege zu öffnen und den Selbstzweifel als Anlass zu nehmen, alles (und sei es noch so eigenartig) dafür zu tun, um wieder in eine Kraftposition zu kommen. Einige Techniken, die dabei ungemein hilfreich sind, haben wir hier zusammengetragen. Zunächst starten wir mit einem Interview mit Ulrike Breitbach.

Interview mit Ulrike Breitbach: Kraft aus Niederlagen

Ulrike Breitbach hat zehn Jahre lang mit viel Leidenschaft für den Leistungssport gelebt. Sie ist 100 und 400 Meter Hürden gelaufen und war zweimal Deutsche Meisterin mit der 4-mal-100-Meter-Staffel. Sie hat Sportwissenschaft studiert, um den Sport auch von anderen Seiten kennenzulernen. Zu aktiven Zeiten galt sie häufig als »verkopfte« Athletin, die sich zu viele Gedanken machte. Oft hatte sie das Gefühl, bei Weitem nicht alles gezeigt zu haben. Sie machte sich auf die Suche nach dem, was notwendig ist, um über sich hinauszuwachsen. Sie fand ihre Berufung als Mentaltrainerin. Heute arbeitet sie daran, den Leistungssport etwas besser, gesünder und vor allem den Erfolg glücklicher erlebbar zu machen. Dabei sind die Themen Resilienz und Balance wesentlich.

»Welche Menschen kommen zu dir als Mentaltrainerin und was sind ihre Anliegen?«

»Zu mir kommen vorwiegend Sportler:innen und Trainer:innen, die erfolgreich sein wollen. Häufig dann, wenn sie merken, dass sie an ihre Grenzen stoßen, erschöpft sind oder die erlebten Niederlagen nicht überwinden können. Oder sie kommen zu mir, wenn sie das Gefühl haben, dass sie ihr Potenzial bei Weitem noch nicht ausgeschöpft haben.«

»Welche Rolle spielt das Thema Resilienz in deiner Arbeit?«
»Resilienz bedeutet für mich, dass ich heute die Fähigkeiten erwerbe, die ich morgen benötige. Das beinhaltet die Fähigkeit, mit Rückschlägen, Krisen und Druck umzugehen. Im Spitzensport kommt die Herausforderung hinzu, dass durch Medien und soziale Netzwerke alles bewertet und kommentiert wird. Die Kunst liegt darin, innerlich im Gleichgewicht zu bleiben und somit nicht alle äußeren Einflüsse an sich herankommen zu lassen. Um unsere Resilienz zu stärken, müssen wir lernen, auf unsere inneren Zustände Einfluss zu nehmen, um uns dann in einen ressourcevollen Zustand zu versetzen. Ich bin überzeugt: Wollen wir richtig gut und gleichzeitig gesund sein, müssen wir uns mit unseren Wurzeln beschäftigen. Es geht um die großen Fragen: Wer bin ich als Mensch, auch jenseits meiner Leistungen? Wie kann ich also meinen Selbstwert davon entkoppeln, ob ich heute erfolgreich war oder nicht? Wie kann ich bei diesem ständigen Druck gesund bleiben? Wir arbeiten am Wertegerüst, an den stärkenden Beziehungen im Leben, vor allem an denen außerhalb des Sports.
Das alles hält uns gesund und gibt dir die Gelassenheit, das zeigen zu können, was du kannst. Wenn du dagegen davon ausgehst, dass es um alles gehst, stehst du natürlich ganz anders unter Druck. Spitzensportler:innen sind darauf aus, immer wieder auf den »Big Shot« zu gehen, den großen Wurf, das goldene Tor zu machen. Sie stehen unter dem enormen Druck, dass es ständig um den entscheidenden Moment geht, in dem scheinbar alles von ihnen abhängt. Aber erst die Gelassenheit und das Wissen, »es ist nur ein Schuss, nur ein Wurf, nur ein Rennen« gibt ihnen die Fähigkeit in Momenten der maximalen Anspannung wirklich das zu zeigen, was sie können.«

»Wo setzt du mit deiner Arbeit an? Mit welchen Methoden arbeitest du?«
»Ich arbeite vor allem auf der emotionalen Ebene, da meine Klient:innen in erster Linie mit emotionalem Stress zu kämpfen haben. Dabei geht es einerseits darum, stressende Emotionen und Situationen aufzuspüren – die Gefühle zuzulassen, zu schauen, was blockiert, und wenn es geht, sie zu ›durchfühlen‹, zu schauen, was dahinterkommt. Studien haben gezeigt: Je besser und differenzierter wir unsere Emotionen benennen können, desto besser gelingt uns auch unsere Emotionsregulation. Ich helfe meinen Klient:innen, sich selbst besser zu verstehen, zu spüren, was sie einerseits hemmt und andererseits stärkt. Sie lernen wahrzunehmen, wann sie sich in ihrer inneren Mitte befinden. Das ist der Moment, in dem sie ihr bestes Selbst sein können. Im Emotionscoaching [Anmerkung: Ulrike arbeitet vor allem mit der emTrace Methode, einem Ansatz entwickelt von Dirk Eilert, die er in seinem Buch »Integratives

Emotionscoaching mit emTrace« (2021) ausführt.] suchen wir zunächst nach dem unangenehmsten Moment. Was genau wurde da erlebt? Welches Bedürfnis wurde verletzt? Welche Emotion ist da, die blockiert und verhindert, volle Leistung zu zeigen? Und wie groß ist das Unbehagen (auf einer Skala von 1 bis 10). Dann arbeite ich mit vier Fragen weiter:

- Was fordert dich in dieser Situation am meisten heraus?
- Was ist, wenn das Problem nicht mehr da ist? Woran merkst du, dass das Problem nicht mehr da ist?
- Was brauchst du, welche emotionale Ressource musst du zur Verfügung haben?
- Was wird dadurch dann möglich?

Dabei unterstütze ich den Prozess mit kleinen Achtsamkeitsübungen, zum Beispiel indem wir die Aufmerksamkeit auf die Körperempfindungen richten, die sich in den Momenten der blockierenden Emotion zeigen. Indem wir dabei bei der Atmung bleiben, ist es möglich, durch das Gefühl hindurchzugehen. Nachdem die unangenehmen Emotionen durchlebt und nachgespürt wurde, kommt es immer zu einem Ressourcenerleben. Also etwa ein Gefühl der Freude, der Entspannung, der Leichtigkeit oder des Stolzes.«

»Ihr schaut also darauf, welche Chancen in den besonders unangenehmen Situationen liegen?«
»Auch wenn das für meine Sportler:innen herausfordernd ist: Bei ihnen geht am meisten auf, wenn wir uns die instabilen Dinge anschauen. Wenn ich merke ›Das kann ich nicht‹ entsteht Stress. Lernen ist aber immer ein instabiler Zustand. Und das fühlt sich nun einmal komisch an. Ich kann das für mich aber umbenennen und die Chance darin sehen. Wenn ich weiß, dass sich Lernen seltsam anfühlt, dann kann ich diesem Zustand mit mehr Gelassenheit entgegensehen und beim nächsten Lerneffekt denke ich nicht mehr ›Mist, das fühlt sich doof an‹, sondern ›Ah, das fühlt sich ungewohnt an, ich lerne also!‹ Nehmen wir als Beispiel den genialen Basketballspieler Kobe Bryant. Er hatte Probleme mit seinem Knöchel. Er hat dann begonnen, Stepptanzunterricht zu nehmen, weil er dadurch einen anderen Umgang mit seinen Füßen lernen und seine Knöchel stärken konnte. Er hat sich dazu gebracht, Dinge zu lernen, die für ihn neu und ungewohnt waren – und hat sich damit in neue Höhen katapultiert.«

»Was kann uns dabei helfen herauszufinden, was noch alles in uns steckt?«
»Wir können in hilfreichen Grenzerfahrungen – zum Beispiel in einem Haka-Training (Kriegertanz der Maori), Distanztauchen nur mit dem eigenen Atem, Feuerlauf oder Mutproben in der Natur) erleben, was noch alles in uns steckt. Es entfaltet unglaub-

liche Kraft und Zuversicht in die eigenen Stärken, wenn wir beginnen, uns unseren Ängsten zu stellen. Ich lerne so, dass ich – gerade unter Stress – nicht einfach aus meinem Affekt agiere, sondern in meiner Klarheit bleiben kann, was immer geschieht.
Und wir können uns Menschen suchen, die uns ein wenig schubsen. Wir trauen uns bestimmte Situationen vielleicht erst einmal nicht zu. Wenn wir uns aber dennoch dem Furchteinflößenden stellen, dann können wir erleben, was hinter der Furcht steckt. Und das ist nicht selten ein Gefühl der Stärke, des Genusses, der Klarheit. Was für ein Stolz entsteht, wenn ich dann auf mich blicke (I did it!).
Vor allem aber geht es darum, die eigenen Ressourcen zu aktivieren und spürbar zu machen. Ich helfe den Athlet:innen und Trainer:innen dabei zu verstehen, wie sie auf diese zugreifen können. Wir können (und müssen auch) viel dafür tun, um unsere Ressourcenspeicher voll zu haben – damit ich dann gut durch den Wettkampf, die Prüfung oder die Krise kommen kann. Dafür ergründe und aktiviere ich mit den Sportler:innen die vier sogenannten Superressourcen [Eilert 2021]: Entspannung, Dankbarkeit, Ehrfurcht und Stolz. So habe ich die Möglichkeit, aus einem Zustand der inneren Balance zu agieren – das heißt, unter vollem Zugriff auf meine Ressourcen, voller Zuversicht und in der Lage, meine Entscheidungen selbstgesteuert zu treffen.

- *Entspannung* ist die Basis von allem. Ohne sie ist kein Wachstum möglich. Die entsprechende Frage, die wir uns hier stellen sollten: ›Wann fühle ich mich entspannt? Wo spüre ich im Körper genau diese Entspannung?‹
- *Dankbarkeit* schützt unseren Organismus, wirkt Stress und Depressionen entgegen. Die Frage hierzu lautet: ›Wann bin ich dankbar und wann und wo fühle ich mich vom Leben beschenkt? Wo genau habe ich dazu eine Resonanz im Körper?‹
- *Ehrfurcht* öffnet uns. Die Frage hierzu lautet: ›Wann ist mir ein Wunder passiert, dass mich staunen ließ?‹ Das können besondere Erlebnisse sein, die Schönheit der Natur oder außergewöhnliche Leistungen von Sportler:innen, Künstler:innen oder Charakterstärken von Menschen wie Mahatma Gandhi.
- *Stolz* schließlich ist elementar für unseren Selbstwert. Hier spreche ich vom authentischen Stolz auf das, was wir leisten. Nicht zu verwechseln mit dem anmaßenden Stolz, der sich auf das bezieht, was wir sind. Dieser spielt eher dem Narzissmus in die Hände. Die Frage lautet also: ›Auf welche Leistung bin ich stolz? Wo spüre ich das?‹

Diese vier Superressourcen lassen sich besonders gut während der Resonanzatmung aktivieren. Ich leite die Klient:innen an, fünf Sekunden lang in den Bauch zu atmen und fünf Sekunden lang auszuatmen. Während dieser Zeit lassen die Klient:innen alle vier Superressourcen immer wieder nacheinander in sich aufsteigen, sie sehen sie als Bilder vor sich oder spüren ihnen einfach nach. – Wir verfestigen sie immer weiter, sodass sie dann in den entscheidenden Momenten zuverlässig abrufbar sind.«

»Wie versetze ich mich dann also am Wettkampftag in eine kraftvolle Ausgangsposition?«
»Dafür ist zweierlei notwendig:

- Ich muss einerseits mich selbst und meinen eigenen Zustand erst einmal wahrnehmen. Ich arbeite mit meinen Klient:innen daran zu verstehen: Wie kann ich auf mich aktiv Einfluss nehmen, damit es mir gut geht und ich leistungsfähig bin? Wir müssen lernen, dass es nicht den *einen* Wettkampfmodus gibt. Ich laufe nie mit den gleichen Beinen. Es sind nie die gleichen Gegner. Und schon gar nicht bin ich immer im gleichen inneren Zustand, wenn ich an den Start gehe. Versuchen wir also jedes Mal, das beste Selbst zu finden. Was benötige ich genau jetzt? Wie fühle ich mich? Wie ist mein Körper gestimmt? Wie gehe ich heute an den Start? Um sich in den bestmöglichen Zustand zu versetzen können kleine Rituale hilfreich sein, zum Beispiel die drei Dinge, die ich vor dem Start immer mache, um dieses Gefühl herzustellen: Ich binde meine Schuhe auf eine bestimmte Weise, höre dieses eine Lied, mache eine bestimmte Bewegung. Die Aufmerksamkeit wird darauf gerichtet, was mir jetzt ein gutes Gefühl gibt. Wichtig ist, dass diese Dinge unabhängig von Dritten stattfinden und allein von mir steuerbar sind. Wir bauen also Anker, durch die ich es schaffe, ganz bei mir und im Hier und Jetzt zu sein, anstatt mich aus der Situation rausziehen zu lassen.
- Und ich muss andererseits auch die Situation betrachten: Was wird in dieser Wettkampfsituation benötigt? Ich kann mich fragen: Was brauche ich heute? Was unterstützt mich, wenn ich gegen diesen Gegner anzutrete? Welches Energielevel ist notwendig, um leistungsfähig zu sein? Oder wie Kobe Bryant es nannte ›Wie bin ich heute hier?‹. Es geht um die optimale Kombination aus Anspannung und Entspannung.«

»Und wie gehe ich mit dem Druck in diesem Moment um?«
»Den Umgang mit Druck zu erlernen ist wesentlich. Die Sprache, die in den Medien zum Thema Sport und Leistung präsent ist, ist da für unsere Herangehensweise kontraproduktiv. Da wird in Superlativen gesprochen. Es heißt dann, dass Sportler 1 000 Prozent geben sollen. Für die Leistungsfähigkeit ist das aber genau das Gegenteil von dem, was du brauchst. Das optimale Erregungslevel für gute Leistungen ist meistens eher – auf einer Skala von 1 bis 10 gemessen – ungefähr bei 6 oder 7. Du siehst manche Sachen nicht mehr, wenn du zu übererregt bist. Wenn du dagegen auf einem optimalen Level bist, kann Flow entstehen.
Um einen guten Zugang zu unseren Ressourcen zu haben, ist neben der Erregung auch eine gewisse Lässigkeit nötig. Einen Hauch von Nervosität und gleichzeitig die Fähigkeit, den Druck der Situation draußen zu lassen. Und ganz wichtig ist das Gefühl, der Situation gewachsen zu sein. Als Sportler:in musst du dich also sehr viel reflektieren. Das ist vor allem wichtig, um sich stark zu machen dafür, gut damit

umgehen zu können, wenn wir einmal scheitern. Genau dann benötigst du diese Stärke, um das Erlebnis des Scheiterns zu verarbeiten. Dann können wir uns anschauen, was da schief gegangen ist und was wir daraus für die Zukunft lernen können. Daraus kannst du Strategien für die Zukunft entwickeln. Die geben dir Sicherheit und ein Gefühl der Kompetenz, ein Gefühl von ›Ich habe das verstanden und mir erarbeitet‹.«

»Niederlagen zu überstehen hat in deiner Arbeit einen großen Anteil. Was bedeutet Scheitern für dich?«
»Scheitern ist immanenter Bestandteil des Sports, weshalb ich ihn auch so schätze. Er lehrt einen gleichermaßen mit Siegen und Niederlagen umzugehen. Wenn große Sportlerpersönlichkeiten von ihren wichtigsten Erfolgen berichten, sind es meistens Siege oder Errungenschaften, die auf eine Krise, ein Tief oder eine schwere Niederlage folgten. Das liegt daran, dass wir Gefühle viel stärker erleben, wenn wir von ihnen überrascht werden. Wenn wir gewinnen, ohne damit gerechnet zu haben, freuen wir uns viel intensiver. Genauso ist es umgekehrt: Eine nicht erwartete Niederlage kann uns umso mehr verstören.
Leider hat Scheitern einen schlechten Ruf. Vor allem in Deutschland. Dabei bietet es so viel Entwicklungspotenzial. ›Mut zum Scheitern‹ ist weit mehr als eine Floskel. Viele Menschen bleiben lieber in ihrer Komfortzone und scheuen größere Herausforderungen, wobei die Angst vor dem Scheitern trotzdem immer präsent bleibt. Wenn ich allerdings einmal erlebt habe, dass das Leben nach einer Niederlage weitergeht, ich Schwierigkeiten überwinden und daraus lernen kann, dann habe ich vor der nächsten Krise weniger Angst. Indem ich mich frage: ›Was sind meine größten Ängste? Was ist das Schlimmste, was mir passieren könnte? Und: Welche Gefühle kommen mir bei der Vorstellung hoch?‹, kann ich mich der Erfahrung des Scheiterns öffnen. Wir müssen uns auch mit Horrorszenarien auseinandersetzen – selbst, wenn sich das unheimlich anfühlt. Das ist essenziell. Ich will mit meinen Sportler:innen genau hinschauen. So können wir Strategien entwickeln, gerade für die gefürchteten Situationen. Michelle Obama beschreibt in ihrer Biografie ›Becoming‹ sehr beeindruckend, dass das Gefühl des Scheiterns häufig weit vor dem tatsächlichen Scheitern aufkommt. Das bedeutet, die Angst vor dem Scheitern ist meist größer als das negative Gefühl während des Scheiterns.«

»Wie können wir den Umgang mit Niederlagen lernen? Und wie gestärkt aus ihnen hervorgehen?«
»Die größte Herausforderung besteht für viele meiner Klient:innen darin, dass sie auf keinen Fall scheitern wollen. Sie haben regelrecht Angst davor, auch wenn sie wissen, dass sich das nicht vermeiden lässt. Um sich aus der Angst davor zu befreien, hilft

es, sich die bisherigen Momente des eigenen Scheiterns einmal anzusehen. Was ist da genau passiert? Wie hat es sich angefühlt? Mit diesen Gefühlen können wir dann arbeiten. Wir nehmen den Stress heraus, geben Ressourcen hinein. Ziel ist es, dass die Klient:innen a priori erfahren, dass sie nach dem Fallen wieder auf die Füße kommen. Das Gehirn bekommt ein Konzept davon, wie dieser Mechanismus funktioniert. Das verringert die Angst vor dem Ungewissen. Ich unterstütze meine Klient:innen darin, die Chancen zu sehen, die diese schwierigen Zeiten auch in sich tragen.

Vom Wissen muss diese Erkenntnis ins Fühlen kommen. Wir arbeiten am Selbstbild, am Selbstwert und dem Loslassen hinderlicher Klischees und innerer Grenzen, die schon längst nicht mehr notwendig sind. Aus dem Scheitern geht das größte Lernen hervor – zumindest dann, wenn wir uns aktiv damit auseinandersetzen. Dafür nehmen wir zuerst dem Ganzen die Schwere, indem wir uns zum Beispiel klarmachen, dass es nicht um Gewinnen oder Verlieren geht. Sondern darum, zu sehen, was funktioniert und was nicht. Wenn ich mir alles anschauen kann, es für mich keine Tabus gibt, dann kann ich auch an allem wachsen. Das braucht Mut. Es hilft sich vorher schon zu sagen: Und wenn es nicht funktioniert, dann werde ich mir anschauen, woran das lag. Die ganzen Jahre des unglaublichen Einsatzes und der vielen Entsagungen waren nur dann umsonst, wenn ich mir nicht anschaue, was genau in der jeweiligen Situation seine Wirkung entfaltet hat. Oft gehen Sportler:innen aber aus einer Situation des Scheiterns raus, reden nicht darüber und gehen das nächste Mal in gleicher Weise wieder in den Wettkampf. Wir müssen aber schauen: Nicht alles war schlecht! Es gab einiges, das lief gut und hat geholfen. Anderes war hinderlich. Und das gehen wir dann an. Wir müssen lernen, die Apokalypse aus dem Scheitern zu nehmen. Statt ›Weltuntergangstimmung‹ zu sagen ›Ach wie schade!‹.«

»Es gibt viele Gedanken und Situationen, die uns schwächen. Gerade im Sport ist es wichtig, egal unter welchen Umständen, leistungsfähig zu bleiben. Was können wir dafür auf mentaler Ebene tun?«

»Auch hier helfen Achtsamkeitsübungen, wie die bereits beschriebene Resonanzatmung. In einem konkreten Moment starker Emotionen wie Trauer, Wut oder Angst hilft es zum Beispiel zu zählen: von 1 000 in Siebenerschritten rückwärts bis Null. Nur für sich selbst, im Kopf. Das aktiviert den Präfrontalen Cortex im Gehirn. Der Bereich ist für das situationsangemessene Handeln verantwortlich und konkurriert mit dem limbischen System, das unter anderem Emotionen verarbeitet und unter Stress aktiv wird. Das ist in lebensbedrohlichen Situationen wichtig, aber hinderlich, wenn wir eine (eigentlich harmlose) Situation souverän meistern, ein Finale bestreiten, eine Präsentation halten oder ein Gespräch führen wollen. Wenn wir also rückwärts zählen, unseren Atem konzentriert beobachten, kommen wir wieder in einen ausgeglichenen und ressourcenvollen Zustand.

Zudem können wir lernen, dass ich nicht alles, was von außen auf mich projiziert wird, auch annehmen muss. Wenn alle schreien ›Los jetzt, nur dieser eine Schuss!‹ und mich dieser Druck schwächt, dann kann ich lernen, dieses Schreien bei den anderen zu lassen und es nicht in mich aufzunehmen.«

»Was hast du von den Menschen, mit denen du arbeitest, über Resilienz gelernt?«
»Ich werde demütiger. Es versetzt mich immer wieder ins Staunen, wie viel Kraft Menschen entfalten können, wenn sie sich ihren Ängsten und unangenehmen Gefühlen stellen. Vor allem in der Arbeit mit Leistungssportler:innen erlebe ich immer wieder, wie entscheidend die Fähigkeit ist, seine Leidenschaft zu pflegen und an einer Sache dranzubleiben. Diese Kompetenz, auch ›Grit‹ genannt, korreliert am stärksten mit Erfolg. Sie ist am Ende wichtiger als Talent. Und ich sehe immer wieder, wie wichtig diese eine Botschaft ist: Kultiviert das, was euch guttut! Vergesst nie, wer die Menschen sind, die euch nahestehen und pflegt diese wertvollen Beziehungen.«

Liebevolle Selbstgespräche

Was uns in schwierigen Situationen Kraft kostet, ist nicht allein die äußere Gegebenheit, häufig ist es unsere innere Stimme, die so gar nicht liebevoll spricht und uns kostbare Energie nimmt. Diese innere Stimme, die laut kritisiert, ganz besonders dann, wenn wir es überhaupt nicht gebrauchen können. Hören wir dann genau hin, so stellen wir fest, dass uns diese innere Stimme meist keine Kraft oder Zuversicht vermittelt. Doch das kann sie!

Daher ist es sinnvoll, die Qualität unserer Selbstgespräche von Zeit zu Zeit zu überprüfen. Merke ich überhaupt, wenn ich mit mir selbst spreche? Was sage ich zu mir? Und glaube ich das dann auch?

Die Arbeit an der inneren Stimme ist ein wichtiger Punkt im Mentaltraining. Menschen, die Spitzenleistungen erbringen, ihre Kreativität und Innovationsfähigkeit voll und ganz nutzen und ihre Leistungsfähigkeit – zum Beispiel auch unter schwersten Wettkampfbedingungen – ausreizen wollen, wissen um die Kraft der Worte, die sie an sich selbst richten.

Einer der bekanntesten Trainer auf diesem Gebiet, Timothy Gallwey, wurde mit seinem Buch ›The Inner Game of Tennis‹ berühmt [Anmerkung: 2012 auf Deutsch unter dem Titel ›Tennis – Das innere Spiel. Durch entspannte Konzentration zur Bestleistung‹ erschienen.]. Darin setzt er sich damit auseinander, welche inneren Stimmen Menschen begleiten, wenn sie sich darum bemühen, Leistung (punktgenau) zu erbringen. Sein Ansatz: Es gibt einen Teil des Selbst, der eine laute innere Stimme entwickelt, die gerade in Situationen, in denen wir versuchen, unser

Bestes zu geben, mit negativen Urteilen über uns selbst zu Verunsicherung führt. Sie hindert uns daran, das Potenzial, das wir eigentlich haben, auch tatsächlich entfalten zu können.

Gallwey zeigt uns am Beispiel von Musiker:innen und Sportler:innen, wovon wir alle profitieren können: die innere Stimme so zu kultivieren, dass sie in bester Weise unserer Leistungsfähigkeit dient. Das Entwirren der eigenen Anteile und Stimmen dabei als »inneres Spiel« zu sehen inspiriert zu einem Blick voller Leichtigkeit. Für die Lösung des Problems ist es nach Gallwey zentral, sich selbst von allen Urteilen – auch von den positiven! – zu befreien, weil genau das uns in die falsche Haltung uns selbst gegenüber bringt. Vielmehr gilt es sich darin zu üben, in einen inneren Rhythmus zu kommen, in dem wir darin aufgehen, was wir jetzt gerade tun. Mihaly Csikszentmihalyi bezeichnet diesen Zustand als Flow – eine Freude stiftende Versunkenheit im Schaffensrausch –, der entsteht, wenn der unbedingte Wunsch ein Ziel zu erreichen mit Leidenschaft, Interesse und leichter Überforderung durch eine Aufgabe auf vorzügliche Weise aufeinandertreffen (Csikszentmihalyi 2019).

Doch auch abseits solcher Leistungserwägungen ist es wünschenswert, dass unsere innere Stimme für uns unterstützend da ist. Schauen wir einmal genauer hin: Wer spricht da eigentlich? Und wann macht diese Stimme sich besonders laut bemerkbar? Und mit welcher Absicht spricht sie, wie sie spricht? Was gibt dieser Stimme Kraft? Und wie findet sie Bestätigung ihrer Aussagen? Ist es überhaupt die eigene Stimme? Oder gibt es jemanden, der in der Vergangenheit mit einer solchen Stimme zu uns gesprochen hat – und wir sie dann über Zeit zu unserer eigenen gemacht haben?

Gehen wir davon aus, dass diese Stimme Teil unseres »Teams« ist, können wir außerdem fragen, was sie Gutes für uns will. Möglicherweise will sie – wenn auch mit entgleistem Vokabular – anspornen, vor Enttäuschungen schützen oder Scheitern verhindern? Gerade dann, wenn wir gewillt sind, hart an uns selbst zu arbeiten, erkennen wir oft nicht den Punkt, an dem unsere Selbstkritik den Rahmen der sinnvollen Selbststeuerung schon längst überschritten hat, an dem der innere Ansporn in Selbstvernichtung kippt. Anstatt sich gezielt zu verbessern, machen wir uns mit hyperstrenger Kritikasterei kleiner als wir sind. Vielleicht ist es aber auch an der Zeit, der ursprünglich guten Absicht eine neue Art des Wirkens zu verleihen. Inneres Sprechen, das zwar zum Ziel, aber nicht gleichzeitig zum Wohlbefinden beigetragen hat, kann überdacht und verändert werden. Wir können lernen, wie wir ein und dieselbe Absicht auf eine neue, selbstwertdienliche Art und Weise verfolgen. Neues Vokabular, andere Intensität, liebevollere Tonlage.

Übung: Selbstgespräche führen und das Innere Team erkunden

Halten wir also regelmäßig inne und überprüfen Dimension und Qualität unserer Selbstgespräche, indem wir uns fragen:

- Welche meiner inneren Stimmen gibt mir Kraft und Freude?
- Welche dieser inneren Stimmen schwächt mich?
- Was tue ich, um meine Gespräche mit mir selbst bewusst wahrzunehmen?
- Wie kann ich diese Gespräche so gestalten, dass sie eine konstruktive Wirkung auf mich haben?
- Auf welche Art und Weise spreche ich mit mir selbst, damit ich die Stimme als liebevoll, stärkend und hilfreich erlebe? Wie müssen Tonfall, Intensität und Wortwahl sein?

Eine weitere Herangehensweise sich den inneren Stimmen zu nähern ist, den lauten inneren Kritiker als ein Gegenüber wahrzunehmen, mit dem wir verhandeln können. Sie kennen sicherlich Übungen zum »Inneren Team« (zum Beispiel Schulz von Thun 2012). In dieser Übung personalisieren wir unsere Impulsneigungen oder inneren Stimmen, malen sie auf oder finden Gegenstände, die sie repräsentieren. Dann lassen wir diese als Team unsere Fragestellungen besprechen und verhandeln.
Ähnlich können wir uns auch mit unserer kritischen inneren Stimme als Gegenüber auseinandersetzen.

- Geben Sie der Stimme einen Namen (zum Beispiel »die Kritikerin«). Sie können dieser Stimme auch den Namen eines Menschen geben, an den diese innere Stimme erinnert.
- Versuchen Sie eine bildliche Darstellung von dieser Stimme zu machen. Sie können sie aufmalen oder einen passenden Gegenstand für sie finden.
- Machen Sie die innere Stimme zu einem Gegenüber. Finden Sie heraus:
  - Was will diese Stimme für Sie? Sie können davon ausgehen, dass sie Absichten verfolgt.
  - Was will sie erreichen?
  - Was will sie verhindern?
- Vielleicht sagt diese Stimme schon seit Langem die gleichen Dinge. Überprüfen Sie:
  - Ist das noch aktuell, was sie erreichen oder verhindern will?
  - Sind es vielleicht Ängste und Wünsche, die vor vielen Jahren mehr Sinn in Ihrem Leben ergeben haben, heute aber schon überholt sind?
  - Wofür benötigen Sie diese Stimme jetzt noch?
- Anschließend können Sie erkunden:
  - Wie können Sie mit dieser inneren Stimme in einen regelmäßigen Dialog kommen?
  - Wie sähe eine konstruktive Partnerschaft zwischen Ihnen beiden aus – die sogar noch kraftvoller ist als jeweils nur eine:r von Ihnen allein?
  - Was müssen Sie tun oder denken, um gemeinsam an einem Strang ziehen?
- Schließlich können Sie sich konkrete Maßnahmen überlegen:

- Welcher erste Schritt macht Sinn?
- Wie kann ich das vertiefen?

Auch wenn Sie in den letzten Jahren nur unangenehme Erfahrungen mit dieser Stimme gemacht haben: Sie ist in Ihrem Leben und lässt Sie nicht im Stich. Das wissen Sie. Daher sollten Sie viel dafür tun, diese Stimme zu einer liebevolleren Begleiterin zu machen.

Vergeben

Häufig arbeiten wir mit Menschen, die noch eng verbunden sind mit Verletzungen der Vergangenheit. Ob es darum geht, sich selbst ein Versagen zu verzeihen oder einer anderen Person eine Tat – die Fähigkeit, vergangene Verletzungen loszulassen und weiterzugehen, ist eine wichtige Komponente unserer Resilienzfähigkeit. Denn der Gedanke an Kränkungen, die wir erlebt haben, und damit auch an die mögliche Schuld anderer an unseren schlechten Erfahrungen, möglicherweise an ganzen Entwicklungen in unserem Leben, bindet unsere Kräfte und lenkt unsere Aufmerksamkeit immer wieder auf das Verletzende. Genauso ist es mit Gedanken und Gefühlen hinsichtlich der eigenen Schuld, die uns nachgehen. Sie lasten schwer auf unseren Schultern und trüben den Blick nach vorn. Anderen und auch uns selbst zu vergeben kann ein kraftvoller Schritt sein, der es uns ermöglicht, uns freier zu fühlen. Dabei gilt es das richtige Maß finden, aus der Vergangenheit zu lernen und gleichzeitig nicht in Schuldgefühlen stecken zu bleiben. Selbst wenn es sich angesichts dessen, was geschehen ist, richtig und kraftvoll anfühlen mag, Groll und Wut zu hegen, wir sind dadurch an das Leidvolle gebunden. Auf Dauer werden wir bitter.

Vergebung bedeutet nicht, dass wir vergessen oder gutheißen, was geschehen ist. Wir akzeptieren vielmehr, dass es geschehen ist. Gleichzeitig treffen wir die Entscheidung, uns von dem Unguten zu lösen, was uns noch an das Geschehene bindet. Wir trennen uns von den negativen Gefühle und dem Wälzen schlimmer Erinnerung.

Nicht immer ist es möglich, einer anderen Person direkt zu vergeben, möglicherweise besteht der Kontakt zu ihr nicht mehr, zu groß ist der Schmerz oder die Angst vor einem persönlichen Gespräch. Vielleicht besteht auch die Gefahr neuer Verletzungen. Dennoch ist es möglich, den Weg der Vergebung zu gehen. Vergeben ist unabhängig von Einsicht und Wiedergutmachung des anderen, macht uns aber frei von Wünschen nach Rache und Vergeltung. Vergeben nimmt das an, was geschehen ist, und alle Gefühle, die daraus entstanden sind, redet nicht klein und lässt doch los.

Welche Vergebungsgesten, Rituale und innere Haltungen können also Raum schaffen für einen neuen Blick auf Geschehenes? Welche Gespräche über Vergeben und Verzeihen eröffnen neue Perspektiven und Handlungsräume?

Übung: Vergeben und loslassen

Perspektivwechsel: Zunächst unvorstellbar, aber kraftvoll und heilsam kann es sein, sich einzufühlen in den Menschen, der aus unserer Sicht verantwortlich ist für unser Leid. Denn wer versteht, kann leichter vergeben. Wichtig hierbei ist aber: Unrecht bleibt Unrecht. Sich einfühlen heißt nicht, zu entschuldigen oder zu rechtfertigen. Sich einfühlen bedeutet, sich in diesen anderen Menschen hineinzuversetzen.

- Welche Gründe und Motive gibt es für das Verhalten?
- Wenn es jemand ist, der besonders furchtbare Dinge getan hat, kann die Frage helfen: Was hat diese Person wohl selbst erlebt, das ein solches Verhalten erklären könnte?
- Was passiert durch diese Blickweise mit den eigenen Gefühlen?
- Was wird durch einen Perspektivwechsel möglich?

Schreiben: Ein Brief kann heilen. Wir können alles schreiben, frei von Zensur. Wir können Worte finden, die ausgesprochen so nie möglich wären, für die es in einem persönlichen Gespräch keinen Raum gäbe. Wir können uns dafür die notwendige Zeit nehmen: Einmal schreiben oder immer weiter daran arbeiten und dabei zusehen, wie sich die Inhalte verändern. Abschicken, vorlesen, zerknüllen, als Schiffchen im See schwimmen lassen, verbrennen, in ein Geheimfach legen, bis die Zeit reif ist für einen nächsten Schritt ... alles ist möglich.

Aussprechen: Möglicherweise ist es heilsam, einer Person direkt zu sagen, dass Sie ihr vergeben. Ebenfalls kraftvoll ist es, einem Bild, einem Gegenstand als Stellvertreter oder uns als Coach die erlösenden Worte gegenüber auszusprechen. Hier können wir alles sagen, jede Tonlage wählen, jedes Gefühl zum Ausdruck bringen und Heilung erfahren. Von Herzen klare Worte der Vergebung sprechen und selbst zuhören, was ich sage ... ungeahnte Wirkung kann so entstehen!

Rituale: Wir können beschließen, dass ein bestimmter Akt zu einer erlösenden Vergebung führt. Bestehende (zum Beispiel Ho'oponopono) oder selbst erdachte Rituale können die Kraft entfalten, uns aus der Verbindung von Tat und Schuld zu lösen. Schon das Entwickeln eines solchen Vergebungsrituals kann Teil des Weges raus aus dem Leid sein. Ganz bewusst werden zum Beispiel Worte gesprochen, wird eine Flamme entzündet, etwas verbrannt, ein Schwur gemacht, eine bestimmt Musik gespielt oder Mutprobe vollzogen – um danach frei zu sein von Schuld.

Metta – liebende Güte

Wer eine besonders kritische Haltung sich selbst gegenüber hat und dazu ein System aus Glaubenssätzen, das von hoher Eigenverantwortung und starkem Leistungsdruck geprägt ist, findet es oft schwierig, sich selbst – und möglicherweise auch anderen – Fehler zu verzeihen. Wer dies kennt, der weiß, dass es schwierig ist, aus dieser Haltung herauszukommen. Denn sie mag durchaus hilfreich für die eigenen Leistungen sein, gleichzeitig ist sie aber auch Einfallstor für Schuld, Scham und Versagensängste. Wir fühlen uns zunehmend getrieben, hoffnungslos und emotional erschöpft.

Eine überaus kraftvolle Methode, um sich aus der kritischen, strafenden Haltung zu befreien und eine neue, positivere Position zu sich (und auch zu anderen) einzunehmen ist die Metta-Meditation. Sie geht auf die Lehren des Buddha Siddharta Gautama zurück. »Metta« wird meist mit dem englischen »loving kindness« übersetzt, also die »Liebende-Güte-Meditation«. Hier wird eingeübt, zunächst sich selbst gegenüber – und in der Folge auch gegenüber anderen – eine liebevolle Haltung zu erkunden und einzunehmen Es geht um eine häufig als »mütterlich« beschriebene, wohltuende, nicht egozentrische Liebe, sowohl für sich selbst als auch zunehmend für alle fühlenden Wesen.

Die liebende Güte ist vollkommen bedingungslos. Gerade für Menschen, die streng mit sich selbst sind und hart über sich urteilen, deren Selbstzufriedenheit abhängig ist von eigens erbrachten Leistungen, die unverzeihlich auf ihre eigenen Fehler reagieren – für sie ist der liebevolle, gütige Blick auf sich selbst oft unglaublich schwer, aufwühlend und doch wohltuend zugleich.

Im ersten Schritt gilt es also, sich in positive, liebende Gefühle sich selbst gegenüber zu versenken. So lange, bis die wohltuende Energie vollen Herzens spürbar ist. Die nächsten Schritte richten sich dann die liebende Güte auf die geliebten Menschen im nächsten Umfeld, später auch auf andere, immer weiter entfernte Menschen. Schließlich wenden wir uns denen zu, mit dem es uns mühsam ist, dann auf Natur und Tiere und schließlich auf unseren gesamten Planeten.

Wann immer wir also streng waren mit uns und anderen, wenn wir die schwere Last unserer eigenen Ansprüche, die Zweifel und Selbstabwertungen abwerfen wollen, halten wir inne und betrachten uns mit unendlicher, liebender Güte.

Übung

Metta-Meditation (nach Buddha)

Liebende Güte für mich selbst

Möge ich glücklich sein.
Möge ich frei sein von Sorgen und Leid.
Möge ich gesund sein und mich geborgen fühlen.
Möge ich leicht und unbeschwert durchs Leben gehen.
Möge ich voller Liebe sein.

Liebende Güte für unsere geliebten Menschen, unsere Familie und alle Freunde

Mögest du glücklich sein.
Mögest du frei sein von Sorgen und Leid.
Mögest du gesund sein und dich geborgen fühlen.
Mögest du leicht und unbeschwert durchs Leben gehen.
Mögest du voller Liebe sein.

Liebende Güte gegenüber Fremden

Möge er/sie/es glücklich sein
Möge er/sie/es frei sein von Sorgen und Leid.
Möge er/sie/es gesund sein und dich geborgen fühlen.
Möge er/sie/es leicht und unbeschwert durchs Leben gehen.
Möge er/sie/es voller Liebe sein.

Liebende Güte für Menschen, mit denen wir im Konflikt sind und für unsere Widersacher

... an die Menschen, mit denen wir im Konflikt sind, und an unsere Widersacher denken und die fünf Sätze innerlich sagen.
Liebende Güte für die Natur, für alle Lebewesen und Dinge dieser Welt
... an die Natur, Lebewesen und Dinge dieser Welt denken und die fünf Sätze innerlich sagen.
Schritt: Liebende Güte für unseren Planeten
... an unseren Planeten denken und die fünf Sätze innerlich sagen.

Kreativität

In der Kreativität liegt für unser Alltagsleben die Möglichkeit, es bunter, abwechslungsreicher und aufregender zu machen. Diesen Zauber können wir erleben, indem wir selbst kreativ sind, aber auch, indem wir die Kreativität anderer genießen.

Albert Einstein wird die Aussage zugeschrieben: »Fantasie ist wichtiger als Wissen, denn Wissen ist begrenzt.« Dieser Satz beleuchtet einen besonderen Reiz: Die Fantasie ist also unbegrenzt. Und sie ist sogar noch viel mehr entgrenzend, sie erlaubt uns, frei zu sein von den Auflagen der Realität, von Raum und Zeit, von Naturgesetzen, Wahrscheinlichkeiten und dem, was uns noch so alles zurückhalten könnte – alles wird möglich. Kreativität können wir daher auch radikal beschreiben: Es ist der pure Akt der Freiheit. Wir müssen das Gegebene nicht als das Bleibende betrachten.

Kreativität ist somit auch ein wichtiger Aspekt der Resilienz. Die Fähigkeit zur Resilienz nährt sich unter anderem daraus, dass aus dem, was da ist – nachdem es zum Beispiel durch ein Ereignis durcheinander gebracht wurde – etwas Neues entstehen muss. Jede kleine Anpassung, jede größere Neuschöpfung unserer Selbst ist in gewissem Maße ein Ausleben schöpferischer Kraft. Resilienz ist möglich durch eine Problemlösekompetenz, also das selbstständige und eigenverantwortliche Herantreten an die unbekannte und herausfordernde Problemstellungen, idealerweise gepaart mit der Zuversicht, mit den in uns liegenden Ressourcen die Lage zu einer besseren zu wandeln. Das alles sind Elemente von Kreativität.

Indem wir kreativ sind, können wir Zugang zu unserer ureigenen Schaffenskraft finden, zu unserem gestalterischen Potenzial, zu dem Ort, wo wir uns wirksam, frei und lebendig fühlen. Unsere Kreativität hat die Kraft, uns mit uns selbst in Kontakt zu bringen, unser inneres Erleben zu gestalten, unabhängig davon, was das Außen uns vor die Füße wirft. Durch sie können wir überwinden, verändern und auf besondere Weise anderen begegnen, in Resonanz gehen und unsere Beziehungen verstärken.

Wenden wir uns zuerst der eigenen Kreativität zu. Der erste Impuls mag sein: »Ich bin gar nicht kreativ.« Es ist aber wenig hilfreich, hier Grenzen einzuziehen. Wir stellen nicht die Frage, ob jemand besonders kreativ ist, sondern wir gehen davon aus, dass ein gewisses Maß an Kreativität für unser aller Leben unabdingbar ist und wir daher alle darüber verfügen, dass wir also alle kreativ sind. Die Frage ist daher vielmehr, wie wir die in uns allen angelegten kreativen Kräfte für uns persönlich freisetzen können. Gemeint ist hier nicht der Teil in uns, der schön malen oder Perspektiven korrekt zeichnen kann. Vielmehr geht es um unsere Schöpferkraft, durch die neue, ungeahnte Räume und Denkweisen entstehen.

Wenn Kreativität bedeutet, etwas Neues, Ungewöhnliches oder die Lösung für ein Problem zu generieren, dann scheint die Notwendigkeit naheliegend, bekannte

Gedankengänge zu verlassen. Dem Kontext kommt hier eine große Bedeutung zu: Wenn wir uns an Orten aufhalten, die wir in- und auswendig kennen und uns mit Menschen unterhalten, die uns schon jahrelang begleiten, wenn wir genau das immer wieder tun, was wir schon immer getan haben, dann hat die Kreativität kein leichtes Spiel.

Was aber sind stattdessen Anreize und Bedingungen unserer Kreativität? Wie sähe der Parcours aus, durch den wir unserer Schöpferkraft die Türen aufreißen und sie zum dauerhaften Verweilen in unserem Leben willkommen heißen? Innere Qualitäten wie Mut, Abenteuerlust, Tagträumen, Experimentierfreude, Neues wagen, Widerspruch, Neugier zu kultivieren wird ebenso zu unserer Aufgabe, wie dafür zu sorgen, dass wir uns innerlich sicher fühlen, Vertrauen in uns und unsere Fähigkeiten haben. Die eigenen Gedanken zu äußern, sich einzubringen, zu widersprechen, auch wenn man davon ausgehen kann, dass es zunächst nicht für Begeisterung sorgen wird. Alles, was uns innerlich stärkt, uns ein wenig unabhängiger macht von den inneren kritischen Stimmen und dem, was andere über uns denken, ist der beste Nährboden für unsere Kreativität.

Was können wir also tun?

Übung: Der Kreativität Raum geben

Die Kreativität anderer bestaunen: Lassen Sie sich von der Kreativität anderer überraschen. Begeben Sie sich dorthin, wo Menschen ihrer Kreativität und ihrem Künstlertum Ausdruck verleihen. Schauen Sie, wie diese etwas tun, woran wir im Leben nie gedacht haben. Vielleicht gehen Sie mit einer Fragestellung hin. Zum Beispiel: Wie kann man Licht darstellen?

Innovationen bestaunen: Welche neuen Lösungen gibt es im Hightechbereich? Und welche Neuerungen geschehen in Branchen, mit denen Sie bisher keine Berührung hatten?

Etwas verwegener vorgehen: Sie können beispielsweise mit Proviant in Ihrer eigenen Stadt »verloren gehen«. Sie haben weder Telefon noch Geld zur Hand, dafür viel Zeit um sich umzuschauen, was geschieht. Oder stellen Sie sich vor, was geschehen könnte.

Weitere Ideen: Und nicht zuletzt das, woran man zuerst denkt, wenn man das Wort »Kreativität« liest: Vielleicht wecken Sie in sich die Lust, etwa Neues zu lernen? Ein Kurs, eine Weiterbildung, eine Studienreise? Oder organisieren Sie sich eine Staffelei und Farben und probieren Sie aus, was passiert.

Alles, was den Horizont hebt und weitet – ob es dem Lebenslauf dient oder auch nicht – unsere Kreativität bekommt so neue Energie.

Kleine Erfolge herstellen

Sie haben sicher schon gehört oder gelesen, dass wir große Aufgaben besonders dann gut bewältigen, wenn wir die wichtigen, die schwierigen und vor allem die unangenehmen Dinge zuerst machen. Für die meisten Pläne dürfte das so richtig sein. Wir müssen sie schützen vor den permanenten Ablenkungen und Dringlichkeiten des Tages, vor all dem, was ungeplant hereinprasselt und Aufmerksamkeit will. Irgendwann ist es dann zu spät am Tag, um die große Tat noch anzupacken – und wieder wird das Wichtige auf den nächsten Tag verschoben.

Alles richtig ... aber! Es gibt einen guten Grund (zumindest in Bezug auf manche Dinge), es andersherum zu machen: das fantastische Gefühl, etwas fertig bekommen haben!

Eine Reise von tausend Meilen beginnt mit dem ersten Schritt. Für etliche Vorhaben mag es wesentlich hilfreicher sein, dass wir uns dafür auf die Schulter klopfen können. Es ist wichtig, überhaupt (und zwar jetzt) den ersten Schritt gegangen zu sein, als dass wir warten, bis wir den *richtigen* ersten Schritt (irgendwann einmal) gemacht haben. Das ist so notwendig, weil dieser kleine Stimmungsboost uns spüren lässt, dass wir unser Problem tatsächlich angehen und bewältigen können. So gut kann sich Selbstwirksamkeit anfühlen!

Eine Studie zum Thema Schuldenabbau ist hier ein wunderbares Beispiel (Gal/McShane 2012, S. 487–501). Zum Hintergrund: Wer mehrere Beträge abzuzahlen hat, muss sich entscheiden, mit welcher Strategie er vorgeht. Es gibt zwei Möglichkeiten:

- Man kann zuerst den Betrag abzahlen, der am höchsten verzinst wird (der also auch in Zukunft viele neue Kosten verursacht).
- Oder man beginnt mit dem Betrag, der den niedrigsten Saldo hat und somit am schnellsten abbezahlt werden kann und daher schon früh ein Erfolgsgefühl vermittelt.

Die Mathematik sagt uns sofort, dass die erste Methode kostengünstiger ist – und daher vorzuziehen wäre. Wider Erwarten sind aber in der Praxis diejenigen Personen erfolgreicher, die die zweite Strategie anwenden. Unter denjenigen, die ihre Schulden in der Zeit der Studie abbezahlt haben, waren mehr, die diese »Easy-win«-Strategie verfolgt haben.

Wichtig

Das zeigt uns: Manchmal ist es einfach hilfreicher, das zu tun, was uns ein gutes Gefühl und die Kraft gibt, weiterzumachen, als das zu tun, was aller Logik nach das Richtige ist.

Üben und Ehrenrunden einplanen

Blicken wir auf das, was wir bereits geschafft haben, und auf das, was wir als Nächstes angehen wollen. Meist gibt es im Coachingprozess verschiedene Themen, die mit erfreulicher Leichtigkeit bearbeitet werden können. Häufig gibt es aber auch solche Themen, von denen wir schon zu Beginn wissen, dass sie uns noch länger begleiten werden, Themen, die wir schon seit Jahren kennen. Sozusagen Phänomene mit starker Haftungstendenz. Wenn wir genau hinschauen, dann sehen wir, dass diese Probleme häufig auch etliche Vorteile für uns haben, seien sie auf den ersten Blick auch noch so schwer zu erkennen oder noch so unangenehm einzugestehen. Es ist oft leichter, die Situation so zu belassen, wie sie ist. Wie es sprichwörtlich heißt: Der Spatz in der Hand ist besser als die Taube auf dem Dach. Da wissen wir, was wir haben. Wir kennen uns aus in diesem – wenn auch verfluchten – Zustand. Und dennoch: Gibt es den wahrhaftigen Wunsch nach Wandel, dann gibt es Wege dahin. Und wenn Klient:innen ins Coaching kommen, dann liegt dieser Wunsch häufig zugrunde.

Um eine langfristige Perspektive für die Verwandlung solcher Themen zu bekommen, sind Strategien notwendig, die helfen, den gewünschten Zustand dauerhaft erhalten zu können. Wie schaffen wir es, optimistisch und kraftvoll zu bleiben, auch wenn wir wissen, dass Rückschläge kommen können, dass alte Gewohnheiten uns einholen werden? Das Alte und Bekannte wird uns wieder begegnen, die gewohnte Pfade liegen so nah.

Um Veränderung zu erzielen und das gewünschte Neue zu festigen, gibt es einen Weg, dessen Name in uns meist unangenehme Bilder aufruft: Üben! Für eine nachhaltige Entwicklung ist die Klarheit darüber notwendig, dass es keinen Magic Moment gibt, durch den sich alles auflöst, sondern dass der Weg bis zur Zielerreichung Rückschläge bereithalten wird. Daher sind Üben, die Wiederholung, das disziplinierte Dranbleiben unverlässlich.

Mit Ihren Klient:innen können Sie Erkenntnisse über Zusammenhänge und Ursachen sammeln, damit die Neuausrichtung und ein anderer, neuer Weg gelingt. Das ist essenziell. Erst dadurch, dass wir diesen Weg gehen, wird er zu einem echten Teil von uns.

In seinem Buch »Du mußt dein Leben ändern« (2012) fordert Peter Sloterdijk auf, genau das zu tun: üben! Nicht zum Selbstzweck, sondern um uns zu verbessern, uns herauszufordern, zu wachsen und auszureizen, was in uns steckt. Uns zu straffen und zu recken nach dem, was möglich ist. »Gib deine Anhänglichkeit an bequeme Lebensweisen auf, beweise, dass dir der Unterschied zwischen Vollkommenem und Unvollkommenem nicht gleichgültig ist [...] Vor allem: Gewähre dem Verdacht, der Sport sei eine Sache für die Dümmsten, nur so viel Raum, wie ihm zukommt. Widersetze dich nicht dem Appell zur Form! Ergreife die Gelegenheit, mit einem Gott zu trainieren!« (Sloterdijk 2012, S. 51).

Und wozu das alles? Der Pianist Lion Hinnrichs schreibt in seinem Text »Über üben …«: »Was treibt den übenden Musiker an? Das Streben nach Schönheit, Neugier auf neue Klänge, die Selbstverwirklichung oder nur der Pragmatismus des Geldverdienens?« (Angelstein/Brandi 2018, S. 365). Vermutlich alles, dazu kommt aber auch der Wunsch auf der Bühne zu glänzen, sich selbst, dem Komponisten und dem Publikum gerecht zu werden. Auch die Angst vor dem Versagen treibt an, mit dem Üben steigt die Zuversicht. Droht Gefahr – beim Künstler im übertragenen Sinn der Auftritt vor großem Publikum – ist es also das Üben, das Zuversicht bringt. Es geht also darum, so substanziell vorbereitet zu sein, dass der Parcours auf dem Seil ohne Sicherheitsnetz gelingt. Eine Prophylaxe aufzubauen, um alles auf der Bühne riskieren zu können und somit komplett frei zu sein.

Üben richtet den Fokus auf das, was selbst gestaltbar ist. Üben bringt uns ins Handeln und lässt (wenn richtig gemacht) die Kompetenzen wachsen. Üben ist also das, was uns vor der »Gefahr« beruhigen und durch die »Bedrohung« tragen kann.

Auch die evangelische Kirche ist im Jahr 2022 in der Fastenzeit dem Üben auf der Spur gekommen. Mit dem Motto »Üben! 7 Wochen ohne Stillstand« (www.7wochenohne.evangelisch.de) wurden Gläubige aufgefordert, zu erforschen, wie mühsam und wie schön es sein kann, etwas Neues zu lernen. Zwischen Aschermittwoch und Ostersonntag galt es, sich ganz dem Erlernen einer neuen Kompetenz, dem Üben von Verzicht oder dem Verbessern einer Eigenschaft zu widmen. Das Versprechen: Zu erleben, was alles möglich ist, wenn ich mir selbst konsequent auf der Spur bin. Zu merken, wie stark es machen kann, sich über Komfortzone und innere Widerstände zu erheben und zu wachsen. Das ist nicht nur für diese neu zu erlernende Qualität von Bedeutung, sondern als Quelle für Selbsterkenntnis weit darüber hinaus.

Zu langfristigen Veränderungs- und Wachstumsvorhaben gehört meist auch die Erkenntnis, dass selbst »wollen und üben« nicht automatisch, so schnell wie ersehnt, Erfolg garantieren. Wir müssen mit »Ehrenrunden« rechnen, erläuterte im Sommer 2019 der Arzt und systemische Familientherapeut Gunther Schmidt im Rahmen der Weiterbildung »Systemisches Coaching« beim Metaforum SommerCamp in Abano Terme. Wir müssen also Rückfälle in altes, ungeliebtes Verhalten und Denken miteinplanen. Solche Ehrenrunden zu akzeptieren heißt einerseits, zu würdigen, dass eben auch das »Alte« gut geübt und im Gehirn durch die vielen Wiederholungen fest verankert ist. Es ist also gar nicht so leicht, da auszusteigen. Seien wir also geduldig mit uns selbst! Andererseits würdigen wir mit dieser Planung gleichzeitig, dass Rückschläge noch kein Grund sind, das eigentliche Ziel anzuzweifeln und aufzugeben. Vielmehr sind sie einfach ein Teil des Weges, der uns auffordert, noch genauer hinzuschauen, mehr über uns zu lernen, und das Alte vielleicht auch noch einmal kurz zu genießen – um dann wieder bewusst das neue Verhalten zu stärken.

Übung: Ehrenrunden drehen

Im Coaching können Sie diese Ehrenrunden konkret besprechen. Fragen Sie also:

- Wie würde eine Ehrenrunde aussehen? Woran werden Sie sie erkennen?
  - Reicht schon ein Tag ohne Jogging? Oder ist erst am Ende einer Woche ohne Sport der ganze Plan zunichte?
  - Macht das zweite Stück Torte die Diät vollends kaputt oder kann ich dies als Genussmoment im alten Stil verbuchen und danach immer noch auf den Pfad der Gesundheit zurückkehren?
  - Wenn ich trotz aller Vorsätze meine Meinung im Meeting nicht laut geäußert habe, heißt es dann, dass ich es niemals schaffen werde?
- Wie werden Sie mit »Ehrenrunden« umgehen?
  - Was können Sie konkret tun, um sich wieder an Ihr Ziel zu erinnern?
  - Wie werden Sie sich wieder auf den Weg zurückbringen, den Sie eigentlich gehen wollten?
- Gibt es ein »Ritual«, das Sie dann vollziehen werden?

  Zum Beispiel können Sie sich dann einen Selbstwirksamkeitsbooster geben: »Die Dinge widerfahren mir nicht, sondern ich selbst bin die bewusste, aktive Gestalterin meines Lebens! Ich habe das so gewählt, und beim nächsten Mal kann und werde ich wieder anders wählen.«
- Gibt es etwas, das Sie als Symbol in Ihrem Leben verankern können, das Sie immer wieder an Ihr Ziel erinnert?

  Zum Beispiel kann ein bestimmtes Hintergrundbild auf dem Smartphone als Anker dienen. Es kann auch ein Schmuckstück sein, das Sie immer tragen. Ebenso können Sie ein Tattoo an einer Körperstelle, die Ihnen regelmäßig in den Blick fällt, als Anker wählen.
- Gibt es Menschen, die Sie miteinbeziehen wollen, die Ihnen helfen können, Ihr Ziel weiterzuverfolgen?
- Gibt es eine andere Form von Struktur, die Ihnen helfen kann, indem Sie dadurch über einen längeren Zeitraum, zum Beispiel durch wöchentliche Termine, an das erinnert werden, was Sie erreichen wollen?

  Das können zum Beispiel sein: ein Sportkurs für mehr Fitness, ein Kochkurs für mehr gesunde Ernährung, ein Lesezirkel für mehr geistige Nahrung.

Praxis des Gelingens

Das Verfolgen von Zielen und das leidenschaftliche Arbeiten an einem bedeutsamen Thema – selbst dann, wenn sich Hürden auftun (Grit) – hängt mit der Stärkung der Resilienzfähigkeit und dem erfolgreichen Bewältigen von Krisen zusammen. Wir sollten also Klarheit darüber haben, wie wir unsere Ziele bestmöglich erreichen.

Wenn wir in unserem Leben langfristige Pläne verfolgen, dann entwickeln wir eine Vorstellung davon, was genau wir erreichen wollen und auch, wie wir dort hinkommen wollen. Wir laufen hierbei aber häufig Gefahr, dass wir uns den Weg als einen direkten vorstellen. Um vorbereitet und konstruktiv auf Unerwartetes reagieren zu können, sollten wir mit Hindernissen rechnen und sie von vornherein einkalkulieren. So stärken wir unsere Steuerungskompetenz, anstatt später von Unerwartetem aus der Bahn geworfen zu werden.

Die Psychologieprofessorin Gabriele Oettingen (New York University und Universität Hamburg) hat außerdem nachgewiesen, dass noch ein weiteres Problem hinzukommt: Wenn wir uns unsere Ziele besonders schön ausmalen, dann kann das – es mag verwundern – kontraproduktiv sein (Oettingen 2015, S. 63 ff.). Positive Fantasien senken unser Energielevel. Unser Körper scheint darauf zu reagieren, als hätten wir das begehrte Ziel tatsächlich schon erreicht. Wer also seine Ziele besonders schön ausmalt, macht es wider Erwarten unwahrscheinlicher, dass er sie auch wirklich erreicht. Positives Denken ist nach Oettingen zwar notwendig, allerdings nur im ersten Schritt unseres Weges: um die von uns erhoffte Zukunft zu entwerfen, zu prüfen, was wir tatsächlich darin haben wollen, und unsere Ziele auszuwählen. Für eine effektive Umsetzung ist dagegen sehr viel mehr Realitätsbezug notwendig.

Demnach müssen für das Gelingen eines Vorhabens nicht nur der Wunsch formuliert und das Ergebnis präzisiert werden, sondern auch die wahrscheinlichen Hindernisse, Ideen zum Umgang mit ihnen und mögliche Alternativen vorhergesehen werden. Wenn das alles berücksichtigt und mitbedacht wird, dann erhöht sich die Chance, das Ergebnis zu erreichen. Oettingen verbindet für ihre Strategie WOOP zwei Techniken:

- Zum einen verwendet sie das von ihr beschriebene »mentale Kontrastieren« – also eine Übung, bei der Planende sich sowohl das positive Ergebnis vorstellen als auch die internalen Herausforderungen, die sie davon ablenken könnten, das Ziel auch wirklich zu erreichen.
- Zum anderen wendet sie das von ihrem Ehemann Peter Gollwitzer, ebenfalls NYU-Professor, entwickelte Konzept der »Durchführungsintentionen« an. Hier wird in Form von »Wenn-Dann-Plänen« bereits vorab spezifiziert, wo, wann und wie das Geplante durchgeführt werden soll.

Übung: WOOPen

Das Akronym WOOP steht für die vier Schritte zur Zielerreichung:

- Wish
- Outcome
- Obstacle
- Plan

Wish: Lassen Sie Ihre Fantasie laufen. Dann formulieren Sie aus Ihren Ideen ein klares, positiv besetztes Ziel. (Zum Beispiel: Bei der nächsten Konferenz zum Thema Nachhaltigkeit möchte ich meinen Vortrag frei und mit Freude halten).

Outcome: Nun kommt das Ergebnis, das erzielt werden soll, in den Blick. Stellen Sie sich bildlich vor, wie Ihr Wunsch, Ihr Ziel, in Erfüllung geht. Definieren Sie dann das bestmögliche Ergebnis. (Beispielsweise können Sie sich bildlich ausmalen, wie Sie auf der Bühne stehen und in aufmerksame, interessierte Gesichter schauen, während Ihnen die Worte leicht über die Lippen kommen.)

Obstacle: Im nächsten Schritt stehen die internen und externen Hindernisse im Fokus. Was müssen Sie – falls Sie auf solche stoßen – anders machen, um Ihr Ziel zu erreichen? (Sie könnten – weil Sie an den Vortrag nicht denken möchten – die intensive Vorbereitung vor sich herschieben, sodass Sie nicht in der Lage sein werden, ihn frei zu halten. Sie müssen also Zeit dafür einplanen, um sich gut auf Ihre Präsentation vorzubereiten.)

Plan: Aus diesen Überlegungen entsteht Ihr Plan und Sie können sich fragen: Wann und wo wird das Problem auftauchen? Wie kann ich reagieren? Und was genau werde ich dann tun? (Damit Sie sich nicht von dem großen Batzen Arbeit abschrecken lassen, werden Sie sich für die Zeit ab heute bis zur Konferenz tägliche Zeitfenster von nur 15 Minuten in den Kalender setzen, um kontinuierlich an der Präsentation zu arbeiten. Falls Sie merken, dass Sie das nicht einhalten, werden Sie sich mit einer Freundin absprechen oder sogar einen Coach hinzuziehen, mit dem Sie regelmäßige (wöchentliche?) Termine ausmachen, um zu berichten, wie weit Sie mit der Arbeit sind, und um Unterstützung zu erhalten.)
Wer nach diesem Muster Pläne macht, hat eine höhere Chance, diese auch zu verwirklichen.

Embrace the suck

Welches Glück, eine Hürde! Sich wohl damit fühlen, wenn sich etwas nicht gut anfühlt – auch das lässt sich lernen. Bei den Navy Seals gibt es den geflügelten Ausdruck »Embrace the suck« (etwa: Den Mist begrüßen). Er fordert dazu auf, das extrem Unangenehme – aber Unvermeidliche – bewusst zu akzeptieren oder gar zu schätzen.

Wir alle wissen oder haben davon gehört, dass Krisen, Krankheiten und Katastrophen uns erweitern und stärken können. Viele von uns haben die Erfahrung gemacht, dass wir aus sehr herausfordernden Lebensereignissen wie Krankheit, Trennung, Abschied und Kränkung die für wichtigsten Lektionen für unser Leben ziehen konnten. »Hätte ich die Wahl gehabt, ich hätte mir dies nie gewünscht – und dennoch ist mein Leben dadurch bewusster und reicher geworden.« Aber sollen wir deswegen gleich die Hürden umarmen und sie begrüßen?

»So schlimm wird es schon nicht sein!«, ist definitiv die falsche Haltung. Benötigt wird diese Haltung: »Das Leben wird mir in seiner Vielfalt auch Zumutungen vor die Füße legen. Einiges davon kann ich ändern, anderes nicht. Und wenn es schon so ist, wie es ist, kann ich doch zumindest meine Haltung wählen, mit der ich auf das Unabänderliche reagiere. Wo sonst könnte ich so viel auf einmal lernen, wenn nicht angesichts dieser Misere? Wie sonst ließe sich dieser Muskel so effektiv trainieren, wenn nicht mit diesem unsäglich schweren Gewicht? Wie würde ich sonst lernen, wo meine Grenzen verlaufen, wenn nicht durch diese grenzüberschreitende Erfahrung?« Nichts an dem Erlebten wird gut geheißen, aber es wird Verantwortung dafür übernommen, welche Erfahrung und Ernte wir dadurch für uns einfahren. Die Frage, die wir in solchen Momenten an uns richten ist also nicht: Wie komme ich hier raus? Sondern: Wie komme ich hier durch?

Coping ugly

Es scheint Konsens zu sein, dass wir angesichts von Krisen gute, richtige, tiefgehende Lösungen finden sollen. Das heißt: Wir müssen uns zutiefst mit uns selbst und dem Erlebten auseinandersetzen und dürfen auf keinen Fall irgendetwas verdrängen. Manchmal können und manchmal wollen wir das aber einfach nicht, mal fehlt die Kraft, mal die Lust, oder aber es ist kein Nutzen darin zu erkennen. Der Zugang zum Perspektivwechsel, den eigenen Ressourcen und dem, was aus der Krise zu lernen ist, scheint dann keine Option zu sein. Stattdessen ist das Erste, was in den Sinn kommt, genau das, was wir uns eigentlich verbieten sollten: etwas kaputt machen, ausrasten, Rachepläne schmieden, uns betrinken.

Der Resilienzforscher George Bonanno räumt immer wieder gründlich auf mit verbreiteten Überzeugungen, dass es gute und schlechtere Wege gibt, mit traumatischen Erlebnissen umzugehen. Dass es bestimmte Dinge gibt, die wir auf jeden Fall tun sollten, wie zum Beispiel uns mit der Bitte um Unterstützung an andere zu wenden, über das Erlebte reden, uns auf eine wünschenswerte Zukunft ausrichten. Ja, vielleicht. Vielleicht aber auch überhaupt nicht. Bonanno hat Menschen untersucht, die nach einem schweren Schlag nicht – wie man erwarten würde – mit einem Zusammenbruch reagierten, sondern in Lachen verfielen, zum Schießstand gingen oder sich ihre Leibspeise bestellten (Bonanno 2004, S. 20–28). Tätigkeiten und Freuden also, die bereits schon vor dem einschneidenden Erlebnis Teil des Repertoires aus wohltuenden Dingen waren. Ist dieses Repertoire gut gefüllt, geht es im Augenblick der Krise nur noch darum, für jeden Moment einzeln zu prüfen: Was tut *mir jetzt* gut? Das ist ganz unabhängig davon, ob es auch jemand anderem helfen würde oder ob das in den Augen von Beobachtern eine angemessene Reaktion zu sein scheint.

Für das, was gegen landläufige Überzeugungen geht, wie sinnvolles und vorbildliches Krisenverhalten aussehen sollte, hat Bonanno den Begriff »coping ugly« geprägt – hässlich bewältigen. Eben nicht auf eine Weise leiden, die von anderen als gesund und würdevoll wahrgenommen wird. Menschen legen dann Verhaltensweisen an den Tag, von denen wir im Konsens davon ausgehen, dass sie weder gesund noch hilfreich sind.

Wichtig

Und dennoch: Die größte Erlösung kann in einem Verhalten liegen, dass weder sinnvoll noch konstruktiv erscheint, den akuten Schmerz aber jetzt und hier besser als alles andere lindert.

Wird dieser Gedanke erst einmal zugelassen, so wird die Liste der Möglichkeiten plötzlich lang: verdrängen, sich ablenken und zerstreuen, fluchen und verteufeln, sich mit Menschen vergleichen, denen es noch viel schlechter geht als einem selbst, sich isolieren, Serien bingen (auch Komaglotzen oder Serienmarathon genannt) und der Konsum von (legalen) Substanzen, die für eine Weile alles vergessen lassen.

Es ist vollkommen klar, dass das keine Lösung auf Dauer sein kann – dennoch kann daraus die Kraft entstehen, dass etwas anderes in Gang gebracht wird. Von hier aus – so stellt Bonanno fest – können wir anschließend die nächsten Schritte weitergehen (Stix 2011, S. 28–33). Auch wenn hier die Formulierung »Allem Anfang wohnt ein Zauber inne« so gar nicht passt – Hauptsache, wir fangen an. Alles Weitere findet sich.

Überwintern

Ruhe, Rückzug, Einkehr, der Blick nach innen. Es gibt Momente, da sind wir am besten für eine Weile mit uns allein. Mit dem, was uns bewegt und betrübt. Ohne auszuweichen, genau hinschauend, sich Zeit nehmend für Wunde und Schmerz.

In ihrem Buch »Überwintern. Wenn das Leben innehält« schreibt Katherine May: »Wenn Glück eine Fähigkeit ist, dann gilt dasselbe für Traurigkeit. Vielleicht wird uns all die Jahre an der Schule oder vielleicht auch anderswo beigebracht, Gefühle der Traurigkeit zu ignorieren. Sie in unseren Ranzen zu stopfen und so zu tun, als gäbe es sie gar nicht. Als Erwachsene müssen wir häufig erst wieder lernen, sie wieder hervorzuholen. Auch darum geht es im Winter: um das aktive Annehmen von Traurigkeit. Darum, dass wir uns selbst gestatten, sie zu empfinden, sie zu brauchen. Darum, den Mut zu haben, unseren schlimmsten Erfahrungen ins Auge zu sehen und zu versuchen, unsere Wunden so gut es geht zu heilen. Winter ist eine Zeit der Intuition, in der wir unsere wahren Bedürfnisse so schneidend wie ein Messer spüren« (May 2012, S. 135–136).

Sich zurückziehen vom alltäglichen Leben, die Türen für eine Weile schließen, die Zeit anhalten, sich einrollen und die Traurigkeit spüren. Ganz bewusst. Um dann – aber erst dann – wieder aufzutauchen. Mit der Klarheit: Auch das kann ich spüren. Auch das überleben.

Wenn wir bewusst überwintern, dann können wir dieser Zeit einen Rahmen geben. Wir können Dinge planen und tun, die der Gefühle die es zu durchfühlen gilt, würdig sind. Schreiben, Rotwein trinken, Requien hören, in die Sauna gehen, um alles auszuschwitzen, wärmende Eintöpfe kochen und Feuer machen, Tage im Bett und Stunden in der Badewanne verbringen … egal, was es ist, wir können dem, was wir tun, die Bedeutung verleihen, es möge uns durch den Winter und der Sonne wieder näher bringen.

Die eigene Welt gestalten

05

Die Kraftquellen unserer Innenwelt zu kennen, zu wissen, wie wir sie gut für uns nutzen, wie wir sie wieder auffüllen und pflegen können, ist existenziell für die Stärkung unserer Widerstandsfähigkeit. Aus unserer Außenwelt können wir ebenso Energie, Stärkung und Zuversicht ziehen: Wenn das Leben uns herausfordert, bekommen wir unsere Kraft auch von den Menschen, mit denen wir uns verbunden und geborgen fühlen, bei einer Arbeit, durch die wir nicht nur Sinn, sondern auch eine stützende Struktur erfahren, in einem Zuhause, wo wir ganz wir selbst sein und die Welt vor der Tür lassen können.

Manchmal fällt es sogar viel leichter, zunächst die äußere Welt nach den eigenen Wünschen zu gestalten. Hier können wir üben, genau das zu sagen, was uns gefällt. Haben wir gelernt, hier für wohltuende Ordnung, Inspiration und Freude zu sorgen, fällt die Hinwendung zum Inneren vielleicht sogar noch leichter.

Anhand dieser wunderbaren Spirale können wir sehen, auf was wir wie Einfluss nehmen können. Daran können wir wachsen. Das, woran wir glauben, wie wir denken und was wir tun, ist immer auch ein Produkt dessen, womit wir uns umgeben. Und so, wie wir durch unsere Umwelt beeinflusst werden, so können wir unsere eigene Umwelt gestalten – und auf diesem Wege auch mittelbar unser eigenes Leben verändern.

Stärkende Strukturen

Ein großer Teil der Strukturen in unserem Leben wird durch unsere Arbeit und die Beziehungen zu den wichtigsten Menschen in unserem Leben vorgegeben. Dazu gehören auch unsere Haustiere und die Notwendigkeiten des Haushalts. Wir können diese Struktur als belastend erleben, weil wir darunter Enge und ein tägliches Hamsterrad verstehen. Eine klare Struktur kann uns aber auch Halt geben, weil sie uns in guten wie in schweren Zeiten die jeweils nächsten Schritte vorgibt, die wir ausführen können, ohne darüber nachdenken und Energie aufwenden zu müssen. Insofern können wir unsere Alltagsstruktur als eine Ressource sehen, als ein Korsett, das zwar pieken kann, das uns aber auch stützt.

Gerade unter dem Gesichtspunkt der Entwicklung von Resilienz ist es daher hilfreich, sich unseren Alltag anzuschauen. Dazu gehört einerseits, regelmäßig unsere automatisierten Abläufe und Gewohnheiten zu hinterfragen, Ballast abzuwerfen oder schlau zu delegieren. Andererseits gilt es, die Dinge, die wir schätzen, in unseren Alltag zu holen, auf kleine Freuden zu achten und das, was uns am Herzen liegt, so in unsere Routinen zu integrieren, dass wir das Wichtige nicht vor lauter dringenden Angelegenheiten aus dem Blick verlieren.

Routinen und Rituale entwickeln

Vieles in unserem Alltag tun wir aus Gewohnheit, ohne nachzudenken. Und manchmal beschweren wir uns über unsere schlechten Angewohnheiten. Wir können aber in unserer Fähigkeit, Routinen zu entwickeln, auch großes Potenzial entdecken: Unsere Gewohnheiten können sehr hilfreich sein, wenn wir diese weise wählen. Mit Routinen können wir viel erreichen:

Wir können unseren Ziele in kleinen Schritten näher kommen. Wir können zum Beispiel jeden Tag zu einer festen Zeit fünf Minuten Vokabeln lernen. Wir können einfache kleine Bewegungseinheiten so planen, dass wir sie als tägliche Gewohnheiten mit wenig Zeit und Mühe in den Tag integrieren können. Unsere Routinen können allein schon dadurch, dass wir durch sie regelmäßig für uns hilfreiche Dinge tun, viel positive Kraft entwickeln. Von da aus lässt sich dann ganz leicht der nächste Schritt gehen: Was soll noch Teil ihres Lebens werden? Routinen-Stacking – also das Andocken neuer an bestehende alte Routinen – ist hier ein wirksamer Weg, um weitere gewünschte Verhaltensweisen ins Leben zu integrieren.

Routinen senken das Stresslevel. Vor allem durch die Tatsache, dass wir nicht immer neu entscheiden müssen, was wir tun, verringert sich der Stress. Es lohnt sich, dabei ein wenig ins Detail zu gehen, wenn wir eine neue Routine entwickeln wollen. Sich einfach vornehmen, jeden Tag Kniebeugen zu machen, reicht nicht. Schnell ist der Tag vorüber und irgendwie hat sich nie der richtige Zeitpunkt ergeben. Hilfreich ist eine ganz konkrete Anknüpfung: Immer beim Zähneputzen Kniebeugen/Squats machen. Vielleicht kleben Sie sich für die erste Zeit sogar als kleine Erinnerung an den Badezimmerspiegel?

Routinen und Rituale können unsere Alltagsstruktur verbessern. Indem wir uns zum Beispiel auf den nächsten Tagesabschnitt einstimmen, können wir uns selbst signalisieren, dass jetzt eine neue Phase eingeläutet wird. So kann es zum Beispiel Teil eines Abendrituals sein, sich einen Tee zu kochen, an einem bestimmten Ort ein Buch zu lesen. Sogenannte Distanzierungs- und Orientierungsrituale sind geeignet, um für innere Klarheit und Ausgeglichenheit zu sorgen: zum Beispiel Arbeitskleidung oder Namensschild ablegen, Tasche für den nächsten Tag packen, abends die Kleidung für den kommenden Tag heraussuchen und bereitlegen, morgens einen Kaffee kochen.

Es gelingt besser, Maß zu halten. Ein weiterer Grund, Routinen in unser Leben einzuführen kann sein, dass wir etwas, womit wir zu viel Zeit verbringen, durch ein Ritual »zähmen«: So können wir zum Beispiel nach dem Kaffee fünf Minuten Nachrichten lesen, aber nicht mehr.

Es gibt zahlreiche Autoren, die sich intensiv mit dem Thema Rituale und Gewohnheiten auseinandergesetzt haben. James Clear betont in seinem Buch »Atomic Habits« (auf Deutsch 2020 unter dem Titel »Die 1%-Methode« erschienen), wie wir selbst mit kleinsten Gewohnheiten allein aufgrund der Häufigkeit und Regelmäßigkeit der Durchführung sozusagen Berge versetzen können, da diese bei extrem kurzem Zeitaufwand so gut wie nie ausfallen müssen. In seinen Augen ist es dabei wichtig, diese Verhaltensänderung mit einer Veränderung des Selbstbilds zu begleiten. Das bedeutet, dass wir nicht nur beschließen (und das natürlich dann auch zu tun) »Ich jogge täglich eine halbe Stunde«, sondern von sich selbst gleichzeitig als eine »Joggerin« zu denken und reden.

Ballast abwerfen

Kennen Sie diese Faszination? Von aufgeräumten Umgebungen und klaren Strukturen geht eine ungemeine Ruhe aus und wir merken, dass diese Form von Klarheit uns ein Gefühl der Freiheit gibt. Die japanische Beraterin und Bestsellerautorin Marie Kondo hat mit ihrem Buch »Magic Cleaning« (2013) und ihrer Aufräummethode einen weltweiten Erfolg gefeiert, indem sie Menschen dazu inspiriert hat, sich von einem großen Teil der Dinge zu trennen, mit denen ihre Wohnungen gefüllt sind. Nur das sollte bleiben, was Freude entfacht (»Does it spark joy?«).

Wir kennen auch die andere Situation, nämlich dass die eigene, unaufgeräumte Wohnung sich belastend auswirkt. Dinge, die nicht ihren Platz gefunden haben, warten wie eine »lebende Aufgabenliste« auf uns, da sie uns zurufen: »Bearbeite mich! Räum mich weg! Bring mich zu Ende!« Schon ein einziger Blick darauf strengt uns an. Und selbst dann, wenn wir gerade nicht auf das Chaos schauen, bleibt unterschwellig in unserem Kopf ein »Tab« offen. Diese Tabs schließen zu können, sich von ihnen zu trennen – Ordnung! – das gibt uns Ruhe, Zufriedenheit und lässt die Energien bei uns, anstatt sie auf unsere Aufgabenlisten gerichtet zu halten.

Übung: Gedankenexperiment

Fertigen Sie aus dem Gedächtnis eine Liste mit Dingen an, die Sie besitzen und die Ihnen wichtig sind. Am besten machen Sie das nicht in Ihrer Wohnung, sondern aus der Ferne, an einem schönen Ort, vielleicht in der Natur oder in Ihrem Lieblingscafé. Nehmen Sie sich gedanklich einen Raum nach dem anderen vor, einen Schrank, eine Kommode, eine Schublade nach der nächsten. Wenn Sie fertig sind, gleichen Sie zu Hause Ihre Erinnerung mit der Realität ab. Sie werden merken, wie viele Dinge Sie vergessen haben. Diese Erkenntnis kann eine Entscheidungshilfe für Sie sein, sich von Altem zu verabschieden – ihr Geist hat es schon getan.

Es gibt viele gute Gründe zu entrümpeln – im Innen wie im Außen. Wir schaffen Platz für das Wesentliche, indem wir Ballast loswerden. Auszumisten kann gute Gefühle erzeugen und eine Gelegenheit bieten, sich auch von alten Gewohnheiten und Erinnerungen zu lösen. Wir fühlen uns innerlich leichter und freier, wenn wir uns von Dingen trennen, die wir nicht (mehr) benötigen, die uns nicht (mehr) glücklich machen. Abschalten können wir unser Denken schwerlich, aber mehr Struktur in unsere Gedankengänge bringen, das geht.

Vollkommener Fokus

In einem Leben voller Aufgaben und Termine haben wir manchmal das Gefühl, dass wir den Wald vor lauter Bäumen nicht mehr sehen, dass wir das Ziel, vielleicht uns selbst, aus den Augen verlieren.

Um wieder Überblick zu gewinnen, um nachjustieren zu können, gilt es, das Wichtige wieder in den Blick zu nehmen. Dafür benötigen wir Zeiten vollkommener Fokussiertheit, in denen wir ohne Ablenkung konzentriert unseren Gedanken nachgehen können. Fehlt hierfür ein Platz in unserem Leben, spüren wir bald die Auswirkungen. Erschöpft, ausgebrannt, mit leeren Energietanks hetzen wir hinter unserem Leben her, ziehen nicht mehr unseren Karren, sondern werden von ihm überrollt. Ohne Ruhe und Fokus fehlt das Gefühl, hinter dem Steuerrad unseres Lebens zu sitzen.

Wir mögen uns darin unterscheiden, wie wir uns bestmöglich in einen solchen Zustand von Versunkenheit versetzen können und wie viel für uns notwendig ist. Das ist eine Frage der persönlichen Konstitution, Vorliebe und Lebensphasen. Wichtig ist aber: Auch ohne verspürte Sehnsucht nach Ruhe und Fokus brauchen wir diese Phasen regelmäßig. Wenn wir erst einmal damit begonnen haben, können wir lernen, uns nach diesen Qualitäten zu sehnen und deren stärkenden Effekt zu genießen.

Es gibt verschiedene Formate, wie wir Zeiten vollkommener Fokussiertheit in unser Leben integrieren können. Eine intensive Weise hat der US-amerikanische Informatikprofessor Cal Newport mit seinem Bestseller mit dem schönen Namen »Deep Work« – auf Deutsch »Konzentriert arbeiten« (2017) – entworfen. Er beschreibt, wie unsere Fähigkeit, sich tiefgehend einer Aufgabe zu widmen, immer mehr schwindet (Wir wissen meist selbst nur zu gut, woran das liegt) und dass diese Fähigkeit zunehmend zur wichtigsten Voraussetzung wahrer Innovationen und Wertschöpfung geworden ist.

Wollen wir uns darin üben, gehören folgende (teils unangenehme) Aspekte dazu:

- ablenkungsfreie Termine für das konzentrierte Arbeiten verbindlich einplanen
- Rituale rund um die eigene Konzentrationsfähigkeit bauen (zum Beispiel bestimmte Uhrzeiten und einen festen Zeitrahmen, einen eigenen Ort, das Abschalten sämtlicher Geräte, andere über die »Deep Work«-Zeiten informieren)
- sich von sämtlichen Social-Media-Kanälen abmelden (oder deren Nutzung zumindest ehrlich zu hinterfragen) und sich von »Shallows«, also oberflächlichen Tätigkeiten, die allein der Zerstreuung dienen, fernzuhalten

Eine weniger extreme Ausformung hat David Leonhardt, Journalist bei der New York Times, als »Shultz Hour« bezeichnet (https://www.nytimes.com/2017/04/18/opinion/youre-too-busy-you-need-a-shultz-hour.html) – benannt nach George Shultz, US-Außenminister in den 1980er-Jahren. Dieser nahm sich einmal pro Woche eine Stunde Zeit, um sich wirklich Wichtigem zu widmen. Nur für seine Frau und für den Präsidenten blieb er erreichbar und etwas zum Schreiben hielt er parat. Allein in dieser Zeit, erklärte er, könne er strategische Aspekte wirklich in den Blick nehmen. Ohne eine solche konzentrierte Arbeit würden diese großen Handlungslinien von den alltäglichen kleinen Taktikfragen überdeckt und ausgehebelt.

Wichtig

Langfristige Perspektiven, Fokus auf das Wesentliche, das Einschlagen der großen Richtungen – dafür sind lediglich Ruhe, Stift und Papier notwendig. Aber das dann eben schon!

Räumen wir uns also bewusst Zeiten ein für unsere übergeordneten, größeren Ziele, halten wir immer wieder inne und fragen uns: »Ist das, was ich tue wichtig – oder einfach nur dringend?« Und es ist wichtig zu lernen, zwischen den beiden – dringend und wichtig – konsequent zu unterscheiden, um langfristig immer mehr mit solchen Aufgaben beschäftigt zu sein, die uns sehr am Herzen liegen, und die unseren Fokus bekommen, ohne die Dringlichkeit eines zu löschenden Brandes benötigen.

Übung: Eisenhower-Matrix

Um die Wichtigkeit und die Dringlichkeit von Aufgaben klarer zu erkennen, können Sie die sogenannte Eisenhower-Matrix nutzen. Dort tragen Sie ein, was wichtig und/oder dringend beziehungsweise unwichtig und nicht dringend ist. Auf diese Weise erhalten Sie einen besseren Überblick und können Ihre Vorgehensweise festlegen.

	Dringend	Nicht dringend
Wichtig	A Erledigen	B Planen, exakten Termin festlegen
Unwichtig	C Delegieren	D Verwerfen, löschen,

Stärkendes Umfeld

Die Menschen, die uns umgeben, machen uns hoffentlich glücklich. Wir können Schönes teilen, zusammen etwas erleben, Zeit miteinander verbringen, aber auch gemeinsam Projekte aufbauen, arbeiten, uns unterstützen. Ein stabiles Netzwerk kann ein wichtiger Resilienzfaktor sein. Wir geben uns in unseren Beziehungen gegenseitig Halt. Manchmal reicht es schon, dass wir einfach da sind, dass sich die Rhythmen unseres Zusammenlebens auch dann nicht verändern, wenn an anderer Stelle in unserem Leben etwas passiert, das uns umwirft – wenn also die Familie noch da ist, auch wenn es beruflich gerade einen harten Bruch gegeben hat. Oder andersrum: wenn die Kollegen noch da sind, auch wenn der Partner geht.

Das Wort »Netzwerk« beschreibt die haltende Wirkung, die unsere privaten und beruflichen Verbindungen für uns haben können. Wie das Netz eines Hochseilartisten im Zirkus den Lauf über das Drahtseil absichert, kann unser Netzwerk ebenso genau die Sicherungsebene sein, die das Selbstvertrauen stärkt. Manchmal gibt allein der Gedanke Halt, dass die anderen da sind. Manchmal ist der Ausdruck von Zuwendung und Liebe durch andere, deren direkte Hilfe, die gemeinsamen Freuden sowie der Austausch mit Gleichgesinnten notwendig, damit Kraft entsteht. Und auch wir selbst halten andere, mit denen wir in einem Netzwerk sind. Auch das Gefühl, selbst als Unterstützer oder Unterstützerin wirksam werden zu können, tut gut und stärkt das Selbstbewusstsein, was wiederum der Resilienz zugutekommt.

Krisenhelfer

Wärme, Trost, Hilfe und Unterstützung können aus dem persönlichen Netzwerk von Familie, Freundeskreis und Arbeitsumfeld kommen. Im Idealfall hält dieses Netz bereits gut. Wenn es um die Bewältigung großer Krisen geht, kann es hilfreich sein, das eigentliche Netzwerk darüber hinaus um »Fachleute« zu ergänzen. Sie können Wege und Weichenstellungen sehen, die wir unter Druck nicht mehr in den Blick bekommen, die sie aber aufgrund ihrer Erfahrung kennen. Ausgebildete Krisenbegleiter:innen mit viel Erfahrung für spezifische Traumata können der fehlende Fels in der Brandung sein, indem sie mit Expertise und Steuerungskompetenz, mit Mitgefühl, aber ohne Mitleid, durch Krisen begleiten.

In jeder Krise sind unterschiedliche Begleiter:innen notwendig. Wer oder was dann letztendlich hilft, entscheiden die Betroffenen selbst. Wollen wir auswählen, wer uns jetzt guttut, dann gilt es zunächst zu prüfen, was wir uns genau wünschen: Rat, Expertise, eine bewährte Methode, einen neuen Blick oder ein »frisches Ohr«, dem wir noch einmal alles genau erzählen können. Auch im Coaching ist diese Frage hilfreich: Durch welche andere Menschen, Helfer:innen, Angebote und Methoden lässt sich dieser Prozess an dieser Stelle noch ergänzen und wirksamer gestalten?

Nicht nur ausgebildete Fachleute sind hilfreich in der Not, eine besondere Form von Trost und Unterstützung gibt es durch andere Betroffene. Wir können von ihnen lernen und unser eigenes Leid besser einordnen. Die häufige Frage »Ist es normal, dass ich so fühle?« bekommt hier einen anderen Rahmen. Allein die Tatsache, mit Menschen zusammen zu sein, die etwas Vergleichbares erlebt, es sogar überwunden haben, und zu hören, was ihnen geholfen hat, zu sehen, was daraus für sie Neues entstanden ist, das gibt Perspektive. Zu erkennen: »Ich bin nicht allein« kann ein Gefühl des Aufgehobenseins geben und Grundlage für eine neu entstehende Identität sein. Suchen wir die Nähe zu Menschen mit ähnlichen Erfahrungen, so können wir uns verbinden mit denjenigen, die zurzeit in der gleichen oder ähnlichen Situation sind (Selbsthilfegruppen, Foren, in denen sich Menschen austauschen und gegenseitig Anteil nehmen). Wir können uns an Menschen wenden, die eine gleiche oder ähnliche Krise bereits gemeistert haben. Menschen, die schon über dem Berg sind, also dort, wo es zurzeit noch unvorstellbar ist, eines Tages zu sein. Von ihnen können wir lernen, was sie durch die Zeit der Not getragen hat – und wie es sein könnte, mit den Wunden von heute als Narben von morgen weiterzuleben.

Sich gegenseitig guttun

Die Menschen, die wir lieben und schätzen, deren Nähe wir genießen, die uns guttun, für die auch wir wiederum eine Wohltat sind, von denen wir lernen können, die unser Wachstum unterstützen und uns, wenn nötig, den Spiegel vorhalten, sie alle machen unser persönliches Netzwerk aus. Wir freuen uns gemeinsam und wir geben uns gegenseitig Halt, wenn es hart auf hart kommt. Das bedeutet nicht, dass wir uns von herausfordernden Menschen und Situationen fernhalten sollten. Sie haben Potenzial unsere besten Lehrer:innen zu sein! Auch wenn wir uns gelegentlich gegenseitig herausfordern – unsere Beziehungen sind nicht nur angenehmer, sondern auch nachhaltig wohltuender, wenn wir uns im Großen und Ganzen guttun, uns unterstützen, schätzen und inspirieren.

Unser Umfeld hat viel damit zu tun, wie wir selbst uns entwickeln. Der Einfluss unseres Umfelds auf uns und die Bedeutung, die wir für die Menschen in unserer Umgebung haben ist enorm. Das, was wir denken, fühlen und tun, wird stark durch die Menschen beeinflusst, mit denen wir unsere Lebenszeit verbringen. Unsere Überzeugungen, was wir beispielsweise unter Erfolg, Gesundheit und Glück verstehen, welchen Raum wir dem in unserem Leben geben, das entsteht immer auch im Austausch miteinander. So werden unsere Haltung und unser Befinden nicht allein von innen, sondern auch von außen beeinflusst.

Wir wollen nun einen Blick darauf werfen, inwieweit Sie sich durch Ihre Beziehungen gestärkt fühlen. Es gibt Kontakte, die uns stärken, energetisieren und wachsen lassen, es gibt aber auch solche, die unsere Stimmung trüben, uns hemmen und uns Energie abziehen. Auch das kann auf Gegenseitigkeit beruhen. Wichtig ist es daher, Beziehungen hinsichtlich ihrer Energiebilanz zu prüfen und zu identifizieren, wie hoch die Passung mit unseren Wünschen und Sehnsüchten ist. Indem Sie aktiv dazu beitragen, dass die Beziehungen mit den Menschen in Ihrem Leben von aufrichtig guten Gefühlen, von Freude, Unterstützung und Anregungen zum Wachstum geprägt sind, können Sie sich gegenseitig beschenken.

Vielleicht gehören zu den Beziehungen Ihres Lebens aber auch solche, bei denen Sie sich noch daran erinnern können, dass Sie sich gegenseitig einmal guttaten, die aber nun eine andere Qualität bekommen haben. Sie kosten jetzt Kraft, wertvolle Zeit und Energie. Vielleicht nehmen Sie eine solche Schieflage zum Anlass, darüber nachzudenken, ob und wie Sie die einstige inspirierende Qualität wieder in Ihre Beziehung holen können. Aber: Wenn wir Beziehungen aus einem reinen Verpflichtungsgefühl, aus alter Gewohnheit oder Abhängigkeit aufrechterhalten, ohne sie wahrhaft zu schätzen und zu genießen, dann ist es möglicherweise Zeit, innezuhalten und Bilanz zu ziehen. Sie können sich unabhängig von allen bisherigen Versuchen fragen: Was können Sie jetzt dazu beitragen, die Qualität der Beziehung wieder zu verbessern? Wie viel Zeit mit diesem Menschen tut Ihnen beziehungsweise der anderen Person gut? Wann ist der Moment erreicht, an dem es wichtig ist, die Verbindung zu lockern und sich dafür stärker anderen Personen zuzuwenden, mit denen Sie gemeinsam Positives erleben können? Sie können – wie es Sylvia Kéré Wellensiek in Ihrem »Logbuch Resilienz« nennt – den »Beziehungsgarten« (2020, S. 78 ff.) erkunden.

Übung: Den Beziehungsgarten erkunden

Betrachten Sie Ihre verschiedenen Beziehungsrollen. Fragen Sie sich:

- Welches persönliches Verhalten und welche innere Haltung nehme ich innerhalb dieser Beziehungen ein?
- Wie groß sind Wertschätzung und Aufmerksamkeit der einzelnen Beteiligten in diesem Beziehungsgarten?
- In welchen Begegnungen fühle ich mich größer oder kleiner?
- Welche Muster und Prägungen vollziehen sich in diesem Austausch?
- Welche Triggerpunkte erwischt der oder die andere immer wieder bei mir?

Diese verschiedenen Eindrücke und Erkenntnisse können Sie schriftlich zusammenfassen. Anschließend geht es darum, die Zukunft in den Blick zu nehmen und sich ein Bild davon zu machen, in welchem sozialen Geflecht Sie zukünftig leben wollen.

Ähnlich ist es im Beruf. Wenn Sie Bilanz in Ihrem beruflichen Netzwerk ziehen, kommen Sie vielleicht zur Erkenntnis, dass es Kolleg:innen, Vorgesetzte und Klient:innen gibt, die Ihnen nicht guttun und Stress verursachen. Wenn Gespräche, Coaching und Mediation im Unternehmen zu keiner Veränderung führen, kann es sinnvoll sein, den Job zu wechseln. Und bei Klient:innen, die Ihnen Stress verursachen, sollten Sie das Thema offen ansprechen. Vielleicht kommen dadurch neue Erkenntnisse zutage. Haben wir aber alle Optionen geprüft, eigene Anteile reflektiert, unser Verhalten im Einklang mit dem angepasst, was uns wichtig ist, und dennoch ist keine Besserung in Sicht, dann ist es möglicherweise besser, sich zu trennen. Gegenüber den Verlusten und Kosten einer Trennung stehen dann der Gewinn von Freiheit, das Einstehen für sich und die eigenen Bedürfnisse sowie die klare Entscheidung, den eigenen Werten treu zu bleiben.

Lovebombing

Dies ist immer wieder unglaublich stärkend, wenn auch nervenaufreibend: Menschen im eigenen Umfeld um eine Rückmeldung zu sich selbst zu bitten. Es ist eine oft zunächst einschüchternde Aufgabe, jedoch mit hilfreichen, berührenden, wohltuenden und Kraft gebenden Ergebnissen, dass es den Schubs, den wir vielleicht gerade benötigen, allemal wert ist. Gerade, wenn wir nicht in unserer vollen Kraft sind, kann es sehr stärkend sein, das zu hören, was andere an uns schätzen.

Fragen Sie also die Menschen um sich herum – egal ob beruflich oder privat – immer wieder einmal, was diese an Ihnen besonders schätzen, welche Stärken, Fähigkeiten, positive Eigenschaften und Talente sie sehen. Das ist ungewohnt und vielleicht bisweilen unangenehm, aber auch aufregend und kräftigend!

Übung: Lovebombing

Damit es leichter fällt, hier ein paar Ideen für Fragen, die Sie stellen können:

- Was machst du mit mir besonders gern? Was würdest du am liebsten mit mir unternehmen? Und warum?
- Bei welchen Projekten, bei der Lösung welcher Probleme würdest du als Erstes an mich denken?
- Wenn du meine Chefin wärst, welche Aufgaben würdest du mir anvertrauen? Und warum?
- Was sind aus deiner Sicht meine größten Stärken?
- Worin hast du mich oft unterschätzt?
- Was hast du über mich gedacht, als wir uns kennengelernt haben? Wie hat sich deine Sicht auf mich seitdem verändert?
- Wobei kannst du auf mich zählen?

Mit Sicherheit können Sie so ein kleines Lovebombing erleben, wenn Sie Ihren Lieben die Gelegenheit geben, Ihnen auf diese Fragen zu antworten. Solche Fragen vertiefen meist nicht nur das Gespräch, sondern auch die Beziehung zu einem Menschen. Sollte es Ihnen fremd sein, solche Fragen zu stellen, fangen Sie selbst damit an, anderen ehrliche, persönliche, positive Rückmeldungen zu geben. Man wird es Ihnen bald »in gleicher Münze heimzahlen« und Sie werden Wunderbares über sich erfahren!

Und es gibt uns die Möglichkeit, diese Rückmeldungen und mit der eigenen Selbstwahrnehmung abzugleichen und Erkenntnisse daraus in die Landkarte von uns selbst neu einzubauen.

Übung: Loveboming (Fortsetzung)

Fragen Sie sich uns also:

- Sind die Rückmeldungen anders, als ich es erwartet habe?
- Was hat mich überrascht?
- Hätte/habe ich die gleichen Stärken bei sich gesehen? Woran macht mein Gegenüber diese Einschätzungen wohl fest?
- Was hat mich besonders erfreut?
- Was wird aus dieser Art der Begegnung, aus diesem Gespräch heraus möglich, das ich so nicht erwartet habe? Was kann und will ich nun wagen/ausprobieren?
- Wie ändert das meinen Blick auf mich selbst?

Stärkendes Tun

Bewegung tut uns gut, das wissen wir. Es ist für uns auf vielfache Weise hilfreich und wohltuend, wenn wir Sport treiben, wenn wir sowohl unsere Muskeln stärken als auch unser Herz-Kreislauf-System. Und nicht nur unsere physische Kraft profitiert von unseren Bewegungen, sie machen uns zudem innerlich widerstandsfähiger. So können wir über körperliche Aktivität die unmittelbaren Auswirkungen von Stress reduzieren. Durch innere und äußere Belastungen werden Stresshormone ausgeschüttet. Durch Bewegung können diese Hormone zügig wieder abgebaut werden, der Körper kann entspannen. Tun wir dies nicht, bleiben die Botenstoffe länger als notwendig in unserer Blutbahn. Geschieht dies immer wieder, weil wir chronisch gestresst sind, beginnt unser Körper, darauf zu reagieren. Unsere Organe leiden, die Nerven liegen zunehmend blank, die Fähigkeit sinkt, resilient auf Herausforderungen zu reagieren.

Erweitern wir also unser Repertoire um neue Möglichkeiten, unsere seelischen Widerstandskräfte mithilfe unserer körperlichen Ressourcen zu steigern. Finden und integrieren wir Bewegungen, die uns mit Freude erfüllen, an denen wir wachsen und die uns kräftigen können in unseren Alltag. Wenn wir lernen, wie wir unserem Körper guttun, effektiv regenerieren und Energietanks wieder auffüllen, dann steigt in uns die Zuversicht, gewappnet zu sein für ein Leben mit Höhen und Tiefen.

Interview mit Felicitas Ritter: Wir brauchen Kopf und Körper

Felicitas Ritter ist Psychologin, Coach und Trainerin. Sie verhilft Einzelpersonen und Teams zu mehr Effektivität und Verbundenheit und arbeitet mit ihnen zu den Themen psychische Gesundheit, Stressabbau und Körpersprache. Sie verbindet die effektivsten Theorien und Werkzeuge aus Psychologie, Coaching und Körperarbeit. Sie entwickelt außerdem gemeinsam mit gamelab.berlin eine App zur Stärkung der Resilienz für Unternehmen und für die Caritas.

»Felicitas, was sind typische Fälle in deiner Arbeit? Mit welchen Anliegen kommen die Menschen zu dir?«

»Es kommen viele Menschen zu mir, die schon viel über ihre Veränderungswünsche reflektiert haben und nun einen Ansatz suchen, der praxisnah und über den Körper

orientiert ist. Oft wissen die Klient:innen, wie sie sich verhalten möchten oder sollten, aber nicht, wie sie das auch tatsächlich in ihr Leben integrieren können.
Ich arbeite im Coaching mit den Klient:innen an einer konkreten Situation, weil sich die Resilienzfähigkeit vor allem in herausfordernden Umständen zeigt. Nehmen wir hier das Beispiel eines Klienten, der sehr nervös in Bezug auf ein bevorstehendes Gespräch mit seinem Chef ist. Wir haben schon erarbeitet, dass die Begegnungen mit dem Vorgesetzten Erinnerungen und emotionale Reaktionen auslösen, die mit seinem sehr autoritären Vater in Verbindung stehen. Der Klient weiß natürlich, dass es sich nicht um seinen Vater handelt, und er weiß, dass er souverän und selbstbewusst auftreten sollte. Aber es ist ihm nicht möglich, dieses Selbstbewusstsein zu fühlen und auch danach zu handeln und zum Beispiel vor seinem Chef seine Ideen klar zu formulieren und vorzutragen. In der Sitzung wird deutlich, dass der ganze Körper in Spannung geht und sich der Klient kleiner macht: Der Kopf ist eingezogen, der Rücken gebeugt und die Schultern fallen nach vorn. Die Muskeln ziehen den Klienten buchstäblich nach unten. Diese Veränderungen sind eher subtil, aber doch sichtbar. Ich bringe dann dem Klienten bei, sich zu entspannen, zum Beispiel durch Progressive Muskelentspannung oder Massage, sodass sich die Muskelspannungen, die ihn nach unten ziehen, lösen können. Außerdem arbeiten wir an seiner Aufrichtung, sodass er lernt, in seiner vollen Größe vor seinem Chef zu stehen. Der Klient bekommt auch die Aufgabe, die Progressive Muskelentspannung und Aufrichtung regelmäßig zu Hause zu üben. Somit werden diese Fähigkeiten trainiert und dann mit der konkreten Situation ›Begegnung mit dem Chef‹ verbunden. Mit unserer Arbeit setzen wir hier einen neuen Impuls: Gespräch mit dem Chef bedeutet eben nicht mehr, in die Anspannung zu gehen und klein zu werden, sondern das Gegenteil: sich aufzurichten und die Anspannung loszulassen.«

»Als Tänzerin und mit deiner Ausbildung in der Grinberg-Methode hast du ein großes Körperwissen. Als Psychologin und Coach kennst du dich mit den inneren Prozessen aus. Wie verbindest du in deiner Arbeit diese beiden Welten?«
»Durch Embodiment. Dieser Begriff beschreibt die Wechselwirkung von Körper und Psyche und wird seit einigen Jahren intensiv in den Kognitionswissenschaften erforscht. Lawrence Barsalou oder Paula Niedenthal sind bekannte Vertreter dieser Forschungsrichtung. Nicht nur das Gehirn sendet Informationen an unseren Körper, sondern der Körper sendet mindestens ebenso viele Informationen in Richtung Gehirn. Johannes Michalak, Forscher an der Universität Witten Herdecke, hat zum Beispiel in einem Experiment gezeigt, dass Menschen, die in einer gebeugten Haltung saßen, sich mehr negative Wörter erinnerten als Menschen, die in einer aufrechten Haltung saßen (Michalak/Rohde/Troje 2015, S. 121–125). Das heißt, auch mentale und emotionale Vorgänge werden von der Körperhaltung beeinflusst. Indem wir sie uns

das bewusst machen, können wir unsere Gefühle und Gedanken besser steuern und Resilienz trainieren. Unsere Resilienzfähigkeit hängt nicht nur von unseren Gedanken ab, sondern auch von sensomotorischen Zuständen. Wenn man sich bei Angst zusammenzieht, wie es beim Beispiel des Klienten der Fall ist, dann hilft es, sich aktiv aus der Verspannung zu lösen. Das Bodyfeedback, also die Rückmeldung des Körpers an das Gehirn, sendet dann nicht mehr automatisch: Anspannung = Angst, Chef = Gefahr, sondern: Entspannung = Sicherheit, Chef = Gesprächspartner. Das können wir aktiv nutzen!«

»Mit welchen konkreten Methoden arbeitest du? Was hilft den Menschen sich zu stärken?«
»Ich gebe vier Beispiele von Übungen, die ich mit den Klient:innen direkt in der Sitzung ausführe, aber auch als Aufgabe und Übungen für zu Hause mitgebe. Diese Übungen können in die täglichen Routinen eingebaut werden. Zum Beispiel die Bauchatmung: Dafür legen wir unsere Hände auf den Bauch, beim Einatmen wölbt sich der Bauch nach außen und beim Ausatmen wird der Bauch flacher. Dabei sollten man jedoch nicht mit Kraft drücken oder so intensiv in der Atmung werden, dass einem schwindlig wird. Über diese bewusste Art der Atmung wird der Parasympathikus aktiviert, wir können so mit einer sehr einfachen Praxis eine Stressreaktion lösen beziehungsweise abmildern. Der Atem in den Bauch massiert außerdem unsere Organe und so werden auch unsere Faszien geschmeidiger. In einer zweiten Variante legen wir die Hände auf den Rücken oberhalb des Kreuzbeins und stellen uns vor, auch hier tief in diese Stelle ein und auszuatmen. Dabei entsteht nicht so viel Ausdehnung wie im Bauch, das ist aber für viele sogar noch angenehmer und schafft Bewegung und Raum nach allen Seiten. Wichtig ist es noch, darauf zu achten, dass das Zwerchfell sich beim Einatmen senkt und beim Ausatmen hebt. Wenn sich der Bauch und untere Rücken beim Einatmen ausdehnen, macht man es richtig.
Auch die *Körperhaltung* hat einen Einfluss darauf, wie wir uns fühlen. Ich erarbeite mit meinen Klient:innen eine offene, zentrierte Haltung, in manchen Fällen nutzen wir gezielt ›Power-Posen‹. Zentriert bedeutet, dass die Füße gut mit dem Boden verbunden sind, das Becken nicht im Hohlkreuz oder zu weit nach vorn gekippt ist, die Schultern können locker zur Seite und nach unten fallen. Der Körper steht ohne zusätzliche Anstrengung aufrecht und die Schwerkraft wird effektiv genutzt, um diese Aufrichtung zu erhalten. Offen bedeutet in diesem Zusammenhang, dass die Arme und Hände raumgreifend agieren. Studien haben gezeigt, dass das Aufrechtsein und die Größe des Raums, den wir mit den Gesten und unserem Stand einnehmen, sich positiv auf unser Selbstvertrauen (Carney/Cuddy/Yap 2010, S. 1363–1368. Dass die Hormone Testosteron und Cortisol durch die Körperhaltung beeinflusst wurden, konnte nicht repliziert werden. Dass das subjektiv empfundene Selbstvertrauen steigt, ist auch in anderen Studien nachgewiesen) und unsere Motivation (Siskind/Gotay 1982,

S. 273–298) auswirken, genau das also, was sich viele Menschen wünschen. Hier kann man wunderbar über den Körper arbeiten.
Das Schöne ist außerdem, dass die Körperarbeit gleichzeitig die Wirkung nach außen, also die Körpersprache, bewusst macht und trainiert. Und diese wiederum sowohl meine Außenwirkung als auch die Wirkung nach innen positiv beeinflusst. Deshalb ist diese Arbeit an der Haltung besonders für Präsentations- und Gesprächssituationen geeignet.
Eine dritte Methode, die hilft, den Stress wirksam abzubauen, ist die *Progressive Muskelentspannung* (PMR), die von Edmund Jacobson entwickelt wurde. Unter Stress sind die Muskeln angespannt und diese Methode hilft, sie zu lösen. Dabei werden einzelne Muskeln oder Muskelgruppen angespannt und wieder losgelassen. Man beginnt bei der rechten Hand, spannt sie langsam an, hält die Spannung für etwa fünf Sekunden und entspannt dann die Hand wieder. Danach geht man den ganzen Körper durch: den rechten Arm und die Schulter, linke Hand, Arm und Schulter, den Hals, das Gesicht, den Kiefer, den Rücken, Bauch, rechtes Bein und Fuß, linkes Bein und Fuß. Man kann diese Übung im Liegen und Sitzen durchführen und sich für den Alltag auch einzelne Bereiche heraussuchen, die besondere Aufmerksamkeit benötigen. Zum Beispiel kann ich darauf achten, wenn ich am Computer sitze, die PMR kurz zwischendurch nur für meine Schultern und meinen Kiefer anzuwenden.
Auch *Bewegung* kann uns enorm beeinflussen. Tanzen zum Beispiel tut dem ganzen Körper und der Seele unheimlich gut! Eine wunderbare Art sich zu bewegen ist die freie Improvisation, also einfach die Lieblingsmusik anmachen und los geht es. Ich benutze dazu gern entweder leichte, fröhliche Musik wie ›Currency‹ von Skales und Davido oder Musik, die sehr nach außen geht wie ›Firestarter‹ von Prodigy.
Wenn man mehr Struktur möchte, kann man hier eine Variation einfügen, indem man sich zur Musik bewegt und immer auf den Beat der Musik stoppt. Durch die Abwechslung von Bewegung und Innehalten entsteht eine schnelle Folge aus Anspannung und Loslassen, die zusätzlich für Entspannung sorgt. In der Bewegung lassen wir los, im Stoppen spannen wir an. Am besten funktioniert es, wenn in jeder Bewegung eine neue Körperhaltung oder -position entdeckt wird. Wir haben mit unserem Körper hunderte, tausende neue Bewegungsmöglichkeiten und nutzen im Alltag nur einen Bruchteil davon.«

»Hast du noch einen abschließenden Rat, wie wir uns stärken können?«
»Veränderung findet immer in kleinen Schritten statt und Resilienz lässt sich genau mit solchen täglichen Routinen aufbauen. Ich selbst nehme mir morgens immer 15 Minuten Zeit, schreibe kurz im 6-Minuten-Tagebuch auf wofür ich dankbar bin und was ich heute erreichen möchte. Dann mache ich zehn Minuten meine eigene Kreation aus Yoga, Meditation und Tanz, um mich körperlich auf den Tag vorzubereiten.

Das tut unheimlich gut. Ich finde es besonders hilfreich, mich über den Tag verteilt immer wieder an das zu erinnern, was mir guttut, und das dann auch zu tun, zum Beispiel die Schultern und den Kiefer locker zu lassen, ein gutes Grounding (= einen guten und festen Stand) zu haben oder auch mich darin zu üben, ganz im Moment zu sein, egal was ich gerade tue.«

16 Sekunden

Menschen, die Höchstleistungen unter Druck erbringen, haben meist ein eigenes Repertoire an wirksamen Trainingseinheiten, Mentalstrategien und hilfreichen Ritualen etabliert. Von ihnen können wir lernen, was auch in unserem Leben Energie und Fokus stärken kann.

Eine interessante Beobachtung machte der amerikanische Psychologe Dr. Jim Loehr, der verstehen wollte, was Sportler:innen auf der Topebene unterscheidet. Er fragte sich, warum gewinnen die einen Turniere, die anderen aber meist einen der nachfolgenden Plätze belegen. Denn: Anhand der Videoanalysen von Tennisprofis sah er zunächst keinen Unterschied im Spiel, der erklären würde, warum die einen gewinnen und die anderen nicht.

Dann sah er aber genauer hin und erkannte: Den ersten Platz besetzen meist diejenigen, die nicht nur für den Ballwechsel selbst, sondern auch für den Moment zwischen den Punkten eigene Rituale hatten. Das Nutzen dieser Micropausen war entscheidend für den Erfolg. Und hinzukam: Inwieweit sich ein Spieler nach einem verlorenen Punkt in Sekundenschnelle von der Niederlage wieder erholen und zurück in seine Kraft finden konnte, das ist der alles entscheidende Unterschied zwischen gewinnen und verlieren. Es gewinnt also derjenige, der zwischen den Punkten in der Lage ist, schnellstmöglich Kontrolle über die eigenen Ängste und Emotionen wiederzuerlangen, den vorangegangenen Punkt hinter sich zu lassen, zentrieren, vollkommener Fokus auf den jetzt vor einem liegenden Punkt. Mehr nicht. Loehr bricht das, was er auf den Courts beobachten konnte, in ein hilfreiches 16-Sekunden-Ritual herunter (The 16 Seconds Cure). Sobald im Spiel ein Punkt an den gegnerischen Spieler geht, werden die vier Schritte vollzogen.

Übung: 16-Sekunden-Ritual

Übertragen auf unser Leben bedeutet das: Sobald wir merken, eine Situation nimmt uns schlagartig Kraft und Atem, ein Kommentar, ein Blick, das Verhalten eines Gegenübers schwächt uns bis ins Mark, halten wir inne und nehmen uns 16 Sekunden für folgende vier stärkenden Schritte.

Schritt 1: Eine starke, positive körperliche Reaktion. Bei diesem ersten Schritt geht es darum, dass Ihr Körper nach einem verlorenen Punkt Ihrem Gehirn mitteilt, dass es Ihnen trotz des Vorfalls gut gehen wird. Machen Sie eine schnelle, entschlossene Bewegung, so als ob Sie mit Ihrem Körper »kein Problem« sagen würden (zum Beispiel mit geballter Faust in die Luft boxen, aufstampfen, sich auf die Brust schlagen). Nehmen Sie also mit dem ganzen Körper eine starke, selbstbewusste Haltung ein. Es ist schwierig für das Gehirn, sich schwach zu fühlen, wenn der Körper sich in einer kraftvollen Position befindet.

Schritt 2: Entspannungsreaktion. Für einen Moment wird der innere Reset-Knopf gedrückt. Über eine körperliche Bewegung werden für einen kurzen Augenblick Körper und Gehirn entspannt. Ein paar Schritte gehen, die Arme ausschütteln, den Kopf kreisen, dabei tief Atmen, das alles richtet die Aufmerksamkeit weg vom Stress. Es geht darum, bewusst die Spannung zu lösen, anstatt sich automatisiert in die nächste Aktion zu stürzen.

Schritt 3: Nächsten Handlungsschritt planen. Jetzt planen Sie Ihren nächsten Schritt. Formen Sie eine Intention: »Ich werde ...« Diese hilft Ihnen, sich zu konzentrieren und fokussiert zu handeln. Stellen Sie sich einen Augenblick lang vor, was genau Sie jetzt tun werden. Verleihen Sie auf diese Weise Ihrem Tun Absicht und Kraft.

Schritt 4: Automatisierte rituelle Reaktion. Der Einstieg in die nun folgende Handlung sollte automatisiert ablaufen. Um unter Druck nicht überstürzt und ganz in Ihrem eigenen Sinne zu handeln, müssen Sie vorab mehrfach geübt haben, wie Sie in wichtigen Momenten Ihre Handlungen beginnen. Eine Sportlerin hat zum Beispiel eingeübt, dass sie, sobald sie mit aufrechter Haltung und Blick nach links oben mit dem rechten Fuß an die Ziellinie tritt, mit ihrer ganzen Aufmerksamkeit auf ihren Erfolg ausgerichtet ist. Ob wir uns bereit machen, vor einer Gruppe zu sprechen, unsere Wünsche äußern oder auf eine Anschuldigung reagieren – wir tun dies, indem wir eine bewusste, einfache körperlicher Bewegung ausführen. Ein tiefer Atemzug, ein Lächeln, ein innerlich gesprochenes Wort (»So! Gut! Los! Ja!«) – und wir fangen an.

Ritualisieren wir also die Pausen zwischen zwei Momenten, üben wir ein, was wir genau tun werden, wenn wir gerade einen Punkt verloren, den Blick auf unsere Ressourcen verloren oder unsere Energien verspielt haben. Uns Kraft geben, entspannen, planen und dem, was dann folgt, einen ritualisierten Auftakt geben, auf diese Weise können wir vorbereitet in den nächsten Wettkampf (das nächste Meeting, einen Konflikt oder ein klärendes Gespräch) gehen. Das stärkt unsere Zuversicht und Vorfreude.

Wildes Tanzen

Eine ungewöhnliche Möglichkeit, die heilsame Kraft von Bewegung zu nutzen, ist eine besondere Art von Tanzen und Bewegungen: Wir können durch wildes Tanzen, das heftige Schütteln von Armen und Beinen, das intensive Wedeln beider Hände, das Hüpfen mit beiden Beinen auf der Stelle, bis dass der Puls hoch geht, körperlich Stress abbauen (Berceli 2010, S. 151). Afrikanische Stämme praktizieren etwas Vergleichbares schon seit geraumer Zeit beim Tanzen zu Trommeln und Musik. Im Qigong dient die hier »Schütteln« genannte Methode dem Abbau unangenehmer Gefühle, Erlebnisse, Verletzungen und Ängste.

Der Traumatherapeut David Berceli, der in Krisengebieten des Nahen Ostens und Afrika arbeitete, konnte durch seine Arbeiten den Hintergrund zur Wirkung von Bewegung auf den Abbau von Stress liefern. Während er bei Luftangriffen gemeinsam mit anderen in Schutzbunkern saß, wurde er immer wieder darauf aufmerksam, dass Kinder während der Angriffe anfingen, vor Angst zu zittern, während Erwachsene das Zittern unterdrückten, auch, um die Kinder nicht weiter zu beunruhigen. Gleichsam stellte Berceli fest, dass Kinder sich schneller von den Ereignissen erholten (ebd.). Das sogenannte »neurogene Zittern« ist nach Berceli ein angeborener Mechanismus. Es fungiert als eine Art Spannungsabfuhr. Bercelis Erkenntnis: Wenn wir in Angst- und Stresssituationen die Bewegungsreaktionen und Zittern unterdrücken, so können wir auch die damit verbundenen Traumata schlechter überwinden. Traumatische Erlebnisse sind an unser physiologisches Gedächtnis (prozedurales Gedächtnis) gekoppelt, in dem alle sensorischen Wahrnehmungen aus der traumatischen Situation abgelegt sind (Scaer u. a. 2017). Auch wenn wir unsere Traumata bereits kognitiv verstanden und bearbeitet haben, können sie in unserem Körper noch immer abgespeichert sein, er bleibt in Alarmbereitschaft. Erst durch das physiologische Signal des Zitterns (oder einer anderen intensiven Bewegung) kann der Körper die Anspannung vollständig lösen. Berceli entwickelte ein Programm, mit dem Menschen ein neurogenes Zittern induzieren können, um auf diese Weise ihre Traumata zu bearbeiten. Aber auch ohne diese Methode anzuwenden können wir die Erkenntnis mitnehmen: Stress abschütteln tut gut und hilft.

Durch ein paar heftige Bewegungen können wir uns also selbst wieder ins Gleichgewicht bringen. So können wir etwa vor oder nach einer belastenden Situation, wenn wir uns nach einer Möglichkeit sehnen, eine entstandene Spannung abzubauen, durch wildes Tanzen wieder stabilisieren (Nibel/Fischer 2020). Vielleicht bietet es sich an, die Übungen dort durchzuführen, wo keiner zuschaut. In jedem Falle ist dies aber eine leicht zugängliche, überall verfügbare Möglichkeit, um auf physischer Ebene Stress abzubauen. Auch Joggen hilft wunderbar. Doch möglicherweise macht es sogar mehr Spaß, nach einem Streit oder der kränkenden E-Mail Musik aufzulegen und zu tanzen.

Tipp

Wer sich hier Musiktipps für den ersten Versuch wünscht: »Send in the Drums« von James Asher oder »Shake Body« von Skales.

Challenges

Wir wachsen an Herausforderungen, wenn wir uns ihnen aktiv stellen. Dann können wir durch sie seelisch und psychisch stärker werden. Das Leben bietet uns eine unendlich Vielfalt an Möglichkeiten, uns zu erproben, doch wir können selbst noch eins draufsetzen. Wollen wir etwas in unserem Leben verändern, spüren, welche Kraft in uns steckt und zu was wir alles in der Lage sind, dann sind manchmal die Vehemenz einschlagender Maßnahmen notwendig: eine Challenge! Ein wenig ist es eine Mode: Challenges, also geplante, zeitlich begrenzte Herausforderungen, die wir uns selbst stellen, die sich auch überall in den sozialen Medien finden. Hin und wieder schauen wir fasziniert zu, was Menschen da so schaffen, wie sie sich überwinden, wie sie sich für eine begrenzte Zeit mit hohem Einsatz einer Herausforderung stellen, ihren Körper trainieren, eine Eigenschaft kultivieren, sich in Abstinenz üben.

Das Besondere: Indem wir uns Challenges setzen, können wir selbst genau bestimmen, welche Eigenschaft, welche Fähigkeit wir durch die gestellte Herausforderung kräftigen (Bizeps-Challenge) oder gar erlernen wollen (Handstand-Challenge). Im Kern geht es aber um etwas ganz anderes: Indem wir uns mit Aufgaben und Zielen konfrontieren, von denen wir wissen, dass sie zurzeit noch unerreichbar für uns sind (zehn Klimmzüge!?), sie aber dennoch angehen und dranbleiben, senden wir uns selbst kraftvolle Botschaften: »Ich weiß, dass in mir noch viel mehr steckt! Durch Willen und Disziplin gepaart mit einem klaren Ziel vor Augen kann ich Dinge schaffen, auch wenn sie mir zunächst unmöglich erscheinen. Bloß weil etwas schwer erscheint, lasse ich mich davon nicht abschrecken. Ich kann bewusst mein Lernen und Wachsen in die Hand nehmen: Wenn ich *das* schaffe, dann kann ich so vieles andere auch schaffen! Ich kann Anteile in mir zähmen, ungeliebte Eigenschaften in den Griff bekommen, ich kann dazulernen, meine Stärken ausbauen und abschütteln, was mir nicht mehr dient.« Diese Sätze eignen sich gut als Sequenzen von resilienzstärkenden Selbstgesprächen. Indem wir uns auf eine begrenzte (körperliche) Aufgabe konzentrieren, können wir also unser Selbstvertrauen deutlich steigern.

Beispiel: Mit Spagat das Leben ändern

Für mehr Zuversicht, Selbstbewusstsein und Wirksamkeitserleben nutzt die Yogalehrerin und Autorin Eiko ein für viele unerreichbar wirkendes Ziel: Spagat zu lernen (Eiko/Lubitz 2017). Dass das Annehmen einer solchen Challenge einen Einfluss nicht nur auf unseren Körper, sondern auch insgesamt auf unser Leben haben könnte, zeigt sie am Beispiel vieler Teilnehmenden ihrer Challenge: Innerhalb von nur vier Wochen sollen selbst die Unbeweglichsten lernen, einen Spagat zu machen. Diese Herausforderung anzunehmen, etwas zu schaffen, dass unvorstellbar scheint, kann eine Chance sein, unsere Selbstwirksamkeit zu stärken und uns einfach über uns selbst zu freuen.

Setzen wir uns also bewusst und mit ehrgeiziger Freude solchen Herausforderungen aus, können wir »Grit« kultivieren, unsere Selbstwirksamkeit und Selbstwertgefühl steigern. Und wir haben dadurch auch eine Gelegenheit, unser Selbstbild so zu beeinflussen, dass wir an weitere, zukünftige Erfolge für uns glauben können: Wenn ich diese Challenge erfolgreich geschafft habe, dann kann ich ebenso die nächste Herausforderung meistern! So können wir den Glauben an unsere Fähigkeit, Probleme zu lösen, steigern. Nachdem wir es geschafft haben, eine Weile lang hart mit uns selbst zu sein, nachdem wir Versuchungen widerstanden, Selbstdisziplin und Ausdauer aufgewendet haben, wenn wir das große Ziel nun endlich erreicht haben, das alles kann uns dann mit einer großen Begeisterung, mit einem immensen Stolz erfüllen. Und uns in eine Position bringen, Erfolgserlebnisse zu wiederholen, Erfolgszyklen in Gang zu setzen (Matthews: https://www.psychologytoday.com/intl/blog/head-strong/202012/the-link-between-grit-and-resilience).

Das volle Leben 06

Bewusst wunderbare Dinge zu tun, das gibt uns die Möglichkeit, das volle Leben zu genießen. Das Wichtige feiern, das Schöne würdigen, sich in Schwingung bringen, Abenteuer erleben, Erlebnisse mit Humor betrachten, sich etwas trauen und lächelnd über sich staunen. Dankbar sein für das, was ist. Lassen Sie uns in diesem Kapitel danach schauen, wie Sie dem, was Ihnen am Herzen liegt, den Platz in Ihrem Leben einräumen, der ihm zukommt.

Geben Sie sich die Gelegenheit, zu bemerken, wie schön Ihr Leben ist. Der französischen Schriftstellerin Colette, die in der Tat einiges erlebt hat, wird der Satz zugeschrieben: »Was für ein herrliches Leben hatte ich! Ich wünschte nur, ich hätte es früher bemerkt.« Genau das wollen wir nicht. Wir wollen heute schon, schon während wir unser Leben leben, bemerken, wie schön unser Leben ist. Was auch immer das bedeutet – es muss ganz bewusst unseres sein.

Die wunderbaren Dinge, was auch immer sie sein mögen, zu genießen, ist nicht nur schön, es ist darüber hinaus hilfreich für unsere Resilienzfähigkeit. Denn in dunklen Zeiten kann uns die Erinnerung an das Schöne, das wir erlebt haben, wieder Kraft geben. Die positiven Bilder erinnern uns, dass die Dunkelheit eine Episode ist. Dass das Schöne ebenfalls in der Welt ist. Dass nichts nur weiß oder schwarz ist. Die Erinnerung macht uns bewusst, dass unser Gefühlsspektrum nicht nur die aktuelle Angst, Ohnmacht und Trauer, sondern auch die Freude umfasst. Wenn nicht in diesem Augenblick, dann eben etwas später, so, wie wir sie schon zuvor erlebt haben. Wenn das Tal uns endlos erscheint, sollten wir also die Freude eigenhändig ins Leben holen und nicht darauf warten, bis sie uns zufällig widerfährt.

Wir wollen Sie gern einladen, darauf zu schauen, dass genau diese Momente mit geliebten Menschen, diese Zeit für die Dinge, die Sie glücklich machen, konstitutiv für Ihr schönes Leben sind. Wer hierfür Aufmerksamkeit einplant, wer dem eine besondere Rolle zukommen lässt, der macht einen großen Schritt in die Richtung seines eigenen Glücks – und dem der Menschen, die er liebt.

Die Freude ins Leben lassen

Lasst uns leben voller Freude und Fülle! Lasst uns für ein Leben entscheiden, in dem wir nicht nur wissen, was unser Herz erfreut, sondern auch dafür sorgen, dass es höher schlägt – denn genau das stärkt und macht uns widerstandsfähig. Wir haben das Glück, in einer Welt zu leben, die für viele von uns voll von Möglichkeiten ist. Allerdings: Diese auch zu erkennen, geschweige denn zu nutzen, fällt oft schwer. Gut für uns zu sorgen bedeutet, sowohl Leid und Stress und Mangel zu reduzieren als auch allen Dingen die Türen weit zu öffnen, die Geist, Herz und Körper beglücken. Feiern wir also Feste, erweitern wir unsere Erfahrungen um viel weiteres Schönes und seien wir dankbar. Für die Menschen, die uns am Herzen liegen, für alles, was wir jetzt schon können und wissen, und für das, was unserem Leben Sinn gibt. Wenn wir immer wieder Momente bewusst einplanen, die unseren Lieben und Leidenschaften ein Podest bauen … dann machen wir uns selbst das Geschenk, eines Tages auf ein reiches Leben (zurück)blicken zu können und zu sagen: »Wenn das mein Leben ist, dann ist es wunderbar!«

Lieben

Einen Menschen, ein Tier, die Natur oder eine Tätigkeit zu lieben, ist eine höchst sinnvolle Tätigkeit, die den Menschen, der liebt, beflügelt und in ein Hochgefühl versetzt. Liebe ist mehr als ein Gefühl, sie erfasst den ganzen Menschen, Körper, Geist und Seele. Sie wärmt uns in dieser oft so kalten Welt. Kein Wunder, dass die Liebe so begehrt, besungen und bedichtet wird.

Liebe ist wesentlich für die gesunde Entwicklung von Kindern und ein wichtiges Bindeglied für den Zusammenhalt von Paaren. Lieben hat überdies eine wichtige gesellschaftliche Funktion: Caritas, Diakonie und andere christliche soziale Träger leisten durch ihre Mitarbeitenden tätige Nächstenliebe. Lieben unterscheidet sich vom Verliebtsein, da in dieser Zeit die tanzenden Hormone dominieren und die Schattenseiten des anderen weitestgehend ausgeblendet werden. Lieben geht weit darüber hinaus. Wenn wir lieben, können wir anderen Achtsamkeit und Wertschätzung entgegenbringen, fühlen uns für unser Gegenüber verantwortlich und kümmern uns um ihn, wollen nicht besitzen, sondern Freiheit lassen. Das ist ein hoher Anspruch, den wir immer wieder zu erreichen suchen.

Erich Fromm beschreibt in seinem Buch »Die Kunst des Liebens« (1981), dass Lieben eine Kunst ist, die erlernt werden kann. Lieben ist eine Aktivität und kein passiver Akt – eben keine »Passion«. Sie ist etwas, das man in sich selbst entwickelt, nicht etwas, dem man verfällt. Es liegt also im Bereich unserer eigenen Einflussmöglichkeit, selbst zu lieben. Um die Liebe zu entwickeln, ist für Fromm die wichtigste Frage: »Was kann *ich* für den anderen tun und sein?« So ist ein Merkmal der reifen Liebe (also aus freien Stücken und unter Wahrung der eigenen Individualität), dass das Lieben wichtiger ist als das Geliebt-Werden, Geben wichtiger als Empfangen.

Eine Voraussetzung, um lieben zu können, ist demnach die *Selbstliebe*. Wer sich selbst nicht annehmen kann, wie er ist, wer sich selbst überwiegend kritisch sieht, wird auch andere häufig kritisieren, was jede Partnerschaft auf Dauer aushöhlt. Wir können lernen, mit Liebe auf uns zu blicken, Freude an uns selbst zu haben. Indem wir uns Gutes tun, unseren Stärken auf den Grund gehen, in herausfordernden Situationen Selbstmitgefühl praktizieren und damit beginnen, unsere Wünsche und Bedürfnisse ernst zu nehmen und sie auch anderen gegenüber zu vertreten, gehen wir wichtige Schritte in Richtung Selbstliebe. Wir können uns also – auch mithilfe von Therapeuten – selbst um den Mangel kümmern und uns die Liebe geben, die wir benötigen.

Doch wie kann die Liebe zu Personen, Tieren, Pflanzen, zur Natur die Resilienzfähigkeit stärken? Die Liste der Beispiele dafür, wie Menschen durch ihre Liebe Kraft gefunden haben, Prüfungen, Krisen, Leiden zu überstehen, ist schier unendlich – kein Topos in Kunst und Kultur liefert mehr ans Herz gehende Beispiele: In Mozarts »Zauberflöte« singt Pamina im Duett mit Papageno: »Die Liebe heilet jede Plage.« Nach langen Entsagungen und Kämpfen lautet die Botschaft der Oper: Wer von Liebe erfüllt und geleitet wird, hat die innere Kraft, auch schwere Prüfungen zu bestehen. Etwas populärer besingt »Marmor, Stein und Eisen bricht, aber unsere Liebe nicht« die Zuversicht, dass die Liebe stärker ist als alle Brüche und Katastrophen. Dieser Gedanke ist schon sehr alt: »Omnia vincit amor«, die Liebe besiegt alles, heißt es etwa bei Vergil. Es geht eine Kraft von der Liebe aus, die Menschen aufrichtet und selbst Angst und Leid überwinden lässt. So beschreibt Viktor Frankl in seinem Buch »... trotzdem Ja zum Leben sagen« (2009), dass er auch dadurch in Auschwitz überlebt habe, weil er unbedingt seine Frau wiedersehen wollte – ein Wunsch, der leider nicht in Erfüllung ging.

Wenn Liebe eine Haltung ist, die wir erlernen können, was können wir also tun, um diese kostbare Gabe zu entwickeln und zu pflegen? Wir sind überzeugt, dass ein jeder Mensch liebesfähig und dass das Lieben eine lebenslange, kostbare Aufgabe ist. Sich Zeit füreinander nehmen, aktiv zu tun, was die andere Person beglückt, das Pflegen gemeinsamer Interessen und Wertvorstellungen, die Arbeit an der Kommunikations- und Konfliktfähigkeit und die Bereitschaft, füreinander einzutreten und mit freundlichen Blick auf einander zu schauen – das alles kann die Liebe beflügeln.

Wenn wir lieben, gibt uns das nicht nur Kraft, die sich in den Stürmen und Herausforderungen des Lebens bewährt. Es ist zudem eine wichtige Voraussetzung für ein gelingendes Leben, durch die wir Geborgenheit, Zuversicht und Erfüllung erfahren, auch weit über den Kontext der engsten Beziehungen hinaus. Die Liebe ist die Basis für ein Wohlsein in sämtlichen Lebensbereichen, sie befördert das Engagement füreinander und in der Welt und hilft uns, die großen Herausforderungen mit Kraft anzugehen. Tun wir also alles dafür, dass wir immer wieder – auch nach erlebten Enttäuschungen (und somit resilient) – vollen Herzens zu lieben wagen.

Feste feiern

Ob Willkommens- oder Wiedersehensfeste, regelmäßige Sonntagsfrühstücke oder besondere Rituale, um die neue Jahreszeit zu begrüßen, um den Feierabend einzuläuten und natürlich das Zelebrieren von Geburts- und Jahrestagen – wir können gern und gezielt feiern. Unser Lebensgefühl verändert sich, wenn wir uns, die Menschen, die wir lieben, und das Schöne in unserem Leben würdigen und feiern. Dadurch entstehen intensive Momente, die zugleich Grundlage schöner Erinnerungen werden.

Es ist meist kein Zeitproblem, das uns davon abhält, die guten Dinge in unserem Leben zu ehren und zu feiern. Es ist die menschliche Tendenz, das zu übersehen, was da ist. Der vergessene Hochzeitstag zum Beispiel: Das Vergessen steht keineswegs dafür, dass zwei Menschen sich gegenseitig oder ihre Ehe nicht schätzen, auch nicht dafür, dass sie es nicht schaffen, sich Zeit zu nehmen, sich gegenseitig zu beschenken oder gemeinsam zu feiern. Häufig ist es einfach Unaufmerksamkeit, da es so viele andere Dinge im Leben gibt, die Aufmerksamkeit fordern. Den Hochzeitstag zu feiern, kann man dann leicht weglassen. Wir können einander beteuern, das habe keinen Einfluss auf unsere Liebe. Oder aber wir machen es so:

Wichtig

Wir räumen den Dingen die Bedeutung ein, die sie tatsächlich haben sollten. Indem wir sie feiern. Wir machen sie sichtbar durch einen würdigen Rahmen, eine Einladung an alle, die sich mit uns freuen, eine kleine Ansprache und ein feierliches Mahl. Damit das Leben nicht einfach so an uns vorbeirauscht und zu einer Abfolge aus abzuhakenden Dingen wird.

Der Beginn einer neuen Jahreszeit, die Verlobungsfeier, das abgeschlossene Projekt, das Ende einer belastenden Beziehung – Feiern setzt Dinge in unserem Leben auf ein Podest und steckt ihnen eine Ehrennadel an. Wir entscheiden uns, mit voller Aufmerksamkeit unser Glück zu genießen. Wir können uns allein die Zeit nehmen, uns bewusst zu machen, was wir erreicht haben. Oder wir feiern – fast noch besser – es mit anderen. Unser Appell: Verpassen Sie nicht, die wichtigen Meilensteine auch wirklich wahrzunehmen und zu ehren, wenn Sie sie erreichen!

Auch im Coaching können wir dies nutzen. Mit einem Fest können wir alles stärken und allem Kraft verleihen, wovon unsere Klient:innen mehr im Leben haben wollen. Erreichte Zwischenerfolge und Meilensteine lassen sich durch Feierlichkeiten würdigen.

Wollen wir die Kraft der Meilensteinfeierlichkeiten gezielt nutzen, um sich und andere zu motivieren, zu stärken, damit diese über sich hinauszuwachsen, so lassen Sie die Feierlichkeiten am besten fest mit einplanen. Und das mit allen Sinnen. So wie der Alpinist weiß, dass er seine Vesperdose erst am Gipfel öffnen wird – und beim Gedanken daran sein Gang gleich schneller wird. So wie der Gedanke an das Baby im Arm uns durch Geburten trägt und die Vorstellung an die rauschende Examensparty uns die eine oder andere quälende Lernstunde versüßt, so können wir in schweren Phasen das Feiern ebenfalls miteinplanen. Das gelingt, indem wir die Belohnung antizipieren, indem wir uns vorstellen, wie wir uns nach getaner harter Arbeit freuen werden. Wir richten auf diese Weise unseren Fokus aus und machen uns stark für das, was uns bevorsteht.

Zu diesem Gedanken, dass es stärkend und wichtig für uns ist, zu feiern, kommt ein weiterer hinzu: Vielleicht haben wir gerade eine Zeit lang Unterstützung durch andere erfahren, vielleicht mussten unsere Lieben für ein Weilchen auf einiges und auch auf uns verzichten. Wenn wir dann unsere Meilensteine erreichen, wäre dies ein wundervoller Zeitpunkt Danke zu sagen für die Hilfe und das Verständnis, die Freiheiten, die uns geschenkt worden sind. Das stärkt nicht nur Verbindungen, sondern auch den gemeinsamen Stolz und die gemeinsame Freude.

Unendliche Dankbarkeit

Eine Möglichkeit, Freude ins Leben zu holen, ist die Praxis der Dankbarkeit. Sie öffnet das Bewusstsein dafür, welche Geschenke uns das Leben tagtäglich macht. Sie verbindet uns mit dem Guten, das wir bereits haben, anstatt mit dem, was uns noch fehlt. Wer dankbar ist, der zeigt Anerkennung für alles und jeden, der ihm Gutes getan hat – sich selbst inbegriffen. Mit Dankbarkeit erkennen wir das Gute in unserem Leben an – sei es materiell oder immateriell – die eigenen Stärken, Einstellungen, Wahrnehmungsfähigkeiten und Aspekte unseres Wirkens, genauso die Menschen, die uns guttun, alles Wunderschöne, Gerechte und Bezaubernde aus Natur, Tierreich und Universum.

Wer regelmäßig Dankbarkeit praktiziert, empfindet positive Emotionen stärker, steigert die Genussfähigkeit und seine Gesundheit, das allgemeine Wohlbefinden und die persönliche Resilienz.

Dr. Robert A. Emmons von der University of California und Dr. Michael E. McCullough von der University of Miami kamen in zahlreichen wegweisenden

Studien (2003) immer wieder zum gleichen Ergebnis: Ob bei gesunden jungen Studierenden oder schwerkranken Proband:innen – Dankbarkeit wirkt sich signifikant positiv auf das psychische und das physische Wohlbefinden. Die Gruppen derer, die Dankbarkeit praktizierten, waren durchgehend optimistischer, trieben mehr Sport, gingen seltener zum Arzt und fühlten sich insgesamt besser in ihrem Leben. Und auch ihr Umfeld meldete zurück, dass die positiven Auswirkungen deutlich spürbar waren.

Häufig haben Menschen sehr viel schneller Zugang zu negativen Erinnerungen, schon allein deshalb, weil wir darin geübter sind. Wir denken im Alltag meist nicht daran, wie sehr wir die Menschen und die guten Dinge in unserem Leben schätzen. Manchmal sind es erst die Katastrophen im Leben, die uns daran erinnern, wie gut wir es selbst haben.

Uns daran zu gewöhnen, auf die guten Dinge zu schauen, daraus ergibt sich eine neue Perspektive, die sich kultivieren lässt. Sich kleine Rituale der Dankbarkeit auszusuchen, die wir in unseren Alltag integrieren können, kann einen großen Beitrag dazu leisten, unseren Blick für die guten Dinge zu schärfen.

Übungen: Dankbarkeit

Tagebuch: Ein Tagebuch etwa ist eine wunderbare Hilfe, sich die Geschenke, die wir jeden Tag erhalten haben, bewusst zu machen und aufzuschreiben. Es ist ein Mittel, um Erinnerungen vor dem Verblassen zu schützen und kann dem Schreibenden lange Freude bereiten. Es kann sogar an folgende Generationen weitergegeben werden. Martin Seligman (2012) empfiehlt dafür die folgende WWWW-Formel: What went well and why? Also: Was war heute gut? Und warum? Was habe ich selbst dazu beigetragen? Statt also nur zu schreiben: »Ich bin dankbar, dass heute die Sonne geschienen hat«, kommt durch das vierte W der Satz hinzukommen »... und bin dankbar, dass ich mir die Zeit genommen habe, heute draußen einen Kaffee zu trinken und mit geschlossenen Augen die Sonne in meinem Gesicht zu spüren«. Kleiner Unterschied, aber wesentlich für die Wirkung.
Die wunderbaren Effekte der Dankbarkeit lassen sich auch mit minimalem Einsatz verfolgen. So findet sich etwa bei Seligman die Übung, jeden Abend drei Dinge aufzuschreiben, für die wir dankbar sind. Schreiben Sie zum Beispiel kleine Klebezettel vor dem Zähneputzen, kleben Sie diese an den Spiegel und betrachten sie beim Zähneputzen. Es geht nicht darum, etwas Überdauerndes zu schaffen. Es geht darum, dass Sie sich selbst alles Schöne bewusst machen und es dann genießen.

Abendgespräch: Genauso können Sie etwa mit Ihren Kindern oder einem Partner ein Abendgespräch zu diesen Fragen führen. Vielleicht bietet es sich an, beim Essen, vor dem Zu-Bett-Gehen oder beim Zähneputzen über die drei schönsten Erlebnisse des Tages oder die drei Taten, auf die Sie besonders stolz sind und anderes mehr zu reden. Es lässt sich daraus ein kleines Ritual bauen, mit dem Sie den Tag wohltuend abschließen können.

Zehn getrocknete Bohnen: Eine weitere Achtsamkeitsübung verfolgt die gleiche Idee: am Anfang jedes Tages legen Sie zehn getrocknete Bohnen in Ihre rechte Hosen-/Jackentasche. Jedes Mal, wenn Ihnen etwas Schönes (oder worauf Sie Ihren Fokus einstellen möchten) widerfährt, nehmen Sie eine der Bohnen aus der rechten Tasche und tun Sie diese in Ihre linke. Am Abend schauen Sie, wie viele Bohnen sich in welcher Tasche befinden. Sollten Sie im Laufe des Tages merken, dass noch nicht allzu viele Bohnen die Tasche gewechselt haben, können Sie aktiv wundervolle Momente herstellen und so selbstwirksam auf die Qualität Ihres Tages einwirken und eine Bohne von rechts nach links bringen.

Dankbarkeitsbrief: Seligman hat sämtliche Praktiken, die uns zum Aufblühen verhelfen, intensiver Forschung unterzogen. Der kraftvollste Weg, um sich glücklicher und signifikant weniger deprimiert zu fühlen, ist der Dankbarkeitsbrief. Ein Brief an eine Person, die in der Vergangenheit etwas gesagt oder getan hat, das einen positiven Einfluss auf Ihr Leben hat, Sie aber gleichzeitig das Gefühl haben, ihr nie wirklich (ausreichend) dafür gedankt zu haben.

Schreiben Sie einen Brief und danken Sie für all das Gute, was durch diese Person für Sie entstanden ist. Ganz konkret und von Herzen kommend. Und auch was dann geschehen sollte, hat Seligman wissenschaftlich überprüft: Schreiben ist gut, abschicken ist sehr gut, aber unvergleichlich berührend und stärkend ist es, der Person den Brief vorzulesen, von Angesicht zu Angesicht.

Türen öffnen

Gemeint ist hier nicht ein Bungee-Sprung. Obwohl, vielleicht auch das! Wir haben häufig Dinge im Hinterkopf, die wir gern einmal angehen würden, die wir unbedingt einmal erleben möchten. Aber wir finden irgendwie nie die Zeit, Französisch zu lernen, nach Italien zu fahren, endlich einmal wieder Tanzen zu gehen, ein kleines Abenteuer zu erleben. Vielleicht etwas zu tun, das für andere ganz selbstverständlich, das aber für uns etwas Besonderes ist, zum Beispiel allein ins Kino gehen oder ins Restaurant. Sich endlich trauen, die Haare in einer neuen Farbe färben zu lassen. Den Kontakt zu Menschen wagen, von denen Inspiration, Freude und gute Energien ausgehen.

Wichtig

Wichtig ist, nicht darauf zu warten, dass etwas anklopft, das Sie schon immer einmal machen wollten, sondern dem, was beglückt, selbst die Tür öffnen.

Hauptsache, es macht Freude. Und vielleicht können Sie diese Energie auch überschwappen lassen und gemeinsam mit anderen Schönes erkunden.

Ist es vielleicht an der Zeit, etwas Kleineres oder Größeres von der eigenen Liste anzugehen? Warum uns das stärkt, wenn wir das tun? Weil wir uns zeigen, dass ein Teil in uns stärker ist als die Zweifel und alle Gründe dagegen. Weil wir uns überwinden können, trotz aller Einwände. Und weil sich das Leben einfach großartig anfühlt, wenn wir etwas erleben, das neu ist und uns begeistert.

Alltagsfreuden

Nicht nur die großen Ereignisse machen die Schönheit unseres Lebens aus, auch die kleinen Freuden gehören dazu, die wir im Alltag erleben können. Es muss nicht immer eine große, zeitintensive, lang geplante Aktion sein, die uns daran erinnert, was für uns wesentlich und liebenswert ist. Manchmal reicht ein kleiner Moment, die Aufmerksamkeit für etwas, das fast vorbeigehuscht wäre, für eine kaum wahrnehmbare Geste, ein zartes Wort oder einfach nur dafür, dass gerade Ruhe zwischen zwei wilden Augenblicken herrscht. Ein Blick aus dem Fenster, ein Schluck heißer Kaffee – genau dieser eine Moment, in dem wir uns aufmerksam und bewusst entscheiden, etwas zu tun, das uns mit dem verbindet, was für uns das Stärkende und das Schöne ist.

Innehalten

Wir können uns selbst immer wieder achtsame Momente verschaffen, indem wir innehalten, uns verorten und ganz mit dem Hier und Jetzt verbinden. Bewusst das zu tun, was wir gerade tun, bewusst zu denken und zu fühlen, das alles reduziert Stress und erhöht das Gespür für uns selbst.

Die Forschung hat uns gezeigt: Multitasking gibt es in der Form nicht. Das, was wir tun, wenn wir mehrere Dinge gleichzeitig machen, ist vielmehr »Multiswitiching« (Madore/Wagner 2019). Durchaus rasend schnell springt unser Gehirn zwischen den verschiedenen Vorgängen, die wir »gleichzeitig« bearbeiten, hin und her. Das hat jedoch enorme Auswirkungen auf unsere Konzentration und Leistungsfähigkeit. Am Ende eines solchen Tages, einer solchen Woche und gar eines solchen Lebens sind wir vollkommen erschöpft. Energien, die wir für das Schöne im Leben bräuchten, haben wir verwendet, um die vielen Bälle gleichzeitig in der Luft zu halten. Innehalten hat die Kraft, dies immer wieder zu unterbrechen. Uns zu vergegenwärtigen, was gerade ist.

Ein kleiner *Marker* kann uns dabei helfen: ein buntes Armband am Handgelenk, das uns erinnert. Genauso die Entscheidung, dass jedes Mal, wenn das Telefon klingelt, der Ton zum Anlass wird, um innezuhalten. Wir können auch ganz gezielt eine App auf dem Handy nutzen, die in unregelmäßigen Abständen durch einen Gong daran erinnert, sich im Hier und Jetzt zu verorten (zum Beispiel www.plumvillage.org/de/mindfulness-practice/mindful-apps/ oder diverse andere Apps und Einstellungen auf unseren Smartphones, die ans Atmen und Innehalten erinnern).

Eine wunderbare Übung ist auch die S. T. O. P.-Micro-Practice, die bereits weiter vorn unter »# Fühlen, was ist« beschrieben wurde.

Das Wichtige zuerst

Das meiste alltägliche Unglück, der Großteil unseres gehetzten Lebenswandels, kommt von einer schlechten Angewohnheit, stellt Steven Covey in seinem Buch »Die 7 Wege zur Effektivität fest« (2018): Wir tun meistens das, was besonders dringend ist, verlieren darüber aber aus dem Blick, was für uns das Wichtigste im Leben ist. Nehmen wir uns dagegen die Zeit, Dinge zu tun, die für uns das Wichtigste sind, geben wir diesen schönen, wichtigen und sinnstiftenden »Big Rocks« also Zeit und Raum, dann gibt uns das nicht nur Freude, dann können wir auch ein Gefühl von Sinn erleben. Das hilft uns darüber hinaus, langfristig unserem Wohlbefinden zu verbessern, indem sie unsere Kraftreserven auffüllen. Denn gerade dann, wenn wir gestresst sind, nehmen wir uns keine Zeit für diese Dinge. Das ist zwar verständlich, aber umso bedauerlicher, weil wir sie gerade dann am dringendsten benötigen. Stattdessen lassen wir unser Leben häufig volllaufen mit drängenden Aufgaben, Rettungsaktionen, automatisierten Reaktionen auf nahezu jeden Reiz, solange er laut und blinkend daherkommt. Wohin führt das? Wir reihen Tage, Wochen und Monate hintereinander, in denen wir reagieren, beantworten und unterwegs sind im Dienste der zu löschenden Brände. Das fühlt sich nicht schlecht an, denn Dringendes aus dem Weg zu bekommen, ist intensiv, schnell, rauschend. Aber nach einer Weile stellen wir fest, dass der Nachhall fehlt, dass die Energie schwindet. Das Gefühl auszubrennen und die Frage nach dem Sinn, was das soll, werden größer.

Coveys Rat lautet: »Big Rocks first!« Als Big Rocks bezeichnet Covey alle diejenigen Aspekte, die für uns wesentlich und unverhandelbar sind und die unser Leben wahrlich lebenswert machen. Ihnen zu eigen ist, dass sie zentral für unser Glück, zeitlich aber nicht drängend und eher leicht verschiebbar sind. Unsere Gesundheit ist für unser Wohlbefinden elementar, uns jedoch heute (oder für eine längere Weile) nicht um sie zu kümmern, hält sie das (erst einmal) aus. Die Beziehung und Liebe zu unseren wichtigsten Menschen im Leben ist eine der größten Quellen von Glück. Aber auch hier ist es häufig zunächst ohne allzu große Verluste möglich, die Zeit füreinander zu verschieben. Das alles geht so lange gut, bis wir einmal innehalten und bemerken, dass unsere Prioritäten sich in unserem täglichen Tun schon seit einer Weile nicht mehr widerspiegeln.

Es ist leicht, über diese Erkenntnis hinwegzugehen und mit Hochdruck weiterzumachen, uns vom Dringenden leiten zu lassen und jedes Mal wieder das, was uns wirklich wichtig ist, zu verschieben. Stephen Covey schlägt als Lösung eine Wochenplanung vor, da sieben Tage genau der Zeitraum sei, den wir sinnvoll überblicken und planen können. Alles, was uns wichtig ist, sollte darin seinen Raum finden können. Wenn die Zeit dafür knapp wird, muss das Dringende, das Vorrang beansprucht, immer wieder auf den harten Prüfstand. Es geht im Kern um harte Entscheidungen: Was ist wirklich so wichtig, dass ich mir Zeit dafür nehme – und was ist es nicht? Das ist keine leichte Aufgabe, und es geht nur zum Teil darum, die eigene Planung technisch zu optimieren. Wichtig ist der Fokus: unsere Lebenszeit – und damit auch jede Woche – ist begrenzt. Es ist an uns, Raum für das zu schaffen, was für uns von größter Bedeutung ist, was auch immer das ist. Wenn uns das gelingt, dann wächst in uns das Gefühl: »Mein Leben ist schön.«

Übung: Das Wichtigste im Leben zuerst

Verknüpfen Sie Ihren Alltag mit dem, was Ihrem Leben Sinn gibt: die zentralen Beziehungen, Fitness und Gesundheit, Lernen und Weiterentwicklung, Engagement, Glaube und Spiritualität, Genuss und Erholung, Zeit für sich selbst ... Wichtig ist vor allem die Entscheidung für die Dinge, die Ihnen Freude machen. Es geht darum, dass Sie sich bewusst dem zuwenden, was für Sie schön, besonders, bedeutsam ist, anstatt unaufmerksam das Naheliegende und Dringende zu tun. Eine konsequente Wochenplanung wird so zum besten Schutz dessen, was für Sie wesentlich ist. Geben wir also dem, was am wichtigsten ist, einen festen Platz in Ihrem Leben.

- Finden Sie heraus: Welche Personen, Tätigkeiten, Orte, Dinge in Ihrem Leben tun Ihnen gut? Was davon ist für Sie wesentlich und unverhandelbar wichtig?
- Sicher kennen Sie das: Nachdem Sie etwas Schönes gemacht haben, fühlen Sie sich wieder voller Kraft. Wann haben Sie das das letzte Mal erlebt? Rufen Sie es sich ins Gedächtnis, möglichst mit allen Sinnen:
  - Was haben Sie gehört?
  - Was geschmeckt?
  - Wie hat es gerochen?
  - Was haben Sie gespürt?
- Welche Dinge stehen auf Ihrer Bucket-List stehen (auf der steht alles, was Sie auf jeden Fall in Ihrer Zeit auf Erden noch erleben wollen)?
- Wenn Sie Ihre wichtigsten Themen identifiziert haben, fragen Sie sich:
  - Was ist für Sie die jeweils beste Weise, sich ihnen zu widmen?
  - Wie viel Zeit und Raum wollen Sie ihnen geben?
- Planen Sie Ihre kommende Woche nach dem folgenden Prinzip:
  - Geben Sie Ihren Prioritäten Ihren Platz im Kalender (dabei zählt die Qualität und nicht das Zeitmaß).
  - Überlegen Sie dann, wie Sie mit plötzlich eintretende Dringlichkeiten umgehen wollen?
  - Was muss passieren, damit Sie einen dieser Termine absagen?

- Und was werden Sie dann tun? Verschieben? Ausfallen lassen? Und wenn ja, mit welchen Konsequenzen?

Sie können auf diese Weise mit viel Leichtigkeit dem Wesentlichen in Ihrem Leben Platz machen. Fangen Sie mit einem oder zwei großen Steinen an, steigern Sie sich nach und nach und beobachten Sie mit Freude, was sich für Sie verändert.

Genussnuggets

Eine Form der Achtsamkeit ist es, regelmäßig Gelegenheiten zu schaffen, um die sinnlichen Freuden zu genießen, die uns das Leben bietet. Häufig genügen Kleinigkeiten, um diese in unser Leben zu integrieren: in kleinen Genussmomenten, in einer Art von Mini-Meditation, wie wir sie vom bewussten Atmen aus der Achtsamkeitspraxis kennen. Wir können dann ganz bei uns selbst sein, die eigene Sinnlichkeit in den Vordergrund stellen. Wir öffnen dem Genuss die Tür, indem wir uns schönen Reizen aussetzen – und dann: innehalten. Das Wohlige, Behagliche, das sich dann einstellt, unseren Körper und unseren Geist ergreift, das ist der Genuss! Dafür eignet sich alles, was uns erfreut. Geschmacksnuancen, visuelle Schönheiten, Erlebnisse, Filme und Lektüren, körperliche Freuden, (legale) Rauschmittel, inspirierende Gespräche und Zeit auf dem Sofa, der Duft von Kaffee, Geschmack von frischem Brot, Musik, die in die Beine fährt.

Die kleinen Genussmomente des Alltags sind Gelegenheiten für Umdeutungen – vom Mittel zum Zweck: vom Stoff, der getrunken werden muss, bevor Sie in den Tag starten, wird der Kaffee zu einem kleinen Freudenmoment, der Schal vom notwendigen Schutz vor dem Wetter zum kuscheligen Accessoire, an dem Sie sich freuen, die hoffnungslose Suche nach einem Parkplatz zu einer ungestörten Zeit nur für sich. Danach zu schauen, was Sie an diesen kleinen Dingen und Momenten genießen können, gibt Ihnen die Möglichkeit, alle diese Flüchtigkeiten relevant werden zu lassen. So werden notwendige, automatisierte Momente zu kleinen Augenblicken Ihres Lebens, die ihren eigenen Sinn und Zweck haben.

Übung: Genussnuggets entdecken

Welche Möglichkeiten entstehen jetzt vor dem inneren Auge, wenn Sie damit beginnen, Alltagserledigungen in bedeutsame Lebensmomente umzudeuten?
Welche Situationen fallen Ihnen ein, die Sie in Zukunft gern ernster nehmen und bewusster genießen wollen?

Glückspraxis

Der Satz »Glücklich ist nicht, wer anderen so vorkommt, sondern wer sich selbst dafür hält« wird Seneca zugeschrieben, und er wird so für alle Zeiten in jede Anleitung gehören: Jeder sucht das Glück, es dagegen auch zu finden, hat sehr viel mit der eigenen Einstellung zu tun. Das gibt uns eine große Verantwortung für unser Glück – aber natürlich auch eine große Freiheit von den Einschränkungen, die das Leben für uns bereithalten kann. Denn wenn unser eigenes Denken der Schlüssel zu unserem Glück ist, müssen wir nicht warten, bis alles Leidvolle aus unserem Leben verschwunden ist, sondern wir können in (nahezu) jedem Moment ganz allein die Entscheidung treffen, (auch grundlos) glücklich zu sein.

Wir können also unsere Einstellung wählen, unseren Fokus richten auf das, was uns dankbar sein lässt, dem Wunderbaren in unserem Leben Feste bereiten und andere daran teilhaben lassen. Aber es geht noch mehr: Wir können selbst dort, wo zurzeit Ödnis herrscht, das Glück beim Schopfe packen und es in unser Leben ziehen.

Inspiration

Haben Sie schon einmal einen Film oder eine Dokumentation angeschaut und dabei gedacht: »Wie großartig muss es sein, Koch, Bergsteigerin, Malerin ... zu sein!«? Dabei können uns die unterschiedlichsten Sachen begeistern. Meistens hat das etwas damit zu tun, mit welcher Haltung, mit welchem Überschwang und vielleicht auch Originalität sich Menschen ihrem eigenen Thema widmen.

Nun können wir zum Beispiel nicht einfach von heute auf morgen eine hochspezialisierte medizinische Forscherin werden oder ein international gefeierter Balletttänzer. Aber vielleicht können wir uns »ein Scheibchen abschneiden«, können uns inspirieren lassen, ein kleines Stückchen von der Begeisterung einfangen, die Energie aufsaugen – nach dem Motto »Ich schaue in die Welt nach dem, was mich erhellt«. Jede Fachrichtung hat die Kraft, einen Funken in uns überspringen zu lassen. Wenn ich mich dem Anderen, dem Neuen widme, gepaart mit der Frage: Was kann ich hier lernen? Was ist so anders, dass ich es mir so nie hätte vorstellen können? Was verstört und hinterfragt mein Denken?

Wir können uns dabei mit neuen Themen auseinandersetzen und ebenso mit den faszinierenden Menschen, die diese Themen zu ihren eigenen gemacht haben: Sei es die Unendlichkeit des Weltraums oder das Leben des grandiosen Forschers Stephen Hawking, die revolutionäre Küche von Ferran Adrià oder die Geschichte seines legendären Restaurants elBulli (niemals zuvor war es denkbar, so zu kochen!), die gedankenaufrüttelnden Performances der Künstlerin Marina Abramović oder das Reisen mit Rucksack und offenen Augen durch ferne Länder und fremde Kulturen.

Wir können in andere Welten hineinschauen, vollkommen neues Essen ausprobieren, uns den ungewohnten Klängen zeitgenössischer Musik öffnen, in Museen Werke auch jenseits des eigenen Geistes auf uns wirken lassen – die Möglichkeiten sind schier endlos: Theater, Literatur, Natur, Religionen oder ganz einfach wach sein, rausgehen und die Welt erleben zu Uhrzeiten, zu denen wir sonst zurückgezogen sind. Sie können sich auch einlassen auf Gespräche mit Menschen, die einen anderen Blick auf die Welt haben. Das alles eröffnet die Möglichkeit, sich inspirieren zu lassen, neue Verbindungen und andere Gedanken zu entfesseln.

Übung: Inspiration entdecken

Welche Möglichkeiten sehen Sie, Ihren Horizont zu erweitern?
Welche unbekannten Räume möchten Sie öffnen?
Welche Speisen möchten Sie ausprobieren?
Wo gibt es Neues zu entdecken?
Notieren Sie sich Ideen, wie Sie Ihren Fokus verändern und neu richten können. Dinge, die sie in Bewegung setzen und Lust und Freude schaffen können.

Humor und Heiterkeit

Unter Humor verstehen wir meist die Begabung eines Menschen, heiter und gelassen über Dinge lachen zu können, selbst dann, wenn die Lage gerade nicht unbedingt komisch ist. Auch die Kunst, andere zum Lachen zu bringen, gehört dazu, indem wir lustige Aspekte einer Situation herausarbeiten, fröhlich mit eigenen Unzulänglichkeiten und denen anderer umgehen, gedanklich absurde Zusammenhänge herstellen, leichtfüßig am Abgrund dessen entlangtänzeln, was als sittlich, angemessen und zeitgemäß gilt – immer mit der Absicht, zu mehr Fröhlichkeit und zur Entschärfung von Miseren und peinlichen Lagen beizutragen.

Wichtig

Suchen wir also das Lachen, wo wir nur können!

Vermissen wir den Humor in unserem Leben, so ist es an uns, ihm den Weg in unser Leben zu ebnen. Dann ist es wichtig anzufangen, uns mit Menschen zu umgeben, von denen Unbeschwertheit und Witz ausgeht. Lassen wir uns von anderen zum Lachen bringen, hören wir einer Kabarettistin, einem Comedian zu und schauen Komödien, die uns erfreuen, und genießen, wie schön das Leben ist, wenn das Lachen einzieht! Zudem schafft dieses gemeinsame Lachen ein großes Gefühl der Verbundenheit. Wir gehen in Resonanz, teilen eine Energie im humorvollen Schlagabtausch und schärfen unser Gespür für andere und die Kunst, den richtigen Moment zu erwischen. Wir alle lieben es zu lachen. Es liegt darin eine Leichtigkeit, die das Leben einfach schöner erscheinen und sein lässt.

Wir können uns darin trainieren, das Lustige in Lebenssituationen zu sehen, das uns zunächst einmal nicht auffällt. Wir haben die Möglichkeit, den kleineren Widrigkeiten unseres Lebens mit einem Lachen zu begegnen. »Humor ist, wenn man trotzdem lacht«, diese Formulierung des Schriftstellers Otto Julius Bierbaum (1865–1910) ist zum geflügelten Wort geworden, mit denen Freunde jemanden, dem etwas Unangenehmes passiert, daran zu erinnern versuchen, dass er das Geschehene weniger säuerlich betrachten könnte, als er es gerade tut. Sich selbst und die Dinge zwar ernst zu nehmen, aber auch nicht allzu ernst – das ist ein Balanceakt, den wir hier versuchen.

Das Humorvolle in einer solchen Situation zu sehen, verlangt eine Uminterpretation. Genau dieser Perspektivwechsel ist laut der Inkongruenztheorie das, was den Humor ausmacht: der Ursprung des Witzes liegt demnach darin, dass es einen überraschenden Perspektivwechsel zu einer anderen, unvermuteten, häufig auch banaleren Sichtweise gibt. Sinnen wir dem ein wenig nach: Wir können vielen erst einmal unangenehmen Erfahrungen mit Humor begegnen, wenn wir bereit sind, einzuräumen, dass man das Ereignis ebenso aus einer anderen Perspektive sehen kann, dass wir es als weniger bedeutsam und außerdem auch komisch wahrnehmen können – gerade, *weil* es gegen unsere Sicht der Dinge verstößt.

Häufig kommt genau hier noch ein weiterer Aspekt hinzu: die Entladung. Diese Erklärung geht auf Sigmund Freud zurück, nach dem Humor dazu dient, psychologische Spannungen aufzulösen. Für ihn sind dies häufig Hemmungen, die sich aus dem sozialkulturellen Kontext erklären. Aber auch in anderen Zusammenhängen stellt das Lachen eine gewisse Erlösung dar, beispielsweise bei enttäuschten Erwartungen, kleinere Ungeschicken. Möglicherweise hilft es sogar, indem wir menschliches Empfinden, auch wenn es gerade wehtut, als genau das wahrnehmen: als menschlich. So können wir uns selbst die Erlaubnis geben, ein wenig die Last des »Perfektseins« von unseren eigenen Schultern zu nehmen, indem wir uns als verwundbar, fehlbar, inkonsistent und komisch wahrnehmen. So gibt der Humor einen gewissen Gestaltungsspielraum, erlaubt uns eine entlastende Umdeutung: Wer bereit ist, den Umstand zu akzeptieren, dass weder die eigene Person noch das Leben perfekt ist, kann in das Lachen einstimmen, kann sich selbst vor Augen führen, dass er oder sie hier nicht nur Opfer ist, sondern vielmehr auch gewinnen kann: nämlich Souveränität. Die Situation lässt sich umdefinieren. So gelingt es, dass alle über das umdefinierte Übel lachen können. Das Lachen wird so zu einem anteilnehmenden Mitlachen, durch das wir uns gegenseitig hineinnehmen in die Gemeinschaft der Menschen, die nicht immer perfekt, in ihren Enttäuschungen und Ungeschicken menschlich, großzügig und herzlich sind. Vielleicht können wir selbst auf diese Weise sogar der manchmal doch so menschlichen, herablassenden Überheblichkeit widerstehen, zu denen das Versagen anderer uns hier und da hinreißen lässt. Und falls uns selbst einmal der Dünkel der anderen trifft, dann erinnern wir uns daran, in welchem Geiste wir dies auch noch sehen könnten: mit Humor!

Manchmal benötigen wir Zeit, um über Erfahrungen lachen zu können. Wenn wir gerade »nichts zu lachen haben«, die Lage extrem ernst ist, dann sind Witz und Humor in diesen Momenten nicht das Richtige. Noch nicht. »Not funny yet«, heißt es im Amerikanischen, wenn ein Witz zeitlich zu nah an der leidvollen Erfahrung liegt und die Wunde noch zu frisch klafft. Die Zeit zum Lachen kann kommen, allein sich auf die Lauer zu legen, um zu schauen, wann Humor wieder geht, macht ganz neue Perspektiven frei.

Gemeinsam Schwingen

Selbst Menschen, die nicht gern singen, erleben, wie ergreifend es ist, wenn sie von ihrer eigenen Stimme vibrierend in den Klang eines großen Chores eintauchen. Haben Sie das schon einmal probiert? Es gibt die unterschiedlichsten Möglichkeit, dies zu erleben: sich in einer vollen Kirche dazu setzen und mitsingen, bei einem Fußballspiel in den Fangesang miteinstimmen. Sie können sich vielleicht wirklich einen Chor suchen? Es ist immens, wie das Verschmelzen mit dem Klangteppich auf uns wirkt: Es ist ein großes, intensives Gemeinschaftsgefühl, auch wenn die anderen Menschen uns fremd sind. Hier können wir das Gefühl einer ungemeinen Kraft erleben, unabhängig davon, ob wir besonders gut singen können oder nicht. Dieses vielen Menschen bekannte Gefühl und seine Rolle für die Lebenszufriedenheit untersuchen auch Studien, so beispielsweise »The significance of choral singing for sustaining psychological wellbeing« (Clift/Hancox 2010, S. 79–96).

Während dieses Gemeinschaftsgefühl beim Singen besonders intensiv erlebbar ist, gibt es andere gemeinschaftliche Unternehmungen, die ebenfalls ein solches Gefühl hervorrufen können. Genauso bewegend können das amerikanische Line Dancing, der gemeinsame Rave, der rheinische Karneval oder das Teilen der Fankurve mit anderen Begeisterten sein.

Im gemeinsamen Singen, Jubeln und Anfeuern, im organisierten Tanzen und ausgelassenem Jeck-Sein können wir uns heilsam verlieren, Energien bekommen und herauslassen, wir können aufgehen in dem, was nur in Gemeinschaft entsteht: Verbundenheit, Resonanz und wenn wir wollen, ein wundervolles Wirgefühl.

Selfgifting

»Das ist genau das, was ich mir gewünscht habe!« – Schenken ist eine Kunst. Sich in andere hineinversetzen, Wünsche zu erspüren, genau hinzuhören und in diesem einen Moment, wenn das Begehrte fast schon wieder vergessen ist, das Ersehnte zu überreichen. Mehr noch: etwas zu schenken, worauf der Beschenkte selbst im Traum nie gekommen wäre, das Herz aber ins Unermessliche hochschlagen lässt, genau das macht exzellentes Schenken aus. In dieser Gabe steckt die Botschaft: Ich sehe dich. Ich denke an dich. Für dich nehme ich mir Zeit. Denn ich will dich erfreuen. Sich so auf einen Menschen und dessen Freuden auszurichten, allein das kann uns schon stärken.

Was aber, wenn wir uns selbst auf diese Weise in den Blick nehmen? Nicht hoffen und warten, bis jemand anderes unser Sehnen erkennt, nicht ausharren, bis es vernünftig, an der Zeit und unabwendbar ist, sich etwas zu gönnen, sondern Selfgifting: sich etwas schenken, weil wir wollen, weil wir können, einfach so! Wenn andere uns etwas schenken, dann freuen wir uns aus den verschiedensten Gründen: weil sie an uns gedacht haben, weil sie etwas gefunden haben, was so unfassbar gut zu uns passt, weil wir uns das selbst nicht leisten konnten, weil uns das für immer an diesen Moment erinnern wird.

Wichtig

Beschenken wir uns also selbst: weil wir feiern wollen, dass wir etwas Besonderes geschafft haben, weil wir uns für immer an diesen Moment erinnern wollen, weil das Leben einfach zu kurz ist, um uns nicht ausnahmsweise einmal frivol luxuriöse Freude zu machen, weil nur wir selbst wissen sollen, dass wir uns genau dieses eine Ding wünschen, weil wir gerade so unglaublich dringend eine Aufmunterung benötigen, weil genau jetzt die Zeit für dieses Kleid ist und weil wir dieses eine Bild für den Rest unseres Lebens sehen wollen.

Savoring

Savoring bedeutet: das Gute voll auskosten, es wirklich wahrnehmen, mit allen Sinnen. Genießen Sie beispielsweise die besonderen Sinnesfreuden, wenn Sie das nächste Mal im Restaurant Nudeln essen: Sehen Sie das Grün des Basilikums und das Knallrot der Tomatensauce? Riecht es nicht köstlich? Spüren Sie die Wärme? Und hören Sie die Musik im Hintergrund? Lauschen Sie wie wunderschön sie ist!

Wenn wir die guten Dinge erleben, dann sollten wir das auch wirklich und richtig tun! Riechen wir das Meer, schmecken wir den Lavendel in der Luft!

Savoring bedeutet, die Aufmerksamkeit aktiv auf die positiven Erlebnisse in unserem Leben zu richten, ihnen bewusst Wertschätzung zu geben und sie gezielt sogar zu verstärken. Ziel ist es, Intensität und Dauer von positiven Gefühlen zu vergrößern und sie später immer wieder auch abrufen zu können (Seligman 2012, S. 70). Um die schönen Momente ganz und gar auszukosten, können wir uns darin üben, angenehme Aktivitäten gezielt zu planen, unsere Aufmerksamkeit auf das Vergnügen zu richten und die damit verbundenen positiven Emotionen so verstärken, dass sie tiefe Erinnerungsspuren in uns hinterlassen.

Übung: Savoring

Um im Savoring von Schönheit und Genuss immer besser zu werden, können Sie eine Reihe wirksamer Praktiken für sich auf Wirksamkeit testen (Bryant/Veroff 2007):

- Mit anderen teilen: Sie können berührende und beglückende Momente mit anderen teilen, gemeinsam in Erinnerungen oder Plänen schwelgen.
- Erinnerungen schaffen: Schaffen Sie sich eine Auswahl von Elementen einer Begebenheit, die mit Freude verbunden sind. Führen Sie beispielsweise Tagebuch über besonders schöne Erlebnisse.
- Selbstgratulation: Genießen Sie ganz bewusst die Freude über eigene Erfolge und geglückte Taten.
- Schärfung der Sinneswahrnehmungen: Erfahren Sie Momente mit allen Sinnen. Das innere Entzücken wird dadurch verstärken, dass einzelne Sinne mehr Raum bekommen (zum Beispiel Musik mit geschlossenen Augen hören).
- Vergleichen: Vergegenwärtigen Sie sich alle Aspekte, die die jetzige Situation besonders auszeichnen und vielleicht auch besser machen als viele andere.
- Absorbieren: Lassen Sie sich ganz und gar von einem Moment absorbieren, indem Sie nur das eine tun und dabei vollkommen den Fokus auf das Erleben und die guten Gefühle richten.
- Gefühle zum Ausdruck bringen: Positive Emotionen körperlich zum Ausdruck zu bringen kann diese verstärken, so zum Beispiel durch Lachen, Jubeln, Hüpfen und Tanzen vor Freude, schwungvolles Umarmen, Schreien und Klatschen.
- Zeitliches Bewusstsein: Wenn Sie sich die Vergänglichkeit eines positiven Erlebnisses bewusst machen, können Sie sich und andere motivieren, den Moment zu genießen und das Beste daraus zu machen, bevor er zu Ende geht.
- Dankbarkeit: Halten Sie inne, richten Sie die Aufmerksamkeit auf die positiven Erlebnisse und zählen Sie alle Gründe auf, warum Sie für diese Erlebnisse dankbar sind.
- Kill-Joy-Gedanken vermeiden: Vermeiden Sie es, wunderschöne Momente zu verharmlosen, tolle Gefühle herunterzuspielen, sich auf Unzulänglichkeiten zu konzentrieren!

Anhang 07

Fähigkeiten für heute und morgen

Dieses Buch zu schreiben hat uns vielen Menschen, ihren hinterfragenden Gedanken, ihren berührenden Erfahrungen und ihren hilfreichen Ansätzen nahe gebracht. Wir sind all denen dankbar, die gelitten und gelernt, geforscht und getestet, die gekämpft, verloren und sich wieder aufgerichtet haben – und uns durch Gespräche, geteilte Gefühle, Texte und Biografien daran haben teilhaben lassen. Am Ende dieser Reise sind wir erfüllt von dem Gefühl, dass alles, was wir mit Überzeugung tun, alles, was wir mit Leidenschaft verfolgen, mit Hingabe genießen, dem wir mit Dankbarkeit begegnen und was wir mit Liebe halten, uns stärkt für die Stürme und Widrigkeiten des Lebens.

Carolin v. Richthofen und Nathalie Vitzthum

Über die Autorinnen

Carolin v. Richthofen, Diplom-Psychologin, systemische Familientherapeutin, Teamentwicklerin und Lehrcoach, ist angetrieben von ihrer Begeisterung für die menschliche Sehnsucht nach einem Leben in Fülle, voller Sinn, Tiefe, Leichtigkeit und Energie. In ihre Arbeit lässt sie außerdem ihre Erfahrungen aus der Zeit als Führungskraft bei einer führenden deutschen Personalberatung einfließen, in der sie für die Leitung der Bereiche Managementdiagnostik, Karriereberatung und Outplacement verantwortlich war. Sie begeistert ihre Klient:innen mit ihrer Fähigkeit, auch in schwierigen Situationen eigene Gestaltungsmöglichkeiten aufzudecken, Mut für den eigenen Weg zu finden und verloren geglaubte Lebensenergien wieder zu erwecken.

Dr. Nathalie Vitzthum, Diplom-Psychologin, systemische Beraterin und Therapeutin (ISI), Coactive Coach und MBA, hegt eine große Begeisterung für das Aufspüren innerster Zusammenhänge, belebender Gefühle und wirksamer Methoden, wenn es darum geht, Menschen zu stärken, sie ihren Leidenschaften näherzubringen und sie dabei zu unterstützen, in der Welt aktiv zu werden. Dabei lässt sie auch ihre eigenen Erfahrungen als Unternehmerin mit einfließen.

Gemeinsam schreiben sie darüber, wie psychologische Erkenntnisse und Coachingfertigkeiten das Leben freier, schöner, tiefer und erfüllter machen können. Sie sind Autorinnen des Standardwerks »Handbuch Karriereberatung«, erschienen im Beltz Verlag.

Literatur

Angelstein, R./Brandi, B. (2018): Zwischen den Künsten: Beiträge zu Kunst und Kultur. Hochschulverlag.

Antonovsky, A. (1979): Health, Stress and Coping. Jossey-Bass.

Auden, W. H. (1994): Sag mir die Wahrheit über die Liebe. Goldmann.

Bandura, A. (1986): Social foundations of thought and action. A social cognitive theory. Prentice Hall.

Berceli, D. (2010): Neurogenes Zittern. Trauma & Gewalt. 4(2), S. 148–157.

Bonanno, G. (2004): Loss, Trauma and Human Resilience: Conceptual and empirical connections and separateness. American Psychologist, 59(1), S. 20–28. https://doi.org/10.1037/0003-066X.59.1.20. [28.06.2022]

Bryant, F. B./Veroff, J. (2017): Savoring: A new model of positive experience. Psychology Press.

Burkeman, O. (2021): Four Thousand Weeks. Time Management for Mortals. Penguin.

Carney, D. R./Cuddy, A. J./Yap, A. J. (2010): Power posing. Brief nonverbal displays affect neuroendocrine levels and risk tolerance. Psychological science, 21(10), S. 1363–1368.

Clear, J. (2018): Atomic habits: An Easy & Proven Way to Build Good Habits & Break Bad Ones. Penguin.

Clear, J./Tschöpe, A. (2020): Die 1%-Methode. Minimale Veränderung, maximale Wirkung. Mit kleinen Gewohnheiten jedes Ziel erreichen. Mit Micro Habits zum Erfolg. Goldmann.

Clift, S./Hancox, G. (2010): The significance of choral singing for sustaining psychological wellbeing. Findings from a survey of choristers in England, Australia and Germany. Music Performance Research, 3, S. 79–96.

Covey, S. R. (2018): Die 7 Wege zur Effektivität. Prinzipien für persönlichen und beruflichen Erfolg. 58. Auflage. Gabal.

Croos-Müller, C. (2017): Nur Mut! Das kleine Überlebensbuch. Soforthilfe bei Herzklopfen, Angst, Panik & Co. Kösel.

Csikszentmihalyi, M. (2019): Das Flow-Erlebnis. Jenseits von Angst und Langeweile: im Tun aufgehen. 12. Auflage. Klett-Cotta.

Duckworth, A. (2017): GRIT – Die neue Formel zum Erfolg. Mit Begeisterung und Ausdauer ans Ziel. C. Bertelsmann.

Eiko/Lubitz, M. (2017): Easy Splits. Wie Spagatlernen Ihr Leben verändert. [E-Book]. Van Haren Publishing.

Eilert, D. (2021): Integratives Emotionscoaching mit emTrace. Wie emotionale Veränderung wirklich gelingt. Junfermann.

Epiktet/Steinmann, K. (2014): Handbüchlein der Moral. Reclam.

Frankl, V. E. (2009): ... trotzdem Ja zum Leben sagen. Ein Psychologe erlebt das Konzentrationslager. 11. Auflage. Kösel.

Frankl, V. E. (2021): Das Leiden am sinnlosen Leben. Psychotherapie für heute. Herder.

Fröhlich-Gildhoff, K./Rönnau-Böse, M. (2022): Resilienz. 6. Auflage. UTB.

Fromm, E. (1981): Die Kunst des Liebens. Ullstein.

Gal, D./McShane, B. B. (2012): Can small victories help win the war? Evidence from consumer debt management. Journal of Marketing Research, 49(4), S. 487–501.

Gallwey, W. T. (2012): Tennis – Das innere Spiel. Durch entspannte Konzentration zur Bestleistung. 11. Auflage. Goldmann.

Härtl-Kasulke, C. (2023): Logbuch Persönliche Stärken stärken. Erfolgstagebuch mit Übungen, Tipps und Anregungen. Beltz Juventa.

Heimsoeth, A. (2017): Mentale Stärke. Was wir von Spitzensportlern lernen können. C. H. Beck.

Horvilleur, D. (2021): Vivre avec nos morts. Petit traité de consolation. Grasset.

Julliand, A.-D. (2020): Consolation. Les Arènes.

Kachler, R. (2017): Meine Trauer wird dich finden. Ein neuer Ansatz in der Trauerarbeit. Herder.

Kalisch, R. (2017): Der resiliente Mensch. Wie wir Krisen erleben und bewältigen. Neueste Erkenntnisse aus Hirnforschung und Psychologie. [E-Book] Berlin Verlag.

Katie, B./Mitchell, S. (2012): Lieben was ist. Wie vier Fragen Ihr Leben verändern können. Arkana.

Kondo, M. (2013): Magic Cleaning. Wie richtiges Aufräumen Ihr Leben verändert. Rowohlt

Leonhardt, D. (2017): Opinion. You're Too Busy. You Need a »Shultz Hour«. The New York Times. 18.04.2017. https://www.nytimes.com/2017/04/18/opinion/youre-too-busy-you-need-a-shultz-hour.html [28.06.2022]

Lewis, C. S. (1999): Über die Trauer. Patmos.

Li, Q. (2018): Die wertvolle Medizin des Waldes. Wie die Natur Körper und Geist stärkt. Rowohlt.

Madore, K. P./Wagner, A. D. (2019): Multicosts of multitasking. In Cerebrum: the dana forum on brain science (Vol. 03/2019). Dana Foundation.

Martens, J. U./Begus, B. M. (2018): Das Geheimnis seelischer Kraft. Wie Sie durch Resilienz Schicksalsschläge und Krisen überwinden. Kohlhammer.

May, K./Heimburger, M. (2021): Überwintern. Wenn das Leben innehält. 3. Auflage. Insel.

Matthews, M. D. (2020): The Link Between Grit and Resilience. 13.12.2020. Psychology Today. https://www.psychologytoday.com/intl/blog/head-strong/202012/the-link-between-grit-and-resilience [02.11.2022]

Michalak, J./Rohde, K./Troje, N. F. (2015): How we walk affects what we remember. Gait modifications through biofeedback change negative affective memory bias. Journal of Behavior Therapy and Experimental Psychiatry, 46, S. 121–125.

Newport, C. (2017): Konzentriert arbeiten. Regeln für eine Welt voller Ablenkungen. Redline.

Nibel, H./Fischer, K. (2020): Neurogenes Zittern. Stress & Spannungen lösen. Das original TRE-Übungsprogramm. TRIAS.

Ober, C./Sinatra, S./Zucker, M./Oschman, J./Seidel, I. (2012): Earthing – Heilendes Erden. Gesund und voller Energie mit Erdkontakt. 4. Auflage. VAK.

Oettingen, G. (2015): Die Psychologie des Gelingens. Current Publishing.

Peterson, C./Seligman, M. E. (2012): Character Strengths and Virtues. A Handbook and Classification (New York: American Psychological Association & Oxford University Press, 2004). Reflective Practice: Formation and Supervision in Ministry, 32.

Psychologie Heute Compact 64 (2021): Trauer und Verlust. Beltz.

Rilke, R. M. (1985): Briefe an Gräfin Sizzo 1921–1926. Insel.

Riskind, J. H./Gotay, C. C. (1982). Physical posture: Could it have regulatory or feedback effects on motivation and emotion? Motivation and emotion. 6(3), S. 273–298.

Ritter, Denise (2021): Mini-Handbuch Lebensentwürfe coachen. Beltz.

Scaer, R./Rothschild, B./Kierdorf, T./Höhr, H. (2017): Acht Schlüssel zur Gehirn-Körper-Balance. Neurophysiologische Grundlagen einer somatisch orientierten Traumatherapie. G. P. Probst.

Schermuly, C. C. (2014): Negative effects of coaching for coaches: An explorative study. International Coaching Psychology Review, 9(2), 167-182. https://doi.org/10.1037/t42021-000 [28.06.2022]

Schmidbauer, W. (2018): Die hilflosen Helfer. Über die seelische Problematik der helfenden Berufe. Rowohlt.

Schmidt, W. (2021): Trauer und Verlust. Psychologie Heute Compact, Ausgabe 64, S. 70–75.

Schnabel, U./Gring, D. (2018): Zuversicht. Die Kraft der inneren Freiheit. Lagato.

Schulz von Thun, F./Stegemann, W. (Hrsg.) (2012): Das Innere Team in Aktion. Praktische Arbeit mit dem Modell. 6. Auflage. Rowohlt.

Seligman, M. (2012): Flourish – Wie Menschen aufblühen. Die Positive Psychologie des gelingenden Lebens. Kösel.

Servan-Schreiber, D. (2006): Die Neue Medizin der Emotionen. Stress, Angst, Depression: Gesund werden ohne Medikamente. Goldmann.

Sloterdijk, P. (2012): Du mußt dein Leben ändern. Über Anthropotechnik. 4. Auflage. Suhrkamp.

Soul, W. v. (2020): ÜBERsLEBEN: Nach dem Tod eines Kindes. 2. Auflage. BoD.

Stephan, M./Rötz, C. (2017): Coaching-Marktanalyse 2016/17. Kurzfassung. Philipps-Universität Marburg, Wirtschaftswissenschaften, Arbeitsgruppe Technologie- und Innovationsmanagement.

Stix, G. (2011): The neuroscience of true grit. Scientific American, 304(3), S. 28–33.

Suzuki, S. (2014): Zen-Geist Anfänger-Geist. Unterweisungen in Zen-Meditation. Theseus.

Thich Nhat Hanh (2015): Ohne Schlamm kein Lotos: Die Kunst, Leid zu verwandeln. Nymphenburger.

Thandi, G./Tom, D./Gould, M./McKenna, P./Greenberg, N. (2015): Impact of a single-session of Havening. Health Science Journal, 9(5), 1.

Toepfer, S. M./Walker, K. (2009): Letters of gratitude: improving well-being through expressive writing. Journal of Writing Research, 1(3).

US Army, United States Government (2020): Field Manual FM 7–22 Holistic Health and Fitness October 2020. Independently published.

Vakoch, D. A. (Hrsg.) (2011): Psychology of space exploration: Contemporary research in historical perspective (Vol. 4411).

Vergilius Maro, P. (1988): Bucolica (Stücke 1–13). Cura.

Vogt, M./Schneider, M. (2016): Zauberwort Resilienz. Analysen zum interdisziplinären Gehalt eines schillernden Begriffs. Münchener Theologische Zeitschrift, 67(3), S. 180–194.

Walker, M. (2018): Das große Buch vom Schlaf. Die enorme Bedeutung des Schlafs. Beste Vorbeugung gegen Alzheimer, Krebs, Herzinfarkt und vieles mehr. Goldmann.

Wason, P. C. (1968): Reasoning about a rule. Quarterly journal of experimental psychology, 20(3), S. 273–281.

What Is Wabi-Sabi?: The Japanese view of life embraced a simple aesthetic that grew stronger as inessentials were eliminated and trimmed away. 28.06.2011. https://nobleharbor.com/tea/chado/WhatIsWabi-Sabi.htm [02.11.2022]

Wellensiek, S. K. (2020): Logbuch Resilienz. Beltz.

Werner, E. E. (1996): Vulnerable but invincible. High risk children from birth to adulthood. European child & adolescent psychiatry, 5(1), S. 47–51.

Wirtz, M. A. (2021): Dorsch – Lexikon der Psychologie. 20. Auflage. Hogrefe.

Wood, K. (abgerufen 7.Oktober 2022): Still Standing Mag. https://stillstandingmag.com/2017/07/20/life-after-death/

Wurm, T./Frankl, V. (1986): Die Frage nach dem Sinn: Eine Begegnung mit dem Psychotherapeuten Viktor E. Frankl [Radiosendung]. SWR2.

Online-Ressourcen

Option B: www.optionb.org/build-resilience. Online Angebot der Co-Geschäftsführerin (COO) von Meta Platforms (vormals Facebook Inc.). Durch ihre eigene leidvolle Erfahrung, den frühen plötzlichen Tod ihres Ehemanns und die anschließende Phase tiefer Trauer und Verzweiflung, hat sich Sheryl Sandberg intensiv mit dem Thema Resilienz auseinandergesetzt. Eine umfangreiche Sammlung von Videos, Artikeln, Empfehlungen von Expert:innen und Erfahrungsberichten von Menschen und was sie durch Krisen getragen hat. Möglichkeit, eigene Resilienzgeschichten zu teilen, sich Gruppen anzuschließen und von anderen zu lernen. Für Menschen, die selbst eine leidvolle Phase durchleben, andere dabei unterstützen wollen und all jene, die insgesamt etwas für ihre Resilienz tun wollen.

Resilience Project: www.resilience-project.eu. Im Rahmen dieses EU-Projekts wird Resilienzfähigkeit als eine der Schlüsselqualifikationen verstanden, um sich an die ständig wandelnden Lebensumstände bestmöglich anzupassen. Auf dieser Seite werden die wissenschaftlichen Erkenntnisse der Resilienzforschung zusammengefasst und Empfehlungen für die Erwachsenenbildung und konkrete Methoden und Übungen aufgeführt.

Gesundheit fördern, Stress entgegenwirken, Balance gewinnen

Gesundheitsförderung und präventive Maßnahmen sind wichtige Faktoren auch im Coaching. Häufig hören Coaches Aussagen wie: Ich bin am Rande meiner Kapazitäten. Ich fühle mich oft erschöpft. Oder: Ich komme überhaupt nicht mehr zur Ruhe. Da sind Coaches gefordert, Ihren Klientinnen und Klienten Methoden an die Hand zu geben, damit diese wieder in eine gute Balance kommen und ihr eigentliches Potenzial abrufen können.

Silvia Schanze und Andrea Lawlor vermitteln in diesem Mini-Handbuch fundiertes Wissen zum Thema Entspannungscoaching. Dazu haben sie wirkungsvolle Übungen zusammengestellt aus den fünf Bereichen:

- Atemübungen
- Meditationen
- Achtsamkeitsübungen
- systematische Entspannung
- bewegte Entspannung

Alle Übungen sind echte Lieblinge der Autorinnen, deren Wirkungen sie vielfach getestet haben.

Silvia Schanze, Andrea Lawlor
Mini-Handbuch Entspannungscoaching
Mit E-Book inside
2022. 155 Seiten. broschiert.
ISBN 978-3-407-36841-6

www.beltz.de

BELTZ